AF329084

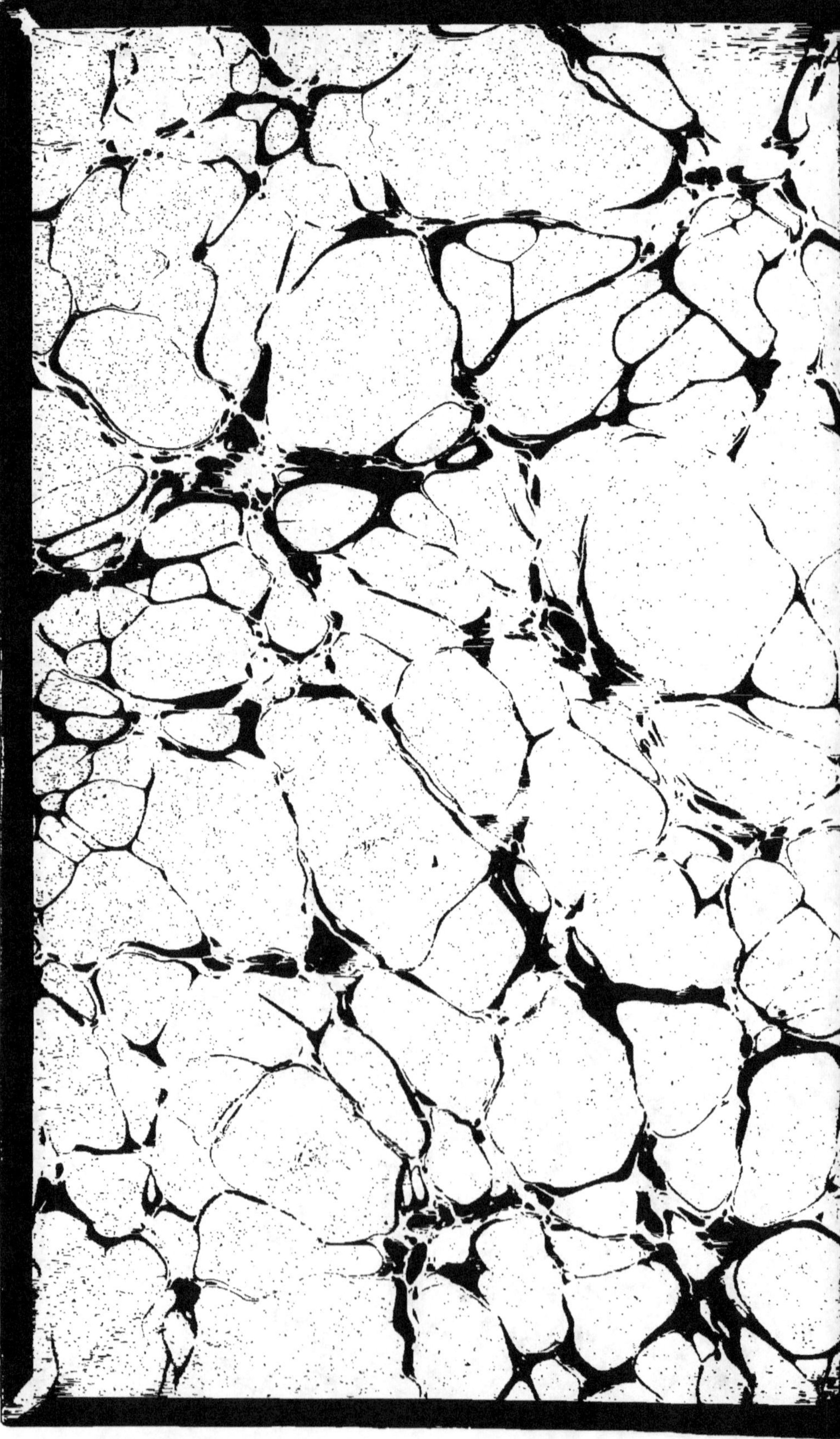

PARIS. — TYPOGRAPHIE MORRIS ET COMPAGNIE

64, rue Amelot

BIBLIOTHÈQUE MUNICIPALE

PUBLICATIONS

ADMINISTRATIVES

PAR

LOUIS LAZARE

TOME PREMIER

PARIS

EN VENTE CHEZ L'AUTEUR

10, BOULEVARD DU TEMPLE

1862

PUBLICATIONS ADMINISTRATIVES

A NOS LECTEURS

En commençant cette publication, notre premier devoir est d'entr'ouvrir notre cœur pour qu'il s'en exhale un sentiment de reconnaissance et de respect envers nos lecteurs qui ont protégé, soutenu l'écrivain si cruellement frappé dans sa fortune et dans son œuvre.

En effet, c'est une terrible punition que celle qui nous a été infligée ; une simple infraction à la loi sur la presse a suffi pour tuer une publication qui comptait vingt et une années d'existence honorable et utilement remplie.

Mais si profond que soit notre chagrin, il ne s'y mêle aucune amertume. Le malheur, en nous apprenant que nous étions aimé, nous défend de haïr.

En étudiant pendant de longues années l'administration municipale, nos anciens et dignes Échevins de Paris nous ont enseigné à respecter les actes de l'Autorité et les arrêts de la justice.

I.

En nous inclinant devant l'une et l'autre, qu'il nous soit permis néanmoins de rappeler ce que nos juges eux-mêmes ont reconnu : les principes qui formaient la substance de notre feuille n'étaient point en cause, et si nous avons été condamné, c'est uniquement pour avoir commis une infraction à la loi de 1852 sur la presse.

On sait comment nous voulions éviter cette infraction, en versant en 1856 notre cautionnement ; on sait pourquoi la bienveillance du Ministre de l'Intérieur voulut à cette époque nous dispenser de cette formalité pour nous retenir dans notre spécialité administrative. — Cette bienveillance a tué *la Revue Municipale*.

A quoi bon chercher à la faire revivre, pourquoi et dans quel but ?

N'avons-nous pas, durant de longues et studieuses années, interrogé l'histoire de Paris, dans les livres, dans nos archives, dans la rue, partout, avec cette bonne et honnête intention d'exprimer de cette science administrative l'essence la plus pure pour l'offrir à nos Édiles comme un témoignage de reconnaissance, à l'Autorité comme la révélation de notre amour et de notre respect ?

Notre plume de journaliste n'a-t-elle pas été constamment à la dévotion de toutes les œuvres de bienfaisance et de charité ?

De cette vie de labeur et de dévouement, quel est le résultat ? Une existence détruite, un avenir brisé, une œuvre morte.

Dans cette situation, que devions-nous faire ? Fallait-il, notre feuille supprimée, créer sous un autre titre un nouveau journal administratif ? Mais une pareille publication, placée dans l'impossibilité légale de discuter les actes de l'administration municipale, eût été une œuvre sans signification comme sans valeur.

Puis, prendre un nom nouveau, consacrer de longues années pour l'accréditer dans le public, alors que notre ancien titre était si bien connu, c'eût été nous infliger une trop cruelle punition. — Le capitaine d'un navire meurt avec son pavillon.

Cette combinaison écartée, devions-nous attendre encore un ou deux mois peut-être l'autorisation de reprendre notre ancien nom de baptême que nous étions si jaloux de conserver ? Cette attente, ou plus exactement cette agonie, eût été sans résultat par un second refus de nous laisser verser notre cautionnement.

Tous nos anciens Magistrats qui nous honorent de leur protection et nous guident par leurs conseils, ont été de cet avis ; dans la situation actuelle, à une époque où la discussion des actes de l'Édilité rentre dans le domaine de la politique et de l'économie sociale, un journal administratif est impossible.

« Mieux vaut, nous disait le plus ancien et le plus respecté de nos protecteurs, ne pas tenter la résurrection de *la Revue Municipale*, et créer dans d'autres conditions, en pleine liberté, une œuvre nouvelle plus grande, plus complète et mieux méritante encore.

» Au lieu de rédiger les numéros d'un journal forcément insignifiant, laissez ce cadre étroit et mesquin pour composer des volumes qui, avec le temps, formeront une véritable bibliothèque municipale bien précieuse à consulter. Votre journal ne pourrait exister que par tolérance; en composant des livres, vous acquerrez le droit de discussion, vous aurez de l'air, de la liberté, un vaste horizon.—Toutes les questions défendues au journaliste vous sont permises, votre plume n'ayant plus à craindre des interprétations dangereuses, votre plume obéira désormais à votre pensée, qui s'élèvera honnête et pure sous le regard de Dieu. *et du diable*

» Ce qu'il importe surtout, c'est de bien vous fixer sur la direction que vous imprimerez à cette grande publication, sur laquelle vous me permettrez de vous donner un avis dicté par le cœur.

» Vous avez une honnête ambition à satisfaire. Par la convenance, la loyauté, la modération et la science administrative que vous apporterez dans toutes vos appréciations, faites naître dans le cœur de l'Autorité le regret d'avoir tué votre *Revue Municipale*, cette pauvre petite feuille qui lui était si dévouée.

» N'oubliez pas aussi cette vérité : un journal politique est toujours, quoi qu'il fasse, l'expression d'une opinion dominante ou proscrite; le système qu'il préconise n'admet ni concessions ni tempéraments. Sa rédaction est emprisonnée dans un cercle de fer.

» Mais une publication administrative, comme celle que vous avez en vue, doit être établie sur un terrain neutre où toutes les opinions peuvent se réunir pour se donner la main. Mettez-vous souvent en présence de ceux de nos monuments parisiens qui exaltent l'intelligence et ennoblissent le cœur. Élevez votre âme à l'unisson de ces merveilles. Saluez le Souverain dans son génie comme dans son œuvre, qu'il ait nom Charles V, François Ier, Henri IV, Louis XIV ou bien Napoléon ; il n'y a pas de distinctions dynastiques à établir dans les œuvres d'art ; la nation domine tout, car c'est pour sa gloire que les Souverains et les artistes s'unissent et produisent en prévision de la postérité.» — Ces conseils, nous tiendrons à honneur de les suivre ; ils feront, nous n'en doutons pas, la prospérité de notre œuvre.

LOUIS LAZARE.

SUR LA TRANSFORMATION

DES ANCIENS BOULEVARDS EXTÉRIEURS

I

Nous avons, en plusieurs circonstances, fait assister nos lecteurs aux premiers développements de Paris, en rappelant comment cette Ville sut devenir Capitale et mériter la préférence que la Royauté lui accorda.

Parmi les priviléges que nos Souverains lui concédèrent, le droit de percevoir des taxes sur la plupart des objets de consommation fut la cause première de l'extension rapide et le principe de la richesse de Paris.

Nous avons rappelé ensuite le noble usage que nos dignes Échevins surent faire de ces taxes; une partie du produit fut destiné à la Royauté, qui, impuissante autrefois et désarmée en présence des grands vassaux révoltés, devint souveraine maîtresse dès le jour où Paris, devenu Capitale, mit à la dévotion du Souverain son or, du fer et des soldats.

L'autre partie servit à construire des monuments dont la beauté, rayonnant sur le monde, attira chaque jour dans Paris de nombreux étrangers, des savants et des artistes qui finirent par déplacer le centre de la civilisation européenne au grand profit de la Capitale et de la gloire de la France.

De tout temps, à partir de Philippe-Auguste, sous le règne duquel fut construite l'enceinte qui porta le nom de ce premier Roi parisien, on percevait aux portes de la ville des droits non-seulement sur les denrées de première nécessité, mais encore sur beaucoup d'articles fabriqués soit en France, soit à l'étranger.

En frappant de préférence les objets de consommation qui sont les plus productifs de tous les impôts, des sources qui ne tarissent jamais, ces taxes produisirent de grands résultats; celui d'abord, comme nous l'avons dit, de procurer des sommes énormes utilement employées; ensuite, de maintenir, par l'élévation rationnelle du prix des denrées dans Paris, les cultivateurs à leurs champs, et les ouvriers provinciaux dans leurs villes secondaires.

Sans cette digue salutaire, sans cette merveilleuse organisation parisienne, politique, municipale, industrielle et commerciale tout à la fois, la Royauté n'eût pas duré si longtemps grande et respectée, au mieux de la gloire de la France et dans l'intérêt de la civilisation européenne.

Mais déjà, sous le règne de Louis XIV, la Ville débordait, poussant en avant ses rues, ses quais, ses palais, et le flot de cette marée montante minait, puis renversait çà et là quelques pans de la muraille qui entourait Paris. Ces trouées augmentant donnèrent tant de facilités à la fraude, qu'il fallut songer, sous le règne de Louis XVI, à mettre un terme à cet envahissement toujours impuni, à régulariser et contenir cette vague humaine.

Les fermiers généraux obtinrent, en 1784, du ministre Calonne, l'autorisation d'enfermer Paris dans une nouvelle enceinte. En 1786, le mur d'octroi était terminé dans la partie méridionale. Les Parisiens commencèrent, selon leur habitude, à plaisanter la nouvelle mesure, en disant :

> Le mur murant Paris rend Paris murmurant.

Ou bien :

> Pour augmenter son numéraire
> Et raccourcir notre horizon,
> La Ferme a jugé nécessaire
> De mettre Paris en prison.

Au reste la captivité des Parisiens n'était pas bien rigoureuse ; on chansonnait en 1786 l'extension de Paris, comme on plaisante aujourd'hui l'agrandissement de la Capitale, témoins ces vers du *Gaulois* :

La Ville va livrer aux démolitions
Son vieux jupon de mur, et déjà s'achemine
Vers les fortifications,
Pour s'en faire une crinoline.

L'établissement du mur d'octroi était achevé en 1788.

Lettres patentes du Roy données à Paris, le 9 juin 1790. — Louis, par la grâce de Dieu... « L'Assemblée » nationale a décrété le 6 de ce mois, nous voulons et » ordonnons ce qui suit : A compter du jour de la pu- » blication des présentes, tout le territoire que ren- » ferme la ligne d'enceinte des murs de Paris sera » soumis aux droits d'entrée dans cette ville; et réci- » proquement le territoire qui était antérieurement » sujet à ces droits qui se trouve placé hors de l'en- » ceinte, sera soumis au régime des impositions ou » perceptions établies dans la Banlieue, dont il fera » désormais partie. Ordonnons, en outre, que la Mu- » nicipalité de Paris veillera à l'exécution des règle- » ments précédemment rendus sur la distance à obser- » ver entre les bâtiments et les murs, et sur tous les » objets relatifs à la sûreté de la perception. »

Une loi du 20 mars 1791 supprima la Ferme géné- rale, et le 1er mai suivant, les droits d'entrée furent abolis.

Dans un article intitulé : *L'Octroi de Paris*, article publié dans *la Revue Municipale*, numéro 295 du 10 mars dernier, nous avons rappelé les grands mal- heurs qui résultèrent de l'application de cette mesure désastreuse pour la Ville de Paris, et qui prépara la chute de la royauté.

Un décret de la Convention du 13 messidor an II, contient ce qui suit : « Les bâtiments nationaux dé-
» signés sous le nom de *Barrières de Paris*, seront
» érigés en monuments publics. Les diverses époques
» de la révolution et les victoires remportées par les
» armées de la République sur les tyrans y seront
» gravées incessamment en caractères de bronze. Le
» Comité du salut public est autorisé à prendre toutes
» les mesures pour la prompte exécution du présent
» décret, en invitant tous les gens de lettres et les ar-
» tistes à concourir et à former les inscriptions. »

Conformément à une loi du 27 vendémiaire an VII, fut établi un octroi municipal et de bienfaisance, uniquement destiné à l'acquit des dépenses de la Commune de Paris, et de préférence à celle de ses hospices et des secours à domicile.

Nous avons dit que cet octroi municipal, complétement insuffisant, ne permit pas à la Ville l'exécution de grands travaux d'utilité publique, et que la Capitale, condamnée à laisser une grande partie des classes ouvrières sans occupation, subit toutes les convulsions de l'anarchie.

En vertu de la loi du 29 ventôse an XII, le Ministre des finances, autorisé à cet effet, concéda gratuitement à la ville de Paris les barrières et les murs d'enceinte de ladite Ville et de ses faubourgs, à l'exception des bâtiments en forme de barrières qui donnaient sur le jardin de Monceaux.

Depuis cette époque jusqu'à ce jour, les nouvelles

barrières ont été construites par MM. Molinos et Jay, architectes chargés de ce service.

Voici la liste générale des anciennes barrières, en indiquant celles où l'entrée était interdite :

Des Amandiers. — D'Arcueil. — D'Aunay (fermée.) — Des Bassins. — Des Batailles. — De Belleville. — De Bercy.—Blanche. — De la Butte Saint-Chaumont. — De Charenton.—De Chartres (fermée).—De la Chopinette. — De Clichy.—Du Combat. — De Courcelles. — Des Trois-Couronnes. — Croulebarbe. — De la Cunette. — Saint-Denis. — D'Enfer. — De l'Étoile ou de Neuilly. — De Fontarabie ou de Charonne. — Des Fourneaux (fermée). — Du Marché à Fourrages. — Franklin, — De la Gare. — De Grenelle. — D'Iéna. — D'Italie. — D'Ivry ou des Deux-Moulins. — De Longchamp. — De Lourcine. — Du Maine. — De Saint-Mandé. — Sainte-Marie (fermée). — Des Martyrs. — De Ménilmontant. — De l'École-Militaire. — De Monceaux. — Montmartre. — Du Mont-Parnasse. — De Montreuil. — De Montrouge. — De la Motte-Picquet. — Des Paillassons (fermée). — De Pantin. — De Passy. — De Picpus. — Poissonnière. — Ramponneau. — De la Râpée. — Des Rats (fermée). — De la Réforme. — Rochechouart. — De la Roquette. — Du Roule. — De la Santé. — De Sèvres.—De Vaugirard. — Des Vertus. — De la Villette. — De Vincennes ou du Trône.

Il existait donc à Paris 57 barrières ouvertes et 6 fermées.

Voici maintenant quelle était la longueur du mur d'octroi :

Sur la rive droite 16,030 }
Sur la rive gauche   8,190 } ..... 24,220 m.

Traversée de la Seine au Port de la Gare....... 172
— Entre la barrière de Passy et de la Cunette, en suivant le chenal 498

670 m.

Total................. 24,890 m.

Rappelons aussi, pour mémoire, que l'ancien Paris occupait, avec ses faubourgs, une superficie de 34,025,067 mètres.

Depuis l'extension de la Capitale jusqu'aux fortifications, cette superficie est de 74,400,000 mètres environ.

II

Une ordonnance du bureau des finances, à la date du 16 janvier 1789, défendit toute construction qui ne serait pas à distance de 50 toises du mur d'enceinte de Paris. Cette prohibition, pleine de sagesse et qui sauvegardait l'avenir de la Capitale, avait pour but d'assurer la salubrité de cette Ville en laissant un large espace entre Paris et sa banlieue. Cette défense devait aussi rendre moins fréquentes les fraudes qui se commettaient aux barrières pour échapper aux droits d'octroi.

Beaucoup de propriétaires ne tinrent aucun compte

de cette prohibition, et bâtirent des maisons assez importantes en deçà de la zone de 50 toises.

Pour vaincre ces résistances, intervint, à la date du 1er mai 1822, une ordonnance Royale qui, confirmant les règlements antérieurs, autorisa la ville de Paris à acquérir, soit à l'amiable, soit par voie d'expropriation tous les terrains et bâtiments compris dans le rayon de 50 toises.

L'Administration Municipale, pour économiser quelques millions, eut la faiblesse de ne point faire usage de cette ordonnance qu'il fallait faire exécuter rigoureusement, à la lettre, sans trêve ni merci, dans l'intérêt de la salubrité publique.

En présence de cette abdication de l'Autorité Municipale, le dernier gouvernement, mal renseigné sur cette question, abolit la sage mesure prise en 1789.

Voici le texte de l'ordonnance qui a fait plus de mal à la ville de Paris, sous le rapport de la salubrité de cette ville, que toutes les grandes voies exécutées depuis ne lui ont été avantageuses :

« Au palais de Neuilly, le 7 juillet 1847. — Sont et » demeurent abrogés l'ordonnance du bureau des » finances du 16 janvier 1789, le décret du 11 janvier » 1808 et l'ordonnance Royale du 1er mai 1822, qui ont » établi et maintenu la prohibition de bâtir dans un » rayon de 50 toises, soit 98 mètres, à partir du mur » d'enceinte de la Ville de Paris.

» Art. 2. — Il sera statué ultérieurement sur les ali» gnements auxquels devront être soumis les proprié» taires riverains des boulevards extérieurs de Paris.

» Art. 3. — Les terrains que les propriétaires seront
» contraints de céder à la voie publique par suite de
» nouveaux alignements qui leur seront donnés, leur
» seront payés conformément aux lois et règlements
» sur la voirie de Paris.

» *Signé* : Louis-Philippe. »

Voici maintenant ce que nous écrivions, en 1849,
dans *la Revue Municipale* :

« Nos Édiles, dans l'intérêt de l'Autorité, devraient
» s'imposer l'obligation de parcourir les boulevards
» extérieurs de Paris. Ils verraient, comme nous l'avons
» vu, que le mur d'octroi est, en quelque sorte, bloqué
» par une ceinture d'usines dont les innombrables che-
» minées versent des flots de fumée dans l'intérieur de
» la Capitale.

» Aussi, lorsqu'on regarde Paris des hauteurs de
» Montmartre ou de Ménilmontant, cette grande Cité,
» avec ces usines et ces cheminées qui singent des
» minarets, ressemble à une ville turque. Paris est cou-
» vert d'une lourde buée corrompant l'atmosphère et
» qui, lors des épidémies, tue plus cruellement et plus
» vite encore l'ouvrier et l'artisan que le riche et
» l'homme aisé. »

Les anciens boulevards extérieurs de Paris sont au
nombre de quarante-cinq, savoir : 30 sur la rive droite,
15 sur la rive gauche. Voici leurs noms, ainsi que la
longueur de chacun d'eux.

Rive droite. — Boulevard de la Râpée, 283 mètres;
— de Bercy, 827; — de Charenton, 468; — de Reuilly,
336; — de Picpus, 620; — de Saint-Mandé, 450; — de

Montreuil, 370; — de Charonne, 648; — de Fontarabie, 586; — d'Aunay, 355; — des Amandiers, 561; —
des Couronnes, 287; — de Belleville, 434; — de la
Chopinette, 234; — du Combat, 591; — de la Butte-
Saint-Chaumont, 528;—place de l'Ourcq, 184;—boulevard de la Villette, 305; — des Vertus, 424; — de la
Chapelle, 756; — des Poissonniers, 251; — Rochechouart, 547; — des Martyrs, 156; — Pigalle, 390; —
de Clichy, 445; — des Batignolles, 843; — de Monceaux, 1014; — de Courcelles, 478;—de l'Étoile, 416;
— de Passy, 1093; — de Longchamps, 392.

Rive gauche. — Boulevard de la Gare, 1008; — d'I-
vry, 491; — d'Italie, 1146; — de la Glacière, 226; —
de la Santé, 408; — d'Arcueil, 332; — de Montrouge,
1136; — de Vanves, 303; — des Fourneaux, 647; —
d'Issy, 187; — de Vaugirard, 265: — de Sèvres, 752;
— de Meudon, 294; — de Grenelle, 446; — de Javelle,
518. Ensemble : 23,281 mètres.

Maintenant, passons aux chemins de ronde. —
Nous avons dit dans cet article, que les fermiers généraux commencèrent dès 1784 la formation de la
nouvelle enceinte de Paris. Ils firent l'acquisition
d'une grande quantité de terrains nécessaires à l'exécution de ce vaste projet. Le premier contrat porte
la date du 29 janvier 1787 ; le dernier est du 21 février 1791. Dans cet intervalle fut rendue l'ordonnance ci-après :

« De par le Roi, etc.— Sur ce qui a été représenté
» au bureau par le procureur du Roi que Sa Majesté
» avoit ordonné qu'il seroit fait une nouvelle enceinte

» de Paris, dont une partie étoit déjà circonscrite par
» des murs, et que le surplus seroit au plus tôt pro-
» visoirement achevé en planches; qu'il seroit aussi
» fait un boulevard de 15 toises de largeur pour en-
» ceindre extérieurement cette clôture, et qu'il seroit
» réservé 36 pieds de largeur au long et en dedans de
» la nouvelle enceinte pour former un chemin d'isole-
» ment qui pût se convertir par la suite en une rue,
» et que Sa Majesté avoit encore ordonné qu'il ne se-
» roit point élevé de constructions sur les terrains qui
» resteront hors l'enceinte, qu'à 50 toises de distance
» de la clôture, et dans Paris qu'à 36 pieds de dis-
» tance, etc. Sur quoi, vu le réquisitoire, la déclara-
» tion du 10 avril 1783 et autres règlements, et ouï le
» rapport de maître Nicolas-Jacques Hébert de Haute-
» clair, trésorier de France, commissaire du conseil
» pour la direction du pavé de la Ville, faubourg et
» banlieue de Paris, le bureau fait défenses d'élever
» ou de réparer aucuns murs de clôture et bâtiments
» hors la nouvelle enceinte de Paris, qu'à la distance
» de 50 toises de la clôture et en dedans de ladite en-
» ceinte *qu'à 36 pieds d'éloignement de ladite clôture*;
» en conséquence, fait aussi défenses sous les peines
» portées par la déclaration du Roi, du 10 avril 1783,
» à tous propriétaires, entrepreneurs et ouvriers, d'en
» commencer aucunes fouilles et constructions au de-
» dans et au dehors de ladite nouvelle enceinte sans
» avoir préalablement pris les permissions et aligne-
» ments nécessaires. Fait pareillement défenses sous
» les mêmes peines de continuer aucune construction

» qui y soit encommencée avant d'avoir pris lesd. per-
» missions et alignements, et ordonne que la présente
» sera imprimée et affichée partout où besoin sera, no-
» tamment sur les nouvelles clôtures de Paris. — Fait
» au bureau des finances de Paris, le 16 janvier 1789.»

Cette ordonnance, en ce qui concernait la largeur des chemins de ronde, avait été confirmée par une décision ministérielle du 18 messidor an IX, et successivement par plusieurs décrets et ordonnances relatifs à chacun des chemins de ronde.

Les fermiers généraux n'ont acheté que la moitié des terrains nécessaires à la formation des chemins de ronde, c'est-à-dire une zone de 5 m. 84 c. à partir du mur d'enceinte. Il en est résulté que la Ville a payé indûment des terrains livrés par les propriétaires pour l'exécution complète de l'alignement.

On comptait 45 chemins de ronde, dont la longueur totale était de 19,921 m. Il n'en existait pas, d'une part : entre la barrière d'Italie et le poste d'observation de la barrière d'Enfer, les boulevards des Gobelins, Saint-Jacques et d'Enfer formant sur ce point la limite de Paris; et d'autre part : entre les barrières de Monceaux et de Courcelles, où se trouvait le parc de Monceaux, depuis morcelé. Ces terrains occupaient une longueur de 3,400 mètres.

Les chemins de ronde sur les deux rives prenaient leur dénomination de la barrière la plus rapprochée de l'amont de la Seine. Ainsi, sur la rive droite, le chemin qui s'étendait de la barrière de la Râpée à celle de Bercy, s'appelait chemin de ronde de la Râpée, etc.

Toutes les propriétés particulières sur cette rive n'avaient que des numéros impairs.

Sur la rive gauche, le chemin entre les barrières de la Gare d'Ivry portait le nom de chemin de ronde de la Gare, et les propriétés riveraines n'avaient que des numéros impairs.

III

La démolition des anciennes barrières de Paris et du mur d'octroi a réuni de fait aux anciens boulevards extérieurs les chemins de ronde qui suivaient parallèlement ce mur à l'intérieur. Ces boulevards rendant tout chemin de ronde inutile sur certains points, il devenait indispensable de régler à nouveau les alignements et les nivellements de ces voies publiques.

La largeur la plus ordinaire des anciens boulevards extérieurs était de 30 mètres, celle des chemins de ronde de 12.—La nouvelle voie formée de leur fusion, a donc ordinairement 42 mètres d'ouverture.

C'est une largeur normale adoptée pour cette voie par l'administration municipale, sauf les cas ci-après :

1° Des deux côtés de la place de l'Étoile, les anciens boulevards extérieurs ouverts dans le prolongement de l'axe transversal de l'Arc de Triomphe, ne sauraient être élargis, sans affecter la symétrie des dispositions arrêtées par le décret du 4 août 1854, pour cette place et ses avenues. Ils sont donc maintenus dans leurs limites actuelles avec leur largeur de 36

mètres, et les anciens chemins de ronde ont été supprimés.

2° On a pris le même parti entre les anciennes barrières du Roule et de Courcelles, afin de n'avoir qu'un
seul profil transversal pour cette section et pour la
suivante, qui borde immédiatement le parc de Monceaux.

3° Les boulevards extérieurs compris entre les barrières de Sèvres et des Fourneaux avaient une largeur
exceptionnelie que leur fusion avec le chemin de
ronde porte à 56 mètres. Le mieux était de raccorder
cette section à l'avenue de Breteuil, dont elle peut
être considérée comme un prolongement.

4° La réunion des deux boulevards qui bordaient
intérieurement et extérieurement le mur d'octroi de la
barrière d'Italie à la barrière de Montrouge, forme une
magnifique promenade de 70 mètres de largeur. précieuse à conserver.

Les nouvelles voies suivront presque partout le
relief actuel du sol, ainsi qu'on peut le reconnaître
par les profils en long joints aux plans. Quant aux
profils en travers , le type adopté pour la largeur
normale de 42 mètres diffère essentiellement des types
applicables aux largeurs exceptionnelles de 36, 56 et
70 mètres. Ceux-ci ont été déterminés soit par des
raisons de symétrie, soit par le désir de laisser in-
tactes de belles plantations.

On a combiné ceux-là de manière à respecter autant
que possible les seuils des maisons construites à des
niveaux souvent très-divers, d'un côté sur les anciens

boulevards extérieurs, et du côté opposé sur les anciens chemins de ronde.

A cet effet, on a reconnu la nécessité d'avoir deux chaussées pour les voitures desservant les deux lignes de maisons qui se font face; seulement on n'a pas cru qu'il fût possible de maintenir purement et simplement un état de choses où l'une est séparée des habitations par une contre-allée de 12 mètres, l'autre par un trottoir de 2 mètres 50, et où il n'existe entre elles pour sauver la différence de niveau qu'une étroite bande de terrain plantée généralement d'une seule rangée d'arbres.

L'Autorité Municipale s'est donc résolue à placer les deux chaussées à 3 mètres des lignes des maisons, à border chacune d'elles d'un trottoir de cette largeur et à les séparer par un large plateau planté de quatre rangées d'arbres.

La chaussée des boulevards extérieurs avait 9 mètres de largeur, celles des chemins de ronde 7 mètres seulement; la réunion de ces deux chiffres donne 16 mètres de largeur totale. Chacune des chaussées nouvelles aura 9 mètres 50, ce qui donne une largeur totale de 19 mètres. La circulation des voitures ne sera donc pas moins bien assurée que par le passé.

Le plateau central aura 17 mètres de largeur, il sera coupé par des passages de voitures au droit de toutes les rues, et à défaut de rues, de 100 en 100 mètres de distance de manière à mettre en relation complète et continue les deux chaussées.

Ces dispositions permettront même de dissimuler

de très-notables différences de niveau entre des maisons destinées à se faire face à l'avenir; mais elles auront en outre le triple avantage de rendre les habitations plus immédiatement accessibles, de préserver les plantations des causes nombreuses de destruction auxquelles la proximité des habitations les expose, enfin de créer de belles promenades qui assainiront les quartiers voisins.

Les espaces fort étendus qui étaient occupés par certaines barrières vers lesquelles convergeaient les principales voies de Paris, seront régularisés et transformés en places plus ou moins spacieuses.

Quelle que puisse être l'utilité des percements projetés pour mieux rattacher à l'ancienne Ville les territoires annexés, les voies de communication déjà établies garderont leur importance, si même elles ne la voient s'accroître encore, et les points où elles croisent les anciens boulevards extérieurs, attiront toujours une circulation très-active à laquelle il est bon d'assurer des dégagements.

La ligne des anciens boulevards extérieurs aboutit à la Seine en amont de Paris sur les deux rives, et en aval sur la rive gauche seulement. Elle se termine sur la rive droite à l'ancienne barrière Sainte-Marie, au-dessus des terrains du Trocadéro. C'est également à ce point que vient finir l'ancienne route départementale n° 9, dite avenue de Saint-Denis.

Un décret du 6 mars 1858 a déclaré d'utilité publique l'exécution d'une grande voie de circulation, connue sous le nom d'*Avenue de l'Empereur*, qui doit faire suite au Cours la Reine, et aboutir à la grille de la Muette, au bois de Boulogne.

Cette avenue, déjà en voie d'exécution dans la plaine de Passy, se divise en deux branches dont la rencontre a lieu à l'extrémité de la ligne des anciens boulevards extérieurs. De ce même point, deux autres voies doivent se diriger ultérieurement d'une part vers la porte Dauphine, d'autre part vers les pelouses du Ranelagh.

L'établissement d'une vaste place est donc indiqué sur le terrain de l'ancienne barrière Sainte-Marie, au point culminant du Trocadéro, dans le prolongement de l'axe du pont d'Iéna, du Champ de Mars et de l'École Militaire. Cette place, qui portera le nom de place du *Roi de Rome*, sera rattachée à la ligne des quais par une vaste esplanade inclinée suivant une pente régulière, au moyen du nivellement général des terrains accidentés du Trocadéro, et formant un immense amphithéâtre d'où la population pourra embrasser la vue des grandes fêtes du Champ de Mars.

Ainsi sera complétée, en aval de Paris, sur la rive droite de la Seine, la grande et belle promenade qui remplacera désormais les anciens boulevards extérieurs.

Des études ont été faites pour y rattacher, sur les points de son parcours actuel qui offrent des irrégularités de tracé, plusieurs embranchements destinés à donner des facilités désirables à la circulation.

Nous ne mentionnerons ici sur la régularisation des anciens boulevards extérieurs confondus avec les anciens chemins de ronde et sur leurs abords, que les détails particuliers qui les concernent en dehors des mesures généralement adoptées. — Nous parcourrons ces boulevards, en allant de l'est à l'ouest.

10ᵉ, 11ᵉ et 19ᵉ arrondissements de Paris. — Ancien boulevard de la Chopinette.

Raccordements meilleurs des boulevards de Belleville et de la Chopinette.

Le chemin de ronde sur le boulevard de Belleville doit avancer depuis la rue du Faubourg-dn-Temple ; les numéros des propriétés soumises à un retranchement sur le boulevard de Belleville, sont : 48, 50, 54, 56, 58, et le nº 2 de la grande rue de Belleville pour l'établissement d'un pan coupé.

Numéros soumis à retranchement dans la rue du Faubourg-du-Temple, 122, 124, 126, 128.

Sur le boulevard de la Chopinette, les numéros 2, 4, 6, 8, 10, 12, 14, doivent avancer.

A l'angle droit de la rue du Buisson-Saint-Louis, recul et pan coupé.

Ancien boulevard du Combat. — Léger déblai entre la rue Saint-Laurent et l'ancienne barrière de la Chopinette ; modification à la rencontre de la rue Saint-Laurent.

La place du Combat sera régularisée par mesure ordinaire de voirie.

Boulevard du combat, nᵒˢ 5 et 7, soumis à retranchement.

Rue de la Chopinette, nᵒˢ 2, 4 et 6 doivent avancer.

Les n⁰ˢ 50 et 52 soumis à retranchement. Le n° 47 pris entièrement par un pan coupé.

Prolongement de la rue Claude-Vellefaux jusqu'au boulevard, élargissement de la rue avec **deux pans** coupés à l'extrémité.

Rue de la Grange-aux-Belles. — L'angle gauche largement retranché pour la place du Combat.

Est sujet à retranchement sur le boulevard, le n° 66. — Rue de Meaux, 2. — Boulevard de la Butte-Chaumont, 2, et rue de la Butte-Chaumont, 1, pour la place et le pan coupé.

Rue du Faubourg-Saint-Martin, 274. — Subit un pan coupé et un fort retranchement.

Rue de Flandre, le n° 1 est enlevé par le nouvel alignement.

Ancien boulevard de la Butte-Chaumont.—Le relief actuel du terrain sera conservé, sauf un léger déblai entre l'ancienne barrière de Pantin et la rue Droin-Quintaine.

L'ancien boulevard de la Villette subira normalement la régularisation commune, sans changement dans les alignements. Seulement le n° 38 du boulevard au coin de la rue des Vertus doit avancer ; les deux angles de la rue de Château-Landon subiront un pan coupé, mais à gauche il y aura un fort retranchement et retrait d'alignement. — Le n° 1 de la rue des Vertus est soumis à retranchement.

L'ancien boulevard des Vertus obtiendra une régularisation générale. Les n⁰ˢ 2, 4 et 6 devront avancer. De la rue de Château-Landon au chemin de fer de

Strasbourg, il y aura un fort retranchement. Les rues de la Chapelle et Chabrol subiront chacune deux pans coupés à leur extrémité.

Rue du Faubourg-Saint-Denis. — A l'extrémité droite un pan coupé sera établi. Avancement à gauche. Le n° 227 disparaît dans la régularisation.

Ancien boulevard de la Chapelle. — Ce boulevard subira entre la rue de Chartres et la barrière Saint-Denis un remblai assez notable nécessité par la construction d'un pont sur le chemin de fer du Nord. — Vaste place au droit de l'ancienne barrière Saint-Denis, à la rencontre des boulevards de la Chapelle et des Vertus. Il y aura, en outre, deux vastes plateaux plantés d'arbres.

Sur le boulevard de la Chapelle, l'angle de la rue Caplat, et la rue de la Charbonnière, sera retranché. — La rue de Rocroy aura deux pans coupés.

Place de la Chapelle. — Les constructions situées entre le boulevard de la Chapelle, la rue de Jessaint et le boulevard Saint-Ange seront prises pour former la place.

Rue de Jessaint, numéros retranchés, 2, 4, 6 et 8. Grande-Rue de la Chapelle, 1, 3 et 5.

9ᵉ et 18ᵉ arrondissements de Paris. — *Ancien boulevard des Poissonniers.*

Profil en long, déblai de 40 centimètres au droit de la barrière de Rochechouart.

A la jonction du boulevard de Magenta et de la rue du Faubourg-Poissonnière, la demi-lune de l'ancienne barrière sera supprimée, et le boulevard de Magenta se terminera par des pans coupés en rejoignant des deux côtés l'alignement des nouveaux boulevards. Le n° 197 de la rue du Faubourg-Poissonnière est entièrement pris par cette rectification.

Ancien boulevard de Rochechouart. — Profil en long, léger déblai entre la rue du Théâtre et la rue Virginie.

N°ˢ 1 et 3, à la barrière Rochechouart, doivent prendre l'alignement.

La rue Neuve-du-Cadran subira un pan coupé.

Les n°ˢ du boulevard, 84, 86, 88 et 90 devront se mettre à l'alignement.

Ancien boulevard des Martyrs. — Profil en long, déblai nécessaire pour faire disparaître le heurt aux abords de l'ancienne barrière Montmartre.

Les propriétés en bordure du nouveau boulevard, de la rue de la Réforme à celle des Martyrs, sont frappées d'un reculement de 3 mètres 50 environ.

Rue des Martyrs, 86 enlevé, 84 recul et pan coupé, 79 subit le pan coupé.

Boulevard des Martyrs. — Les n°ˢ 2, 4, 6, 8, 10, et les n°ˢ 1, 3 et 5 de la chaussée des Martyrs subissent des retranchements pour l'alignement.

Place Montmartre. — Le n° 1, au droit de la rue Duperré, doit avancer.

Ancien boulevard Pigalle. — Il est régulier d'après le nouveau projet. La rue Neuve-Fontaine subira deux pans coupés.

Ancien boulevard de Clichy. — L'alignement de

l'ancien boulevard extérieur frappe de reculement les propriétés riveraines de la barrière Clichy à la rue Caperon.

Projet de boulevard destiné à ouvrir ultérieurement une communication nouvelle entre l'ancienne barrière de Clichy et les points élevés de Montmartre.

Numéros du boulevard de Clichy pris pour l'ouverture de la nouvelle voie, 50, 52, 54 et 56. — Un large retranchement atteint aussi les n°s 58, 60, 62, 64, 66, 68, 70 et 72 jusqu'à la grande rue des Batignolles, dont le n° 2 est pris.

Avancement de 15 à 20 mètres des immeubles situés entre la rue de Clichy, 89, et la rue d'Amsterdam, 100. Entre la rue d'Amsterdam, 99, et la rue Saint-Pétersbourg, la rue d'Antin des Batignolles recevra un pan coupé qui atteint le n° 2 de cette rue et le n° 6 du boulevard des Batignolles.

L'ancien boulevard de Batignolles aura 42 mètres de largeur. Le prolongement projeté de la rue de Rome prendra le n° 68 du boulevard.

Place des Batignolles. — Les n°s 2 et 4 de la rue de Lévis pris par un pan coupé, et sur le boulevard les n°s 98, 100, 102, 104. — Rue des Rochers, pour l'alignement, les n°s 97, 99 et 101.

Ancien boulevard de Monceaux, 36 mètres.

Vaste place en forme de parallélogramme sur l'emplacement de l'ancienne barrière de Monceaux, au point où la rue de Constantinople, des Rochers, de Lévis et le nouveau boulevard de Neuilly, ouvert dans la plaine de Monceaux, en prolongement de la rue de

Constantinople, viennent croiser la ligne des anciens boulevards.

Numéros subissant des retranchements sur ce boulevard, 22, 24, 26, 28, 30, 36, 38, 48, 50, 52, 54, 56, 58, 60.

Numéros du boulevard qui doivent avancer, 104, 108, 116.

Numéros pris pour l'ouverture d'une voie nouvelle, 98, 100, 102.—74, 76, 66, pris pour l'ouverture d'une nouvelle voie.

Ancien boulevard de Courcelles.—Chemin de ronde supprimé. Largeur 36 mètres.

Place du Roule. — Rue de Courcelles, grand retranchement depuis le n° 78. Doivent avancer, les n°s 24, 26, 28, 34, 36, 38, 40, 46 et 48.

Ancien boulevard de l'Étoile. — De l'ancienne barrière du Roule, ce boulevard est continué en ligne droite par une des nouvelles avenues ouvertes dans la plaine de Monceaux, conformément au plan arrêté par le décret du 13 août 1854, relatif à la place de l'Étoile et de ses abords. Le chemin de ronde est supprimé.

Par la suppression du bâtiment d'octroi, place demi-circulaire créée entre ce boulevard et celui de Courcelles, d'un rayon de 97 mètres environ.

16° *Arrondissement, dit de Passy.*

Ancien boulevard de Passy, dit du Roi de Rome (décret du 6 mars 1858), placé dans le prolongement de l'axe transversal de l'Arc de Triomphe, 36 mètres. (Voir aussi le décret du 13 mars 1854.)

Ancien boulevard de Longchamps, prolongement de celui du Roi de Rome, 36 mètres. Chemin de ronde supprimé.

Place du Roi de Rome. — Au point où se terminent les anciens boulevards extérieurs de la rive droite à 500 mètres du fleuve sur le sommet du Trocadéro. — Plan incliné en amphithéâtre aboutissant au quai de Billy, en face du Champ de Mars, dans l'axe du pont d'Iéna.

Partie semi-circulaire avec sept avenues rayonnant vers la place du pont de l'Alma.

La place de l'Étoile.

La porte Maillot.

La porte Dauphine.

La porte de la Muette.

La porte du Ranelagh.

Le Point du Jour.

L'*avenue de l'Empereur* (1re partie) fait suite au Cours la Reine.

L'avenue du Roi de Rome (anciennement boulevard de Passy et de Longchamps).

L'avenue de l'Empereur (2e partie), vers la porte de la Muette, déjà déclarée d'utilité publique.

L'*avenue d'Iéna*, venant de la place de l'Étoile au point où se termine la rue des Batailles.

L'amorce de quatre autres avenues.

Avenue projetée du centre de Passy, vers le côté méridional du plan incliné, en regard de l'avenue d'Iéna. — Tracé d'une rue de 12 mètres. — Ligne de ceinture autour de la nouvelle place.

L'hémicycle de la nouvelle place aura 250 mètres de diamètre; il sera sensiblement horizontal.

Le plan incliné aura 250 mètres de largeur et 500 mètres de longueur. Sa pente en long sera de 0ᵐ 05 par mètre.

Rues des Réservoirs et Blanche supprimées. Rue Vineuse, les numéros pairs. Rue Franklin, les numéros impairs sont pris, les numéros pairs doivent avancer. Le cimetière de Passy est pris entièrement. L'avenue de Saint-Denis, élargie de 36 mètres, est prise des deux côtés. La rue Benjamin-Delessert élargie et modifiée. — Les rues Sainte-Marie, de Lubeck, sont transformées, la rue de Magdebourg est prise par la rue de Ceinture.

Tels sont les documents historiques et administratifs qui se rattachent à cette question, l'une des plus intéressantes pour l'avenir de la Ville de Paris.

Robert Myron.

ÉTUDES HISTORIQUES

—

6ᵉ Arrondissement.

Rue de l'Ancienne-Comédie. — Au nº 13 était l'ancien *café Procope*, où s'assemblaient les beaux esprits du règne de Louis XV, sous la présidence de Piron.

Là se décidait le sort des pièces nouvelles. C'était à cette école, dont les professeurs avaient tous fourni leurs preuves, que se formait le parterre de la Comédie Française

Le café Procope était un véritable journal de Paris, journal du matin, journal du soir, toujours spirituel, littéraire et amusant.

Au n° 14 est une grande maison occupée par les magasins d'un marchand de papiers en gros. Cette propriété remplace le théâtre de l'ancienne Comédie Française. Les comédiens ayant été forcés de quitter le théâtre de la rue Mazarine, firent l'acquisition, en 1688, de l'ancien jeu de Paume de l'Étoile, situé rue des Fossés-Saint-Germain-des-Prés. Sur cet emplacement fut construit, sur les dessins de l'architecte d'Orbay, une nouvelle salle dont l'ouverture eut lieu le 18 avril 1689, par la tragédie de *Phèdre* et la comédie du *Médecin malgré lui*. La recette s'éleva à 1,889 livres, somme considérable pour le temps. Les comédiens ordinaires du Roi l'occupèrent jusqu'en 1770. A cette époque, les bâtiments menaçaient ruine, les artistes furent obligés de l'abandonner pour la salle des Tuileries.

En 1699, un arrêt du Conseil d'État du Roi, en date du 1er mars, prescrivit aux comédiens l'obligation d'abandonner le *sixième* de la recette aux pauvres de l'Hôpital-Général; aussi, à dater de ce jour, le prix d'entrée à la Comédie Française fut ainsi fixé : premières loges, 3 livres 12 sous; secondes, 36 s., et parterre 18 sous. Avant la perception du droit des pauvres, le public ne payait que 10 sous aux galeries et 12 sous au parterre.

Dans cette maison n° 14, demeurait Gros, l'un de nos plus grands peintres d'histoire. La hardiesse de son dessin, la magie de sa couleur et la puissance de sa composition ne purent lui faire trouver grâce devant une envieuse et basse critique. Gros se donna la mort. Le cadavre de l'artiste fut retiré de la Seine le 26 juin 1835.

Passage des Beaux-Arts. — A été ouvert en 1825 sur l'emplacement de l'ancien hôtel de La Rochefoucauld.

Rue Bonaparte. — La rue Bonaparte formait autrefois cinq voies différentes, ayant chacune un nom particulier.—Du quai Malaquais à la rue Jacob, c'était la *rue des Petits-Augustins.* — De la rue Jacob à la place Saint-Germain-des-Prés, on l'appelait *rue Saint-Germain-des-Prés ;* elle fut prolongée en 1845 jusqu'à la place Saint-Sulpice.

La quatrième partie est formée par le côté ouest de la place Saint-Sulpice.

La cinquième partie, comprise entre la place Saint-Sulpice et la rue de Vaugirard, s'appela rue du Pot-de-Fer.

Dans la maison qui est devenue le n° 1 de la rue Bonaparte, est mort en 1794, *Vicq d'Azir,* fondateur de l'Académie de Médecine ; il succéda à **Buffon** comme académicien.

Aux n°ˢ **7** et **9** est l'hôtel habité sous Louis XV par mademoiselle Claire de la Tude, connue sous le nom de *Clairon*. — Cette célèbre tragédienne avait débuté à l'âge de douze ans à la Comédie-Italienne, d'où elle passa vers 1743 à la Comédie Française.

Dans le même hôtel, le 28 juillet 1818, est mort l'illustre *Monge*.

Au n° 88, le cardinal de Polignac, diplomate et savant, qui avait succédé à Bossuet à l'Académie française, mourut octogénaire en 1741.

Dans le même hôtel mourut sous l'Empire *Roger-Ducos*, successivement député des Landes à la Convention nationale, membre du Conseil des Anciens, puis l'un des directeurs. Nommé Consul provisoire après le 18 brumaire, il devint ensuite membre du Sénat conservateur. Obligé de s'expatrier en 1816, il périt au mois de mars de la même année, dans les environs d'Ulm, en s'élançant de sa voiture qui allait verser.

Rue du Cherche-Midi. — L'académicien et philosophe *Duclos*, habitait cette rue en 1750. — Au n° 44 est mort, en 1831, l'*abbé Grégoire.* — Le maréchal Lefebvre, duc de Dantzick, habitait en 1812 l'hôtel portant aujourd'hui le n° 89.—Au 91, mourut en 1833 l'ancien ministre de la justice *Garat.*

Cour du Commerce. — Danton et Camille Desmoulins ont demeuré dans cette cour en 1793. Danton y fut arrêté le 31 mars 1794.

Rue Dauphine. — Au n° 18, en face la rue du pont de Lodi, était situé le théâtre des *Jeunes-Élèves.* Cette salle avait été construite sur l'emplacement d'un ancien club.

Firmin et mademoiselle Déjazet ont commencé aux

Jeunes-Élèves leur carrière dramatique. — Ce théâtre a été démoli en 1826.

La porte Dauphine était située à l'extrémité de cette rue. — Dans la façade de la maison n° 44, est incrustée une table de marbre noir portant cette inscription :

> *Du règne de Louis le Grand,*
> *en l'année MDCLXXII, la porte Dauphine*
> *qui estoit en cet endroit, a été démolie par l'ordre*
> *de MM. les Prévost des Marchands et Échevins,*
> *et la présente inscription apposée*
> *en exécution de l'arrest du Conseil du*
> *XXIII septembre audit an,*
> *pour marquer le lieu où estoit cette porte, et servir*
> *de ce que de raison.*

Rue du Dragon. — Au n° 24 demeurait *Bernard Palissy.*

Rue de l'Éperon. — *Jean Racine* habita quelque temps la maison qui porte le n° 2, à l'angle de la rue Saint-André-des-Arts.

Rue de l'École-de-Médecine. — La première partie de cette voie, entre les rues Racine et de la Harpe, s'appelait *rue des Cordeliers*, en raison du couvent ainsi désigné.

Voici le document officiel qui concerne le changement du nom de cette voie publique :

Séance du 25 juillet 1795. — Une députation de la section du Théâtre-Français (Odéon) demande que la rue des Cordeliers soit appelée maintenant du nom de Marat. — Elle annonce, en outre, l'offre du citoyen Palloi de plusieurs pierres de la Bastille, pour l'exécution de ce projet. Le Conseil adopte à l'unanimité cette demande, et arrête en conséquence que la rue nommée des Cordeliers s'appellera *rue Marat*, et la rue de l'Observance *place de l'Ami du Peuple*.

Signé : PACHE et DORAT-CUBIÈRES.

(*Registre de la Commune*, tome XIX, page 88.)

Cette propriété où demeurait Marat existe encore à peu près aujourd'hui comme on la voyait au temps de la révolution; elle porte maintenant le n° 20. C'est une maison de chétive apparence, dont la cour est étroite et sombre. Dans cette maison, au premier étage, se trouvait l'appartement du rédacteur de *l'Ami du Peuple*, et c'est dans le cabinet qui donne sur la petite cour, au-dessus du puits, que ce tribun fut assassiné par Charlotte Corday, le 13 juillet 1793.

Au n° 39 de la rue de l'École-de-Médecine, demeurait, en 1792, le cordonnier *Simon*, désigné par la Commune de Paris pour remplir auprès du fils de Louis XVI les fonctions de geôlier. On sait comment ce misérable s'en acquitta. Simon devint membre du Conseil général de la Commune. Mis hors la loi après la chute de Robespierre, il fut guillotiné le 28 juillet 1794.

La deuxième partie de la rue de l'École-de-Médecine, entre le carrefour de l'Odéon et la rue de Buci, s'appelait *rue des Boucheries*. Dans un café de la rue

des Boucheries se réunissaient encore à la fin du siècle
dernier, pendant la quinzaine de Pâques, les acteurs et
les actrices sans emploi.—Mercier, l'auteur du *Tableau
de Paris*, en parle ainsi :

« Rien n'égale au monde ce qui se passe à Paris,
pendant la quinzaine de Pâques, dans un petit café
situé *rue des Boucheries*. Figurez-vous tous les directeurs des théâtres de province accourant à une espèce
de marché public, pour composer leurs troupes, et
tous ceux qui foulent le sapin d'un pas majestueux,
accourent aussi de leur côté par troupeaux pour se
vendre et s'engager. On marchande la reine étique,
l'amoureuse minaudière, le père noble qui se croit
tel, parce qu'il a le front dégarni, la voie cassée et les
mains tremblantes ; le valet impudent, qui a la physionomie de ses rôles; l'humble confident, presque
toujours aussi mauvais qu'inutile à la pièce ; le petit-
maître, qui vieillit croyant bien toujours posséder le
feu et les grâces du premier âge...

» L'un, qui arrive du nord par la messagerie, va
partir pour le midi par le coche ; et celui qui arrive de
Marseille va tomber à Strasbourg. Le hasard les place
et les déplace; ils ne savent s'ils hurleront en Gas-
cogne ou en Normandie; ils forment des engagements
qu'ils cassent deux heures après par caprice ou par
nécessité. Ils se surfont, ils se rabaissent comme une
volaille qu'on vend au marché ; ils jurent, se louent et
s'injurient tour à tour.

» Le café déborde de ces nobles instruments de l'art
dramatique ; ils sont pressés en groupe jusque dans

les ruisseaux de la rue. L'un a un reste d'habit théâtral qui contraste avec sa chaussure ressemelée ; sa veste est magnifique et sa culotte rapetassée. Si on leur demandait où ils vont, ils pourraient répondre comme Ésope : « Je n'en sais rien. »

» Les directeurs se promènent marchandant les acteurs au milieu de cette singulière foire, aussi curieuse que celles où l'on voit des animaux de toute espèce. Les directeurs flattent celui qu'ils veulent avoir à bas prix ; ils parlent surtout de faire des avances. La mauvaise actrice passe avec l'acteur engagé , parce que celui-ci est son amant; elle dévisagerait le directeur s'il parlait de séparation.

» Voilà donc ces comédiens qui, la tête meublée de quinze ou vingt rôles, sont très-persuadés n'avoir plus à rien apprendre sur l'art, et en parlent avec une audace qui ferait croire qu'ils en connaissent les principes les plus simples. Quand les premières troupes pour la province sont formées, il en reste la lie ; eh bien, mes amis, cette lie va se répandre sur des tréteaux ambulants destinés à amuser la canaille. »

(Tome XI, page 139.)

La plus ancienne loge de *Franc-Maçons* fut établie à Paris, rue des Boucheries, chez un nommé Hure, traiteur, par lord Dervent-Waters.

Rue Férou. — C'est dans la maison n° 9 que Lavoisier se réfugia. Arrêté, il fut condamné, puis exécuté le 8 mai 1794.

Rue Gît-le-Cœur. — Un des historiens de Paris,

Sainte-Foix, s'exprime ainsi au sujet de cette voie publique :

« Au bout de la *rue Gilles-Cœur* , dans l'angle qu'elle forme aujourd'hui avec la rue de Hurepoix (cette dernière n'existe plus), François 1er fit bâtir un petit palais qui communiquait à un hôtel habité par la duchesse d'Étampes, dans la rue de l'Hirondelle. Les peintures à fresque, les tableaux, les tapisseries, les salamandres accompagnées d'emblèmes et de tendres et ingénieuses devises, tout annonçait dans ce palais et ce petit hôtel le dieu auquel ils étaient consacrés. »

LOUIS LAZARE.

(*Sera continué.*)

PARIS

GRANDS TRAVAUX D'UTILITÉ PUBLIQUE.

LA RUE DE TURBIGO

(Voir le plan dans ce volume.)

Le percement dont nous allons indiquer le tracé officiel est une des combinaisons les plus heureuses.

Cette voie est appelée à prolonger le boulevard du Prince-Eugène jusqu'au centre de Paris, c'est-à-dire jusqu'au massif des Halles.

La rue de Turbigo coupant en diagonale des quartiers où la population est agglomérée, où la circulation est difficile, établira une communication précieuse d'utilité publique entre les boulevards et le grand marché régulateur de Paris.

Pour nous conformer à l'habitude contractée pour établir le numérotage, nous allons indiquer le tracé à partir des Halles.

La rue de Turbigo commencera par faire de la pointe Saint-Eustache une place aussi convenable que possible, en régularisant aussi les abords de l'église qui lui a donné son nom.

Saint-Eustache est, après la cathédrale, l'édifice religieux le plus remarquable de Paris ; aussi cette régularisation sera précieuse au point de vue de l'art.

Au nord de l'édifice religieux doit être pratiquée, en prolongement de la rue de la Grande-Truanderie, une voie de 12 mètres de largeur, simple dégagement qui, de l'angle droit de la rue Montmartre et longeant l'église, atteindra vers l'ouest la place Saint-Eustache, portée à 56 mètres environ de largeur.

Cette voie côtoyant la façade latérale au nord de l'édifice, détruira l'impasse Saint-Eustache pour donner de l'air et de la lumière au charmant petit portail étranglé encore aujourd'hui par de misérables cahutes qui ternissent ce précieux joyau de l'architecture de la première moitié du seizième siècle (1).

(1) L'Administration municipale avait encore arrêté en principe, vers 1855, le tracé d'une voie qui devait réunir la place Saint-Eustache à celle de la Bourse. Mais alors il était question du déplacement de l'Hôtel des Postes, que cette voie devait traverser. Depuis, l'Autorité supérieure ayant ajourné

La place Saint-Eustache, d'où part la rue de Turbigo, doit être établie aux dépens de plusieurs immeubles du côté droit de la rue Montmartre, du côté gauche de la rue Montorgueil, et de l'extrémité ouest de la rue de Rambuteau.

La voie coupe ensuite la *rue de la Grande-Truanderie*, qui doit être transformée en une voie de **12** mètres.

Le tracé lui enlève d'abord les maisons portant les nᵒˢ de 49 à 59, et de 46 à 54 inclusivement.

La rue de la Grande-Truanderie était construite avant l'année 1250. Son emplacement faisait anciennement partie du petit fief de Thérouenne. Son nom de Truanderie ne vient pas, ainsi que l'ont avancé plusieurs romanciers, des *truands* qui seraient venus peupler cette rue ; en effet, tous les actes administratifs que l'histoire nous a légués sont contraires à cette assertion. On ne saurait, en outre, supposer avec une apparence de raison que les Halles, qui entretenaient une circulation incessante d'activité dès le treizième siècle, eussent toléré ces bohêmes dans le voisinage de ce grand dépôt de l'approvisionnement de Paris, et même, pendant des siècles, de tout le commerce parisien. En effet, chaque corps de marchands eut, pour ainsi dire, dans les Halles, sa rue spécialement affectée à son commerce ; telles furent les rues de la *Cordonnerie, de la Petite et de la Grande-Friperie, de la Cos-*

ou écarté ce projet, cette voie ne saurait être exécutée. — Nous en parlons ici pour mémoire seulement.

sonnerie, des Fourreurs, de la Heaumerie, de la Lingerie, de la Chanverrerie, de la Tonnellerie, des Potiers-d'Étain, etc. — La dénomination de la rue de la Truanderie a pris racine du vieux mot *tru, truage,* signifiant tribut, impôt, subside ; en effet, dans le carrefour qu'on désignait sous le nom de *place Ariane,* se trouvait un bureau où l'on percevait les droits sur les marchandises qui entraient de ce côté dans Paris.

Il y a quelques années, à la pointe du triangle que forment les rues de la Petite et de la Grande-Truanderie, on voyait encore un puits célèbre dans les traditions du peuple parisien, et qu'on appelait le Puits d'Amour.

Voici la triste aventure qui lui avait donné ce joli nom :

Une belle et noble jeune fille, Agnès Hellebic, dont le père tenait un rang à la cour de Philippe-Auguste, se prit d'amour pour un jeune clerc ; fortune, avenir, honneur, elle lui sacrifia tout !

Un soir, la jeune fille allait prier Dieu, ou plutôt penser à son amant. En traversant la rue au Feurre pour aller à Saint-Leufroy, un jeune homme marchait devant elle. A sa démarche, à son costume, Agnès crut reconnaître le jeune clerc. Agnès le suivit. Arrivé devant la taverne du *Cœur couronné,* le jeune clerc s'arrêta quelques instants, puis entra précipitamment et prit place au milieu de jeunes étudiants attablés avec des ribaudes.

— Enfin, te voilà ! dirent les convives en chœur. Toujours en retard ! — Au diable les grandes dames !

répliqua le jeune clerc, et vivent le bon vin et les ri-
bandes !... Agnès avait entendu ; Agnès était folle !...

Le lendemain, des bourgeois et des manants étaient
rassemblés près du Puits de la grande Truanderie. Au
milieu d'eux était le corps inanimé d'une jeune fille
qu'on venait de retirer de l'eau. — C'était Agnès Hellebic...

Trois cents ans après ce tragique événement, un
jeune homme, que la froideur de sa maîtresse exaspé-
rait, y chercha aussi la mort; mais il tomba si heureusement dans le Puits d'Amour, qu'il ne se fit aucun
mal; par un bonheur plus grand encore, cette dé-
monstration toucha le cœur de cette jeune fille, qui
le réconcilia promptement avec la vie en lui donnant sa
main. Le jeune homme, par reconnaissance, fit reconstruire le Puits d'Amour, où l'on pouvait lire encore du
temps de Sauval cette inscription :

L'amour m'a refait
En 1525 tout à fait.

Après la rue de la Grande-Truanderie, le tracé rencontre la *rue Pirouette*, qui sera remplacée par une
rue prolongeant la voie couverte traversant au nord
le massif des Halles. Toutes les propriétés de la rue Pirouette sont vouées à l'expropriation.

Voici sur cette petite rue, dont la longueur n'est que
de 32 mètres, quelques documents historiques :

Adam, archidiacre de Paris, puis évêque de Thérouenne de 1213 à 1229, avait hérité, en 1179, de Gauthier, son frère, d'un fief dit de Thérouenne, situé dans

le territoire de Champeaux. Ce fief donnait droit de justice et de censive. L'Évêque en vendit une partie à Philippe-Auguste pour compléter l'emplacement nécessaire aux nouvelles Halles de Paris. Ce qui restait de ce domaine fut aliéné le 2 juin 1330, par Adam de Mesmer, l'un des descendants du prélat, à Pierre des Essarts, moyennant 1,025 livres. Ce dernier en fit la déclaration au profit du Roi, le 17 du même mois. Néanmoins, on avait commencé de bâtir cette rue avant l'époque de cette vente, ainsi que le prouve un acte de 1250, qui indique une maison sise en *la Thérouenne* près Saint-Magloire. Un arrêt de 1501 la nomme rue *Pirouette en la Thérouenne.*

Voici quelle est la situation de cette petite rue par rapport aux alignements :

Une décision ministérielle du 13 vendémiaire an X, signée Chaptal, et un arrêté du ministre de l'intérieur, membre du gouvernement provisoire de la république, signé Ledru-Rollin, du 5 mai 1848, ont fixé la largeur de la rue Pirouette à 10 mètres.

Après avoir détruit cette ruelle, la voie diagonale de la pointe Saint-Eustache à la rue du Temple coupe la *rue Verderet*, et lui enlève les maisons n°s 3, 5, 7, 9, 11.

Après cette utile opération, qui sera sans doute pratiquée à toute cette ruelle, le tracé atteint la *rue de Mondétour*, qui sera supprimée.

La rue de Montétour, en partie construite vers le milieu du treizième siècle, dut, plus tard, le nom qu'elle porte à Claude Foucault, seigneur de *Mondé-*

tour, Échevin de la ville de Paris, en 1525, sous la Prévôté de maître Jean Morin.

Le tracé diagonal entame la *rue des Pèlerins-Saint-Jacques*, qui sera transformée en une voie de 20 mètres. L'ouverture de la rue des Pèlerins eut lieu en vertu d'une décision ministérielle du 15 octobre 1814, signée par l'abbé de Montesquiou. Cette voie publique occupe l'emplacement de Saint-Jacques-l'Hôpital destiné à recevoir les pauvres pèlerins arrivant de Saint-Jacques-de-Compostelle.

La voie projetée coupe ensuite la *rue Mauconseil*, qui était déjà construite en 1250. Sauval pense que cette dénomination lui vient d'un seigneur de Mauconseil. Sa largeur a été fixée à 8 mètres par ordonnance Royale du 21 juin 1826.

Cette rue sera supprimée en partie soit pour la rue de Turbigo, soit pour le prolongement de la rue aux Ours.

Dans la rue Mauconseil, au n° 34, on voit un petit bâtiment dont la pierre noircie accuse l'ancienneté. Au milieu est une porte cochère disgracieuse sur l'archivolte de laquelle on lit cette inscription :

HALLE AUX CUIRS.

Bâtie en 1784.

Ce bâtiment est tout ce qui nous reste à peu près de l'ancien hôtel de Bourgogne, de ce manoir qui, sous Charles VI, égalait en magnificence l'hôtel royal de Saint-Paul.

Ce fut dans cet hôtel que Jean-sans-Peur cacha les

assassins du duc d'Orléans. Depuis le meurtre de son cousin, le duc de Bourgogne, craignant de voir les enfants et les partisans du duc d'Orléans venir lui demander compte de cet assassinat, fit bâtir une tour carrée qu'il fortifia, et dans laquelle il se retirait la nuit.

Cette tour subsiste encore dans la rue Pavée-Saint-Sauveur. On la voit dans le jardin de la maison n° 3; cette tour a 5 mètres de largeur sur 10 de longueur; sa hauteur est de 20 mètres environ.

Sous François Ier, qui devint propriétaire du manoir des ducs de Bourgogne, cet hôtel occupait tout l'espace compris entre les rues Pavée-Saint-Sauveur, Saint-Denis, Mauconseil et Montorgueil; il fut morcelé par édit du mois de septembre 1543, *attendu*, dit l'acte Royal, *qu'il ne servoit qu'à encombrer, empescher et defformer grandement la ville de Paris.*

Cet emplacement fut divisé en treize lots; Jean Rouvel, marchand et bourgeois de Paris, en acheta sept qu'il revendit le 30 août 1548, aux confrères de la Passion de Notre-Seigneur, qui firent représenter leurs mystères sur un théâtre dont l'entrée était *rue Françoise où l'on voyait, encastré sur la porte, un caisson avec un bas-relief, représentant les instruments de la Passion de Jésus-Christ*

Aux confrères de la Passion succédèrent, en 1552, *les Enfants Sans-Souci*, qui vinrent y représenter *des sotties, moralités ou farces.*

Moins d'un siècle après, le public applaudissait, dans cette salle, les œuvres de Corneille et de Racine, dont le génie illustra le théâtre français, qui devint la grande École littéraire de l'Europe. Ce fut aussi le berceau de l'Opéra-Comique, qu'on désignerait plus justement en l'appelant l'Opéra-Parisien.

Par une raillerie du sort, on vend des cuirs et l'on en fait probablement dans cet endroit où la langue française s'est épurée pour devenir la préférée de l'Europe.

La rue de Turbigo est ouverte en ce moment de la rue Saint-Martin à la rue Saint-Denis; cette section a été entreprise lors de l'exécution du boulevard de Sébastopol.

Pour réaliser cette fraction de la rue de Turbigo, il a fallu supprimer la *rue du Petit-Hurleur* et celle du *Grand-Hurleur.*

Ces deux rues faisaient partie de l'ancien Bourg-l'Abbé, qui existait déjà sous nos Rois de la seconde race. En 1210, ce bourg était compris dans l'enceinte de Paris, construite sous Philippe-Auguste; l'étymologie des rues qui nous occupent, a donné lieu à des discussions. Un bail à cens, du mois de février 1253, la nomme *rue de Heuleu* et *Huleu.* Piganiol prétend, d'après Adrien le Valois, que le nom de cette rue est altéré, et qu'il faut dire Heu-le. Selon ces écrivains, ces rues étaient autrefois habitées par des filles publiques ou ribaudes, et dès que le peuple y voyait entrer un homme, il excitait les enfants à se moquer du nouveau-venu, en disant heu-le (moque-toi de lui).

Cette opinion a été contestée, notamment par Jaillot, géographe du Roi; toutefois, elle semble être la préférée des historiens qui ont pris pour sujet la ville de Paris.

Après avoir enlevé à la rue Saint-Martin les maisons portant les n°s 248, 250, 252, 254, 256 et 258, le tracé de la rue de Turbigo atteint la rue des Gravilliers. Cette rue, presque entièrement bâtie en 1250, portait le nom de *Gravelier*. Un rôle de taxe, de 1312, indique dans cette rue un boucher ainsi appelé. C'était probablement un des ancêtres de ce boucher qui avait donné à cette rue son appellation, qui a été altérée depuis.

Cette voie s'étendait autrefois sous ce nom jusqu'à la rue Saint-Martin. Au commencement du dix-huitième siècle, la partie située entre les rues Beaubourg et Saint-Martin, s'appelait *Jean-Robert*, du nom d'un riche propriétaire qui l'habitait.

Au n° 69 était l'*hôtel d'Estrées*, habité par la belle Gabrielle; le corps de logis existant dans la cour à droite a été construit sous Henri III ou Henri IV.

Voici une lettre de la duchesse Beaufort au Roi.

« Je meur de peur, asseurez-moi, je vous supplie, en me disant comment se porte le plus brave du monde: je crains que son mal soye grand, puis qu'autre cause ne me devroit priver de sa présence. Dy m'en des nouvelles, mon cavalier, puis que tu sçais combien le moindre de tes maux m'est mortel! Combien que par deux fois j'aye sçeu de vostre estat, aujourd'huy je ne sçaurois dormir sans vous envoyer mille bonsoirs, car je ne suys pas douée d'une ladre constance, je suys la princesse constante et sensible pour tout ce qui vous touche, et insensible pour tout ce qui ce qui est au monde soit bien ou mal.

» GABRIELLE. »

RESPONCE.

« Mon cœur, j'ay reçu ce matin à mon réveil de vos
nouvelles, cela me rend cette journée plus heureuse,
je n'en ay eu du costé de Saint-Paul depuis vous avoir
laissée. Le ne manqueray poinct de me rémomérer
deux fois le jour aux bonnes grâces de mes chères
amours pour l'amour de qui je me conserve plus que
je n'ay jamais faict. Vous verrez demain César, de quoy
je vous porte bien envie. Aymez tous jours vostre cher
sujet, qui jusqu'au tombeau n'adorera que vous. Sur
cette vérité je finis en vous baisant aussi tendrement
que hier au matin un million de fois.

» De Peronne, ce XXVI may,

» Henri. »

Ne quittons pas cette voie publique sans rappeler à
nos lecteurs un autre fait historique.

Dans la rue Jean-Robert, n° 24, aujourd'hui n° 88
de la rue des Gravilliers, les nommés Joyant et Burban,
compromis dans la conspiration de *George Cadoudal*,
furent arrêtés le 4 germinal an XII. La maison avait été
investie par la force armée, dont les recherches avaient
été infructueuses, lorsqu'un des agents, pour placer un
garde, dérangea une fontaine qui masquait une soupente ; un rayon de lumière trahit tout à coup le bras
d'un homme ; alors les agents tirèrent plusieurs coups
de pistolet dans cette direction, et sommèrent les con-
spirateurs de se rendre. N'ayant reçu aucune réponse,
les soldats prirent le parti d'aller chercher les pompiers,
pour inonder cette soupente. A une deuxième somma-

tion, trois hommes sortirent de leur cachette. C'étaient les nommés Joyant, Burban et Dutry. Joyant avait sur lui deux pistolets et un poignard, des cartouches à balles ; une double ceinture qu'il portait était garnie de pièces d'or. Dans le cabinet, on trouva un pain de quatre livres, quatre bouteilles de vin, deux volailles et un jambon.

Le tracé écorne ensuite la *rue au Maire* et lui enlève les nos 47, 49, 51, 53, 55, 57, 44, 46 et 48.

La rue au Maire était construite en 1280 ; elle doit son nom au *Maire* ou bailli de Saint-Martin-des-Champs qui y demeurait et y donnait ses audiences.

La rue de Turbigo supprime ensuite la rue Japy, la partie de la rue Beaubourg entre la rue au Maire et celle Réaumur, les petites rues Saint-Marcoul, Saint-Paxent et la place du Vieux-Marché.

Cette suppression permettra d'établir en cet endroit une grande place où se rencontreront la rue de Turbigo et le prolongement de la rue Réaumur, destiné à établir une communication entre le Marais et le boulevard des Capucines en face le nouvel Opéra.

Après avoir dépassé cette place, la rue de Turbigo enlève deux maisons de la rue Montgolfier pour ressortir par la rue Volta qui livre au tracé les nos 23, 25, 27, 29, 31, 32, 34 et 36 (ces deux derniers pour le prolongement de la rue Borda jusqu'à la rue de Turbigo.)

Ces voies publiques, qui avoisinent le Conservatoire des Arts et Métiers, ont reçu, pour la plupart, des noms de savants, d'inventeurs et industriels, tels que : Conté, Borda, Montgolfier, Réaumur, Volta et Japy.

Faisons une courte biographie de chacune de ces illustrations, qui sont de précieux enseignements pour le peuple.

CONTÉ (Nicolas-Jacques), peintre, chimiste et mécanicien, naquit en Normandie en 1755. Il fit partie de la Commission des sciences et arts attachée à l'expédition d'Égypte. Conté mourut en 1805.

BORDA (Jean-Charles), aussi profond mathématicien que physicien habile, naquit à Dax le 4 mai 1733 et mourut le 20 février 1799.

MONTGOLFIER (Joseph-Michel), célèbre pour avoir propagé en France, avec son frère Étienne, les ballons aérostatiques, naquit à Vidalon-lez-Annonay, le 26 août 1740. Nommé en 1807 membre de l'Institut et conservateur administrateur de l'établissement des Arts et Métiers, Montgolfier mourut aux eaux de Balaruc le 26 juin 1810.

RÉAUMUR (René-Antoine-Ferchault de), l'un des plus grands naturalistes et physiciens que la France ait produits, naquit à la Rochelle en 1683, d'un conseiller au présidial de cette ville. Dès 1708, à l'âge de vingt-quatre ans, Réaumur fut admis à l'Académie des sciences. Il en devint l'un des membres les plus actifs et les plus utiles; ses travaux embrassèrent alternativement les arts industriels, la physique générale et l'histoire naturelle. En physique, le nom de Réaumur est principalement célèbre par son thermomètre qu'il fit connaître en 1731. Il mourut le 18 octobre 1757, au château de la Bermondière, dans le Maine.

Volta (Alexandre), physicien, célèbre par la découverte de l'appareil électromoteur, naquit à Côme, d'une
noble et ancienne famille. Il adressa ses premières recherches sur le développement de l'électricité dans le
contact des corps à la Société royale de Londres, en
1792, un an après la publication de l'ouvrage de Gal-
vani sur l'électricité animale. — Il reçut, en 1794, la
médaille d'or de Copley pour ses importantes communications. Ce fut à la même société qu'il fit part,
en 1800, de la grande découverte de l'appareil électromoteur. Bonaparte, après avoir reconquis l'Italie en
1801, fit venir Volta à Paris, où il répéta ses belles et
ingénieuses expériences devant l'Académie des sciences
et en présence du premier Consul. L'admiration
qu'elles excitèrent, lui fit décerner une médaille d'or
par les membres de l'Institut. Napoléon, empereur, le
combla de bienfaits. Il avait été nommé député de
Paris à la Consulta de Lyon; il devint sénateur et
comte. Il s'éteignit le 6 mars 1826, laissant un nom
que la science rend impérissable.

Japy. Nous donnons à cette biographie plus de développement qu'aux autres, parce que cette nombreuse et
si intéressante famille des Japy offre à la classe ouvrière de bons exemples et d'utiles enseignements :

Frédéric Japy, fondateur de l'établissement qui a
conservé son nom, était fils d'un maréchal ferrant de
Beaucourt, arrondissement de Béfort (Haut-Rhin). De
bonne heure il allait en Suisse apprendre l'horlogerie
chez un nommé Perrelet, très-distingué dans sa profession. Après dix-huit mois d'apprentissage, le jeune

Frédéric revint à Beaucourt, où il travailla quelque temps pour le compte de son patron. Comme il avait du goût pour son art et du cœur au travail, il devint habile, forma des ouvriers; bientôt il établit chez son père un petit cabinet d'horlogerie. Ce local devenu insuffisant, Frédéric Japy quitta Beaucourt et vint s'établir à Montbéliard avec les ouvriers qu'il avait formés. Malheureusement il n'était pas bourgeois de cette ville, et son talent inspirait des jalousies. Pour s'affranchir des tracasseries sans nombre qu'on lui suscitait, il dut quitter Montbéliard et revenir à Beaucourt. Là, il redoubla d'activité, gagna un peu d'argent, et fit construire de grands ateliers et un logement assez vaste pour sa nombreuse famille, qui se composait de seize enfants.

Frédéric Japy avait conquis une certaine aisance. Alors il passa des théories à l'application, et fit construire des mécaniques que le jeune ouvrier avait inventées. Ces mécaniques, qui produisaient des mouvements de montres à bon marché, devinrent l'origine de la fortune de Japy, qui, en 1806, obtint les mentions les plus honorables à l'Exposition de l'Industrie. Peu de temps après, Japy céda à ses trois fils un établissement prospère, auquel le brave et digne ouvrier avait apporté, en 1780, pour seule mise de fonds ses bras et du cœur. Voilà pour le chef des Japy. — Une telle origine est de celles qui obligent. Les trois enfants eurent toujours devant les yeux la probité et le courage de leur père, et l'on peut dire qu'ils le continuèrent.

Aux mouvements de montres ils joignirent d'autres

branches d'industries, telles que la grosse horlogerie, la quincaillerie, etc.

Se trouvant à l'étroit dans Beaucourt, ils fondèrent dans le département du Doubs quatre usines à peu de distance de la fabrique-mère.

Ces établissements étaient en pleine prospérité, lorsque l'étranger, pour la seconde fois, envahit la France. — Les ennemis, à l'instigation de jalousies coupables, brisèrent les mécaniques des frères Japy et brûlèrent la fabrique. Les pertes dépassèrent dix-huit cent mille francs! Les usines du Doubs avaient heureusement échappé à ce cruel désastre, et la vieille probité des Japy était si bien établie, que ce fut à qui leur apporterait de l'argent. — Ils se relevèrent et grandirent encore.

En 1856, la quatrième génération des Japy entra dans la société, dont les divers établissements occupent au delà de six mille personnes.

De tels résultats obtenus, une si grande prospérité si noblement acquise, honorent la mémoire de Frédéric Japy, du courageux ouvrier de Beaucourt, qui se plaignait de ne pas avoir assez d'outils pour travailler au gré de sa dévorante activité.

L'honorable Magistrat qui a administré pendant dix années l'ancien 6ᵉ arrondissement de la ville de Paris, et qui figure aujourd'hui parmi les membres du Conseil Municipal, M. Monin, s'est allié à cette belle famille des Japy. Ces deux noms, Monnin-Japy, se marient bien ensemble ; c'est l'alliance du talent et de la probité.

L'administration, nous en sommes certain, n'oubliera pas ce nom lorsqu'elle assignera de nouvelles dénominations aux voies qu'elle doit créer à Paris, dans le quartier du Conservatoire des Arts et Métiers.

Continuons le tracé de la rue de Turbigo.

Après avoir quitté la rue Volta, le tracé rencontre la rue Fontaine, lui enlève les n°s 12, 14, 16, 25, 27 et 29, et entr'ouvre la prison des Madelonnettes, dont voici l'origine :

C'était autrefois le *couvent des Filles de la Madeleine*. En 1618, Robert Montri, riche marchand de vins, ayant rencontré deux filles publiques qui manifestaient le désir de mener une vie plus régulière, les reçut dans sa maison, située près du carrefour de la Croix-Rouge. Trois autres personnes bienfaisantes, le curé de Saint-Nicolas-des-Champs, un capucin et un officier des gardes du Roi, se joignirent à Robert Montri pour créer un établissement de filles repenties. La marquise de Maignelay, sœur du cardinal de Gondy, acheta en 1620, pour les y placer, une maison dans la rue des Fontaines, et leur fit un legs montant à 101,600 liv. Ce couvent, supprimé en 1790, devint propriété nationale et fut converti, vers 1793, en prison publique. En 1795, on y enferma les femmes prévenues de délits, et cette destination lui fut conservée jusqu'en 1830. Les Jeunes Détenus vinrent après aux Madelonnettes, et cette prison n'a cessé d'être occupée par eux tout le temps de leur prévention. Seulement, vers 1836, alors que la Force regorgeait de prisonniers, on prit le parti de lui adjoindre ce vieux couvent pour succursales et d'y introduire des hommes.

Dans le volume des Procès-Verbaux du Conseil général de la Seine, session ordinaire de 1855, nous lisons ce qui suit, à la page 93 :

« Quant à la prison des Madelonnettes, elle devra
» être démolie pour le percement de la grande voie de
» communication qui, du faubourg du Temple, se diri-
» gera vers les Halles. La Ville devra au département
» une indemnité pour la cession de cet immeuble ;
» mais avant d'en faire emploi, il y aura lieu d'exa-
» miner s'il n'est pas possible de verser la population
» des Madelonnettes dans la prison de la Roquette, ce
» que je crois très-praticable. »

Après avoir traversé la prison des Madelonnettes, le tracé rencontre la rue Sainte-Élisabeth, qui cède à la voie les n°s 9, 11, 13, 15 et 14. La chapelle de laVierge et le presbytère de Sainte-Élisabeth sont entamés, et la voie ressort par la rue du Vertbois, qui abandonne les n°s 7, 9, 6, 8 et 10.

La rue de Turbigo atteint le terme de sa course en pénétrant dans la rue du Temple, où elle s'empare des n°s 197, 199, 201, 203, 205, 207, 209, 211, 213, 215, 217, 219, 221, ainsi que des n°s 1, 3, 5 du boulevard Saint-Martin, 51 et 53 du boulevard du Temple, et le n° 200 de la rue du même nom.

Cette description d'une voie des plus importantes et des plus manifestement utiles, bien que rédigée avec soin, laisse encore beaucoup à désirer, aussi avons-nous cru convenable de joindre un plan à notre rédaction, chaque fois qu'il est question d'un percement de premier ordre.

A cette livraison est annexé le plan de la rue de Turbigo, pour la partie comprise entre la pointe Saint-Eustache et la rue Saint-Martin.

Dans la livraison suivante, la seconde partie de ce travail graphique sera publiée et de façon à ce que les deux feuilles séparées puissent se joindre facilement et former la réduction complète du plan de l'Administration.

PROJET

DE

DÉRIVATION DES EAUX DE LA DHUYS

Indication sommaire du projet et résumé de l'évaluation des dépenses.

Objet.

Le but du présent projet est d'amener à Paris des eaux de bonne qualité, constamment limpides et fraîches, c'est-à-dire ne subissant pas les variations de température de l'atmosphère, et arrivant à une altitude telle qu'elles puissent être distribuées aux étages supérieurs des maisons des quartiers les plus élevés.

État actuel des eaux de Paris.

Dans l'état actuel, on dispose à Paris d'eau provenant de la dérivation de la rivière d'Ourcq par le canal de l'Ourcq, et d'eau de Seine élevée au moyen des machines de Chaillot et du quai d'Austerlitz ; la Ville a le droit de prendre dans le canal de l'Ourcq environ 100,000 mètres cubes d'eau par vingt-quatre heures ; les machines peuvent puiser dans la Seine environ 25,000 mètres cubes pendant le même temps.

Service public.

Avant le nouvel agrandissement de Paris, datant du 1er janvier 1860, cette quantité était déjà insuffisante pour les services publics.

Service particulier.

Il est vrai qu'une partie du service particulier se fait avec ces eaux ; mais pour avoir de l'eau limpide, on s'adresse au porteur d'eau, qui va la chercher aux fontaines marchandes ; ces fontaines ne distribuent par jour que 1,400 mètres cubes d'eau ; en y ajoutant le produit du puits de Grenelle et de l'aqueduc d'Arcueil, on trouve que la distribution d'eau limpide ne s'élève par jour qu'à 3,600 mètres cubes pour 1,500,000 habitants, soit environ 2 litres et demi par tête, quantité tout à fait insuffisante. D'ailleurs, la température de cette eau est variable, et la qualité de l'eau d'Arcueil n'est pas satisfaisante.

Comme complément pour les usages domestiques, on a le choix entre l'eau de la Seine et l'eau de l'Ourcq ; or, l'eau de la Seine est puisée dans un fleuve qui est nécessairement troublé par les pluies, par des travaux de tout genre, par des dragages et par une navigation active. Ses eaux sont salies, avant d'arriver à Paris, par toutes les déjections des établissements industriels et d'une banlieue très peuplée; cet inconvénient s'accroît rapidement depuis l'annexion de la partie de l'ancienne banlieue comprise dans l'intérieur des fortifications. L'industrie repoussée de l'enceinte nouvelle par les droits d'octroi, se reporte sur les rives du fleuve, principalement à l'amont de Paris.

L'eau de l'Ourcq est de moins bonne qualité et tout aussi impurè; elle contient beaucoup plus de carbonate et de sulfate de chaux que l'eau de la Seine; le canal reçoit aussi dans son parcours quelques déjections d'égouts; l'eau est incessamment salie par des curages et des dragages périodiques, par des lavages de laines et de peaux, par des baigneurs pendant la saison d'été, et enfin par le passage des bateaux; il y a telle nature de chargements que l'on ne peut nommer sans répugnance, et, d'après les relevés de la navigation, il est certain que plus de 350 familles (ou 1,400 personnes) restent d'une manière permanente sur le canal et dans le bassin de la Villette (1).

Aussi ce besoin de première nécessité, d'avoir en abondance de l'eau de bonne qualité, fraîche et limpide, ce besoin que tout le monde éprouve, le pauvre plus encore que le riche, qui peut toujours avoir sa fontaine filtrante et faire rafraîchir l'eau dans sa cave, ne peut être satisfait.

(1) C'est l'habitude d'une grande partie des mariniers de l'Ourcq et de la plupart des pénichiens, d'habiter leur bateau avec leur femme et leurs enfants.

Il faut à Paris, avec l'air et la lumière, des eaux pures et abondantes ; il faut donc lui en procurer de nouvelles, tout au moins pour satisfaire au service privé, qui, pour 1,500,000 habitants, n'exigera pas moins de 100,000 mètres cubes par jour.

Conditions à remplir.

Les eaux de sources et celles puisées directement dans les nappes souterraines peuvent seules remplir les conditions de limpidité et d'égalité de température ; il faut qu'elles soient, en outre, de bonne qualité ; enfin, pour que la distribution à domicile soit complète, l'eau doit pouvoir s'élever dans les maisons placées sur les points les plus hauts de Paris.

Est-il possible de trouver des eaux remplissant ces conditions ?

Les études faites ne peuvent laisser aucun doute à cet égard, et les sources de la Dhuys, situées sur le territoire de Pargny, canton de Condé, département de l'Aisne, y satisfont complétement.

Ces eaux ne marquent que 23 degrés à l'hydrotimètre, c'est-à-dire ne contiennent par litre que 25 centigrammes de carbonate de chaux, sans traces de sulfate. — Elles sont donc d'excellente qualité.

Parmi toutes les sources que la Ville possède aujourd'hui, c'est celle de la Dhuys qu'il convient le mieux de dériver, parce qu'elle peut atteindre toutes les maisons de Paris, sauf celles des plateaux élevés de Montmartre et de Belleville. Voici, en effet, ce qu'on lit dans le 2ᵉ Mémoire de M. le Préfet de la Seine (16 juillet

1858) : « Les études déjà faites indiquent plus d'un moyen de desservir abondamment les hauteurs (les quartiers élevés de la zone annexée); la Dhuys a sa source à 130^m d'altitude, et ses eaux pourraient arriver à Paris à la cote 108 ; » tandis que celles des autres sources que possède la Ville ne pourraient atteindre que la cote 83^{m}50 au plus.

Pendant les plus basses eaux des années 1858 et 1859, les sources de la Dhuys donnaient 300 litres par seconde, ce qui représente un cube de 26,000 mètres par 24 heures ; dans les sécheresses ordinaires, elles donnent 30,000 mètres cubes environ. Elles ne peuvent donc fournir que le quart ou le tiers des eaux nécescessaires au service privé de Paris. On y réunira en route d'autres sources qui porteront le volume de l'eau dérivée à 40,000 mètres cubes.

On complètera plus tard le service par une autre dérivation destinée à alimenter les quartiers bas.

AQUEDUC DE DÉRIVATION.

Dispositions générales.

La dérivation se composera de parties en conduite libre ou aqueduc, et de parties en conduite forcée ou siphon.

La pente par kilomètre d'aqueduc sera de 0^{m}10, et par kilomètre de siphon de 0^{m}55.

L'aqueduc sera placé généralement à 1^m au-dessous du sol. Sa forme sera circulaire, son diamètre intérieur passera successivement de 1^{m}35 à 1^{m}50 et à 1^{m}60 (1),

(1) S. E. M. le Ministre des Travaux publics, dans sa

pouvant débiter ainsi : entre son origine et Condé, 350 litres par seconde ou 30,240 mètres cubes par 24 heures ; entre ce dernier point et La Ferté-sous-Jouarre, 500 litres par seconde ou 43,200 mètres cubes par 24 heures. Enfin, depuis La Ferté jusqu'à Paris, 550 lit. par seconde, ou 47,520 litres par 24 heures.

Aux passages des cours d'eau et des ravins peu profonds, l'aqueduc sera supporté par des ponts; sa forme varie un peu, mais son débit est le même.

A la traversée des dépressions plus profondes et des vallées, l'aqueduc sera remplacé par une conduite forcée.

Cette conduite forcée sera formée d'un tuyau en fonte (1) de 1 m. 10 de diamètre, et placée généralement à 1 m. au-dessous du sol ; toutefois dans la première partie de la dérivation, entre les sources et Condé, cette conduite n'aura qu'un mètre de diamètre; elle traverse les ruisseaux et rivières au fond des vallées, sur des ponts dont les types sont indiqués sur les dessins joints au projet.

Des regards seront établis de 500 mètres en 500 mè-

lettre en date du 28 novembre 1860, et d'après l'avis du Conseil général des Ponts et Chaussées, engage l'Administration municipale de Paris à agrandir les dimensions de l'aqueduc, de telle sorte qu'on puisse le visiter en bateau. On devra tenir compte de cette recommandation en cours d'exécution des travaux.

(1) D'après l'avis du Conseil général des Ponts et Chaussées, adopté par S. E. M. le Ministre des Travaux publics, cette conduite devra être remplacée par deux conduites d'un débit équivalent.

tres, et des déversoirs seront ménagés aux points convenables.

Tracé.

La dérivation, partant du bassin ou réservoir qui réunira les sources de la Dhuys au moulin de la source, sur la commune de Pargny, dans le département de l'Aisne, descendra la vallée de la Dhuys en s'appuyant sur la rive gauche. Elle traversera, à l'aide de siphons de peu d'importance, les dépressions de Montlevon et de Coupigny, et gagnera la vallée de la Marne, au-dessus de Fossoy, en se maintenant sur le versant gauche du Surmelin, qui reçoit la Dhuys à Condé; dans cette partie de son parcours, elle franchira le ravin de Saint-Eugène par un très-court siphon.

Jusqu'à la limite des départements de l'Aisne et de Seine-et-Marne, elle se maintiendra dans la vallée même de la Marne, en se développant sur le flanc des coteaux qui la bordent sur la rive gauche.

On remarque dans ce parcours une longueur de 180 mètres en souterrain, au-dessus de Nogent-l'Artaud; elle évite de contourner le promontoire qui forme le versant gauche du ruisseau de Vergès. On doit y signaler encore les siphons de Chierry, de Nesle, de Chézy, de Viels-Maisons et de Nogent-l'Artaud, qui portent directement la dérivation à travers les vallées des Evaux, de Nesle, du ruisseau du Fulloir, de Viels-Maisons, et du ruisseau de Vergès.

Dans le département de Seine-et-Marne :

La dérivation continuera d'abord à se développer

sur le versant gauche de la vallée de la Marne, franchissant, à l'aide d'un siphon, la vallée de Saacy; mais elle coupera peu après le promontoire de Luzancy et de Reuil à l'aide d'un souterrain de près de deux kilomètres de longueur, et tombera directement dans la vallée du Petit-Morin; après l'avoir descendue sur une longueur d'un kilom. environ, elle la franchira à Courcelles, vis-à-vis de Jouarre, à l'aide d'un siphon de plus de 1,200 mètres de longueur; elle regagnera bientôt après la vallée de la Marne, dans laquelle elle se maintiendra jusqu'à Saint-Jean-les-deux-Jumeaux, franchissant, par des siphons peu importants, les rus de Perreuse et de Sammeron, et évitant, au-dessus de Montretout et d'Arpentigny, de trop brusques contours, à l'aide de deux souterrains de peu de longueur. Après Saint-Jean-les-deux-Jumeaux, la dérivation évitera de contourner le contre-fort des bois de Meaux, à l'aide d'un souterrain de 700 mètres environ de longueur, aboutissant au-dessous de Monceaux; peu après, et au-dessus de Trilport, elle quittera la vallée de la Marne pour passer dans le vallon du ru de Brinches, puis dans la vallée du Grand-Morin, à l'aide de nouveaux souterrains. Un siphon de près de trois kilomètres de longueur la portera de l'autre côté de cette vallée, sur les plateaux qui dominent la Marne au-dessus de Coupvray, de Chalifert et de Chessy. Peu après ce dernier village, elle franchira la Marne à l'aide d'un siphon de 1,750 mètres de longueur, et traversera le plateau de Dampmart pour se développer sur les coteaux qui dominent la vallée de la Beuvronne, et ne revenir dans la vallée de la Marne qu'à la hauteur des bois de Claye.

Dans le département de Seine-et-Oise :

La dérivation évitera de contourner le promontoire de Montfermeil en passant, à l'aide d'un souterrain, à Livry, sur le versant de la forêt de Bondy ; elle franchira peu après la dépression de Villemomble par un siphon de près de trois kilomètres de longueur.

Enfin dans le département de la Seine :

Elle traversera le plateau d'Avron sur un rang d'arcades basses ; elle franchira la dépression de Rosny à l'aide d'un siphon, et elle arrivera à Ménilmontant en passant au-dessus de Montreuil et de Bagnolet.

La dérivation passera au-dessous des routes et chemins qu'elle rencontrera.

Dans la vallée du Grand-Morin, le siphon franchira le canal, comme la rivière, au moyen d'un pont.

Enfin la dérivation passera en siphon sous le chemin de fer de Strasbourg qu'elle rencontre dans la vallée de la Marne, près de Dampmart, puis dans la dépression de Villemomble, et sous le chemin de fer de Mulhouse, qu'elle coupe près de Rosny.

En résumé, l'aqueduc de dérivation des sources de la Dhuys aura une longueur totale 139,207 mètres, dont :

En tranchées..................	115,415 mètres.
En souterrains...............	8,385
En siphons....................	15,407
	139,207 mètres,

(non compris la conduite de communication entre le

réservoir de Ménilmontant et celui des Buttes-Saint-Chaumont, qui est de 1,300 mètres).

Construction.

L'aqueduc sera construit en maçonnerie de meulière avec mortier de ciment, comme toute la nouvelle canalisation souterraine de Paris, et dans les meilleures conditions de solidité et de stabilité.

On ne rencontrera de difficultés, pour bien asseoir l'aqueduc, que dans la partie comprise entre le Grand-Morin et le passage de la Marne, où l'on traversera les terrains des marnes vertes et des marnes du gypse ; il y a lieu de remarquer toutefois que les difficultés de cette traversée seront bien diminuées par la position même de la dérivation qui se trouve sur les plateaux qui dominent la Marne. On réservera toutefois une somme spéciale pour les travaux imprévus que pourra nécessiter ce passage difficile.

Dans tout le reste du parcours, l'aqueduc est dans les sables moyens, dans le calcaire de Saint-Ouen, et dans le plâtre.

Les souterrains n'offriront sans doute pas de grandes difficultés ; avec une aussi petite section, on traversera facilement les terrains qui viennent d'être indiqués à l'aide de quelques étayements et d'épuisements qui n'auront jamais grande importance.

Pour les autres ouvrages, tels que les siphons et les ponts à la traversée des rivières, ruisseaux et ravins, leurs conditions d'exécution peuvent être prévues et appréciées à l'avance.

On a indiqué la longueur des siphons; les ouvrages à la traversée des rivières, ruisseaux et ravins, sont :

Pour la conduite libre.

Huit ponceaux de 1 mètre à 6 mètres d'ouverture.

Pour la conduite forcée.

Huit ponceaux de 3 mètres à 6 mètres d'ouverture
Un pont de 15 m. d'ouverture sur le ru du Fulloir.
Un pont de 7 m. 50 d'ouverture sur le ru de Vergès.
Un pont de 13 m. 50 d'ouverture sur le Petit-Morin.
Un pont de 18 m. d'ouverture sur le Grand-Morin.
Un pont de 13 m. d'ouverture sur le canal latéral du Grand-Morin.
Un pont de 72 m. de débouché sur la Marne.

Dépenses.

Les dépenses qu'exigent les travaux sont résumées ci-dessous :

6,690 m. d'aqueduc en tranchée, de
    1 m. 35 de diamètre, à 42 fr.
    l'un .... 280,980 fr.
44,552 m. d'aqueduc en tranchée, de
    1 m. 50 de diamètre, à 47 fr.
    l'un 2,093,944
55,021 m. d'aqueduc en tranchée, de
    1 m. 60 de diamètre, à 50 fr.
    l'un 2,751,050
9,152 m. d'aqueduc en tranchée, de

    A reporter........... 5,125,974 fr.

Report...	5,125,974 fr.
1 m. 60 de diamètre, avec remblai de 4 m. en moyenne, à 58 fr. l'un..............	530,816
180 m. en souterrain de moins de 500 m. de longueur, avec un diamètre de 1 m. 50, à 67 f. l'un....................	12,060
830 m. en souterrain de moins de 500 m. de longueur, avec un diamètre de 1 m. 60, à 71 fr. l'un....................	58,930
1,790 m. en souterrain de plus de 500 m. de longueur, avec un diamètre de 1 m. 50, à 77 f. l'un....................	137,830
5,585 m. en souterrain de plus de 500 m. de longueur, avec un diamètre de 1 m. 60, à 83 f. l'un....................	463,555
742 m. de conduite forcée, avec tuyaux de 1 m. de diamètre, à 160 m. l'un............	118,720
14,665 m. de conduite forcée, avec tuyaux de 1 m. 10 de diamètre, à 175 fr. l'un	2,566,375
Déversoirs, robinets, regards........	451,850
Ponts divers.....................	378,900
Acquisitions de terrains...........	1,040,000
A reporter....	10,885,010 fr.

Report.... 10,885,010 fr.

Réservoir de Ménilmontant et conduite
de jonction entre ce réservoir
et celui des Buttes-Chau-
mont.................... 379,500
Somme à valoir pour travaux et indemnités non prévues...... 2,735,490

La dépense sera donc de...... 14,000,000 fr.

Avec les modifications indiquées par S. Ex. M. le Ministre des Travaux publics, le chiffre des dépenses sera
porté à 18,000,000 de francs.

Indemnités des terrains et dommages.

On n'a pu comprendre à l'article acquisitions que
l'estimation approximative de la zone de 10 mètres de
largeur à acheter sur tout le parcours de la dérivation,
et l'on a admis que la somme à valoir renfermait, avec
les dépenses des travaux imprévus, tels que déblais à
la mine dans les grès et les calcaires, consolidation de
l'aqueduc dans les terrains argileux, percements de
puits, des souterrains, étayements, épuisements, etc.;
les indemnités que l'on pourrait allouer aux propriétaires d'usines, en raison des dommages momentanés
ou permanents que l'on causera.

Résumé.

En résumé la dérivation des sources de la Dhuys,
accrue sur son parcours des dérivations secondaires de
quelques sources voisines du tracé, peut donner

40,000 mètres cubes nécessaires aux plus pressants besoins d'un service particulier; et le mètre cube d'une eau de très-bonne qualité, constamment limpide et fraîche, amenée dans les réservoirs de la ville à une hauteur suffisante pour être distribuée dans tous les quartiers et à tous les étages des maisons, coûtera à peu près le même prix que le mètre cube de l'eau de Seine qui est très-souvent trouble, froide en hiver, chaude en été, et notablement moins cher que le mètre cube de cette même eau filtrée.

Dressé par les ingénieurs soussignés chargés des études de dérivation d'eau de source.

Paris, le 18 décembre 1860.

L'ingénieur en chef,
BELGRAND.

Les ingénieurs ordinaires.
VALLÉE, HUET.

Vu, adopté et présenté par l'inspecteur général, directeur, soussigné.

Paris, le 22 décembre 1860.

MICHAL.

PROMENADES DANS PARIS.

LE PÈRE-ARSÈNE [1]

J'ai pour ami un vieux et digne professeur. J'ai con-

[1] Cette publication avait été commencée dans *la Revue Municipale*, et, nous pouvons le dire sans vanité, aux applaudissements de nos lecteurs. Malheureusement un de nos dignes magistrats avait cru voir dans le personnage du *conseiller Patrice* une allusion au caractère et à la position de l'Édile actuel.

Cette allusion, contraire à nos habitudes, n'était pas dans notre cœur, qui s'entr'ouvre toujours plein de dévouement et d'affection pour le magistrat qui a contribué à doter la ville de Paris de tant de belles et utiles créations.

Cette déclaration franche et honnête, nous la répétons aujourd'hui, en faisant connaître nettement l'intention qui a présidé à notre œuvre et le but qu'elle veut atteindre.

Nous avons voulu mettre en présence l'Édilité parisienne d'autrefois et l'administration actuelle, amener des discussions toujours engagées avec la volonté de bien servir l'Autorité. En effet, ces sortes de discussions produisent une espèce de comparaison, de frottement, d'où jaillit l'éclair.

Au reste, cette nouvelle publication n'a presque rien conservé des anciens articles publiés. Obéissant à un sentiment de convenance que nos magistrats apprécieront, nous supprimons le personnage désigné sous le nom de conseiller Patrice.

quis l'affection du Père Arsène (c'est le nom de mon ancien maître) avec certaines narrations françaises et excentriques qui possédaient le privilége exclusif de charmer l'exaltation du digne homme. Puis, le Père Arsène est Parisien pur sang ; j'adore mon Paris, il en est fou ; voilà comme il se fait que l'ancien professeur est coiffé de son indigne élève.

— Père Arsène, lui dis-je il y a quelques mois, vous êtes un dictionnaire vivant de toutes les langues de l'Europe ; faites-moi connaître la pensée des étrangers sur notre ville bien-aimée. Allons visiter nos monuments, écouter, provoquer les réflexions, nous mêler à tous les groupes, à ceux surtout où l'on ne parlera pas français. Vous lancerez des mots empruntés à toutes les langues ; on vous répondra, ils rappellent la patrie. Puis vous me traduirez ce que vous aurez entendu, et j'écrirai les vérités qu'on vous dira.

Nous étudierons également ensemble nos musées, nos théâtres, nos hôpitaux, nos églises, nos prisons ; nous irons partout où l'on s'instruit, où l'on s'amuse, où l'on prie, où l'on pleure !

Mon vieux professeur me tira l'oreille : c'est l'expression la plus touchante de sa satisfaction.

— Demain matin, me dit-il en savourant sa prise de tabac, demain je viendrai te prendre.

En effet, à huit heures du matin on sonnait à ma porte ; c'était le Père Arsène, tout propret, tout guilleret, poudré comme un muguet sous Louis XV, droit, ferme comme un peuplier et narguant ses quatre-vingts ans.

— Je suis à toi, mon garçon.

Et les deux pèlerins se mirent en route.

N'oublions pas que le Père Arsène adore son Paris ; mais cet amour du vieux professeur a parfois une expansion bien chaleureuse et trop bruyante. Il faut le voir se poser carrément au beau milieu de la cour du Louvre, lever hardiment la tête et lancer avec une orgueilleuse fierté de ces phrases latines qui interprètent la grandeur de Paris ! Il est bon d'ajouter que les passants affairés, voyant un homme gesticuler et se tortiller ainsi, se retournent en disant : « Ce pauvre vieux est fou ! » Oui, fou d'amour pour Paris, fou d'orgueil et de nationalité !

Le Père Arsène, comme toutes les natures impressionnables, a souvent ses exagérations. Lorsqu'une faute administrative vient à faire grimacer cette belle physionomie de Paris, le vieux professeur bondit comme un jeune chevreuil, et sa colère s'exhale en épithètes gauloises que je supprimerai prudemment, afin d'éviter de me faire excommunier par l'aréopage municipal.

A peine sur le boulevard du Temple, voilà le visage du Père Arsène qui s'assombrit et nous annonce un orage. Le digne professeur a l'air d'inspecter chaque arbre.

— Ceci est un vernis du Japon au maillot, dit-il ; voilà un soupçon d'acacia-boule ; plus loin, un orme dont la jeunesse réclame un tuteur.

— Ah ! ah ! mon cher maître, vous ne savez pas que nos Édiles ont voulu nous donner un échantillon de

toutes les essences d'arbres et faire des boulevards de
Paris une école de pépiniéristes.

— Je croyais, au contraire, réplique le Père Arsène,
que nos modernes Échevins avaient fait planter ces pi-
quets dans l'intérêt des blanchisseuses et pour faire
sécher le linge des Parisiens.

La pluie qui commence à tomber fait diversion à la
colère du professeur. Malheureusement il nous faut
traverser le macadam, que le mauvais temps a transformé en une pâte couleur chamois. Le Père Arsène
baisse la tête, jette un regard désolé sur ses escarpins
à boucles d'acier, sur ses bas d'un blanc rose.

— Allons, mon cher maître, il faut s'exécuter et traverser cet océan. Voilà comme nous sommes, nous autres Parisiens ; les étrangers fécondent nos bonnes
idées, et nous traduisons, à nos dépens, toutes leurs
billevesées.

— C'est vrai, répond le professeur ; les Anglais
nous ont donné la vaccine, que nous avions inventée,
mais ils nous ont gratifiés du macadam.—La France est
quitte !

— Mon cher maître, si vous vous amusez à ergoter
sur toutes les erreurs municipales, notre course du
boulevard du Temple à la place de la Concorde sera
aussi longue qu'un voyage en Chine. Repassons le
macadam et allons prendre l'omnibus des Filles-du-
Calvaire.

Les petits escarpins du vieux professeur disparurent
de nouveau, et quand ils atteignirent la rive opposée,
c'étaient des souliers de buffle.

— Pourquoi ne pas choisir la ligne des boulevards ? dit le **Père Arsène**.

— Parce que, mon cher maître, depuis la fusion des omnibus, pour aller de la Bastille à la Madeleine, on ne trouve de la place qu'au boulevard des Capucines.

Le Père Arsène monte dans la boîte et se pose dans une stalle.

— Au moins, murmure-t-il, j'aurai ma place.

Il nous fallut attendre dix minutes, au grand mécontentement du professeur, qui n'a jamais pu de sa vie rester un moment tranquille. Enfin, les chevaux commencent à donner signe de vie, et la voiture s'ébranle avec une sage lenteur ; elle arrive près du marché Saint-Martin. Un petit monsieur monte dans la voiture; il est porteur de huit petits pots et de deux cabas ; chaque voyageur fait la chaîne, parce que ce monsieur n'a trouvé qu'une place dans le fond à côté du Père Arsène, qui commence à le regarder comme un chien de faïence considère un vis-à-vis de son espèce.

— Conducteur, la Compagnie générale des omnibus se charge donc des déménagements?

— Monsieur, l'ordonnance de police ne défend que les paquets incommodes ; or, des pots de fleurs, cela n'est pas gênant.

— Allons, si cela continue, il n'y aura que les caissons et les pièces d'artillerie qui n'entreront pas dans les omnibus.

Enfin, le calme se rétablit, la voiture atteint l'église Saint-Eustache.

Devant les Halles, le voisin de gauche du Père Arsène descend; il est remplacé par une commère qui porte un panier dont la rotondité n'a pas à jalouser la corpulence de sa joyeuse maîtresse.

— Un peu de place, mon vieux, dit l'échantillon du beau sexe au digne professeur, qui voudrait toujours se cramponner à ses trente ans, qui l'ont quitté depuis plus d'un demi-siècle.

Cette invitation, qui dissipe l'illusion du vieillard, est accueillie avec peu de faveur par le Père Arsène, qui murmure :

— Madame, vous êtes assise sur la tringle de fer qui sépare chaque stalle; quand on a une partie de son être aussi développée, on paye les trois places à droite ou à gauche du conducteur.

Enfin, après une pression énergique, la grosse commère fait entrer dans la stalle la moitié de ses appas, dont l'autre déborde sur le Père Arsène, qui, pour se procurer une compensation, aplatit son voisin aux pots de fleurs.

Enfin, après un déluge de reproches et une pluie battante de ripostes, le calme se rétablit. — On arrive au coin de la rue de l'Arbre-Sec. Alors une odeur affreuse saisit à la gorge tous les voyageurs. Le Père Arsène en est à sa huitième prise de tabac.

— Conducteur, qu'avez-vous laissé entrer dans l'omnibus? c'est à n'y pas tenir.

— De quoi se plaint-il ce vieux mirliflore? répond la grosse femme. Ce sont des homards et des crevettes qui mitonnent ensemble dans mon panier.

— Avec cette chaleur du Sénégal, dit le Père Arsène, comme c'est rafraîchissant! L'agrandissement des Halles Centrales coûtera une cinquantaine de millions, et l'on tolère de petits marchés aux poissons et à la marée dans les omnibus !

— Monsieur, voilà une heure que vous troublez tous les voyageurs, dit le conducteur, qui paraît avoir des accointances avec la femme robuste, vous ne pouvez rien souffrir ; quand on est si difficile, on a une voiture à soi.

— Conducteur, reprend le Père Arsène, connaissez-vous l'étymologie du mot *omnibus?*

— Monsieur, la Compagnie générale, qui nous donne 3 francs 50 centimes par jour, ne nous oblige pas à savoir l'anglais.

— C'est du latin, jeune homme, réplique le Père Arsène, qui est toujours flatté de faire connaître son érudition : *omnibus* veut dire pour tous.

— Eh bien ! monsieur, de quoi vous plaignez-vous ?

— Je me plains de ce que vous détruisez la signification de ce nom. Vos omnibus ne sont pas pour tous, puisque le panier de madame me force de descendre sous peine d'être asphyxié.

Nous sommes dans la rue Saint-Honoré, en face de la rue Croix-des-Petits-Champs. Pour calmer la colère du Père Arsène, j'entraîne mon vieux professeur dans la rue de Marengo, à l'effet de gagner la cour du Louvre, dont l'architecture si élégante et si pure possède le privilége de charmer le digne homme.

— Père Arsène, nous voilà dans une rue rappelant

un souvenir qui amène le sourire sur les lèvres et le contentement au cœur.

— Mais, mon garçon, la rue de Marengo ne saurait évoquer que des souvenirs de gloire.

— Pardon, mon cher maître, avant de se nommer rue de Marengo, cette voie publique était appelée rue du Coq, et son existence remonte au mileu du treizième siècle.

— Continue, mon cher fils, je t'écoute.

— Nos grand'mères se souviennent du rigoureux hiver de 1783 à 1784. Il tomba, dans le mois de décembre, une grande quantité de neige à Paris, et le froid devint si vif, que le malheureux qui s'endormait sans feu dans son grenier ne se réveillait plus le lendemain.

Le roi Louis XVI écrivit de suite au contrôleur général des finances de mettre à la disposition du Lieutenant de police l'argent nécessaire pour donner du bois et des vêtements aux indigents.

Dans la lettre de Sa Majesté, on remarque cette phrase touchante : « *Les malheureux sont surtout mes enfants, et je ne veux pas qu'ils souffrent!* »

Louis XVI donna plus de soixante mille livres de son argent. La famille royale et la Cour complétèrent un million.

— Comme le roi Louis XVI avait un noble cœur ! c'était bien le descendant du bon roi Henri IV, dit le vieux professeur en cherchant son mouchoir.

— Ce n'est pas tout, Père Arsène, écoutez.

Le 15 janvier, une députation des dames de la Halle

se présentait aux Tuileries pour remercier Sa Majesté. Celle qui devait porter la parole était une jeune fille surnommée, pour sa beauté, *la Vénus des Halles.* Le plaisir de se trouver devant le Roi, l'émotion, lui firent oublier son compliment, et voici comment elle le remplaça : « *Sire,* dit-elle, *je n'ai pas de mémoire, mais j'ai du cœur ; vous êtes un brave homme, je voudrais vous embrasser.* »

Le Roi ne se fit pas prier et lui donna deux bons gros baisers qui firent plaisir à entendre. La Vénus des Halles eut l'honneur de dîner à la Cour, à la droite de Sa Majesté.

Le lendemain ce fut le tour des hommes. Les forts de la Halle, après avoir mis en réquisition tous les gamins de Paris, érigèrent, au coin de la rue du Coq et de la rue Saint-Honoré, en face de la porte du Louvre, un singulier monument. C'était une pyramide de neige de la hauteur d'un étage. Parmi les inscriptions placées sur le monument, il en est une qui fit pleurer de reconnaissance le Roi Louis XVI. — La voici :

> Louis, les indigents, que ta bonté protége,
> Ne peuvent t'élever qu'un monument de neige
> Mais il plaît davantage à ton cœur généreux
> Que le marbre payé du pain des malheureux.

Nous étions dans la cour du Louvre, et le digne professeur de s'extasier.

— Mon père, lui dis-je pour caresser la noble et sainte affection du vieillard, la grande époque, le véritable siècle des beaux-arts en France est le siècle des Valois.

A l'avénement de François Ier, la découverte de l'Amérique, la prise de Constantinople, l'invention de l'imprimerie, venue tout exprès pour reproduire les trésors littéraires que les Grecs, chassés de leur patrie, léguaient à l'Occident, avaient réagi sur le monde en étendant l'horizon de l'intelligence humaine.

En France, tout changea. Les guerres avec l'Italie, sous Charles VIII et Louis XII, avaient fait naître le culte du beau, le goût des élégances de la vie. Les anciennes et les nouvelles mœurs se mêlèrent. La langue française, jusqu'alors rude et sauvage, s'assouplit et fut écrite avec douceur, esprit et naïveté par la Reine de Navarre, par François Ier, qui faisait des vers aussi élégamment que Marot, par Rabelais et les frères Amyot.

La peinture, éclatante comme le soleil d'Italie qui l'avait inspirée, orna les palais de François Ier, qui assistait à la mort de Léonard de Vinci, et confiait Fontainebleau au Primatice.

La Royauté française se greffait sur les beaux-arts, à ce moment suprême où l'Italie, cette belle et luxuriante Italie, était en plein épanouissement de grandeur et de poésie.

L'Europe, subitement éclairée, répétait les noms de Bramante, de Michel-Ange et de Raphaël, comme elle redisait dans tous les idiomes les amours de Roméo et de Juliette. Le Tasse et l'Arioste allaient chanter la chevalerie, dont François Ier devait être le dernier comme le plus brillant modèle.

— C'est dommage, mon cher fils, que je ne professe

plus, je te donnerais le prix de *narration française,*
comme autrefois...

— Je vous remercie toujours, Père Arsène, de m'a-
voir rajeuni de vingt-cinq années pendant quelques
secondes.

Nous étions devant le nouveau Louvre, devant le
Louvre de Napoléon III...

— Allons Père Arsène, il faut nous mêler aux groupes ; tâchez d'écouter ce qu'on dit et traduisez toutes
les opinions. Avisez cet homme à la mise sobrement
élégante, aux manières distinguées et polies, il m'a l'air
d'un vrai gentleman.

Et le Père Arsène de s'approcher.

— Que dit ce personnage à ces trois jeunes gens qui
l'écoutent avec respect ?

— Mon cher élève, cet homme parle l'anglais le plus
pur ; voici la traduction de ses paroles :

« Quand un Souverain prend ainsi fait et cause pour
» la gloire artistique d'une grande nation, il se montre
» par là digne déjà de la gouverner. »

— Et cet homme à la figure grave et mélancolique,
quel langage tient-il à cette jeune et belle femme qui
lui donne le bras ?

— C'est un Italien, probablement de Florence, car
son accent est d'une pureté pleine de charme. Voici la
traduction de ses paroles :

« Depuis Louis XIV, la France a déplacé à son pro-
» fit le centre de la civilisation européenne ; autrefois
» Rome était le flambeau du monde, maintenant c'est
« Paris !... »

— Père Arsène, j'éprouve, comme Parisien, un frémissement d'orgueil au récit des louanges qu'on accorde à notre ville bien-aimée.

—Tais-toi, mon garçon, il me semble entendre quelques mots de critique.

— Écoutez, écoutez, Père Arsène, et répétez-moi ce que vous entendrez.

— C'est un Allemand qui parle. — Dans quel ordre incompréhensible, étrange, dit-il, a-t-on rangé les statues du nouveau Louvre !

Pourquoi donc avoir mis Voltaire entre Bossuet et Racine ? L'ordre des dates n'appelle pas le représentant le plus illustre du dix-huitième siècle au milieu des célébrités du dix-septième. L'ordre des idées permet encore moins cette confusion.

Voltaire a combattu, sa vie entière, la religion qu'ont enseignée et glorifiée Bossuet et Racine. Il eût été plus naturel, plus juste, de placer les grands écrivains du siècle de Louis XIV avec ceux de leur époque ; Racine et Bossuet, par exemple, en compagnie de Corneille et de Fénelon.

La véritable place de Voltaire devait être au milieu de ses contemporains, c'est-à-dire à côté de Montesquieu, de Jean-Jacques Rousseau et de Buffon.

Voilà bien, continua l'étranger, une anomalie encore plus incompréhensible d'ignorance :

Abélard, né dans le onzième siècle, doit être bien étonné de se trouver auprès de Malherbe et de Colbert. Saint Bernard et Suger, rangés aux côtés de la Bruyère, sont placés aussi maladroitement.

Froissart encore, un chroniqueur du quatorzième siècle, se trouve transporté dans le dix-huitième, en compagnie de Buffon et de Rousseau, dont les études, certes, furent bien différentes ! Buffon ayant à sa gauche Froissart, touche de l'autre côté à Mazarin, rapprochement inouï d'invraisemblance et de ridicule.

— L'étranger a raison, dit le Père Arsène, et tu ferais bien, mon cher élève, de protester contre ce pêle-mêle historique qui nuit au nouveau Louvre, cette gloire impériale.

— Ainsi sera fait, mon Maître.

Père Arsène, à cette puissante et noble création du nouveau Louvre, la plus belle et la plus imposante des créations modernes, se rattache une question d'humanité qui mérite aussi sa glorification.

L'agrandissement du Louvre et le prolongement de la rue de Rivoli ont amené la destruction de 32 ruelles qui faisaient honte à Paris.

— Mon fils, parmi ces ruelles, il en était sans doute qui rappelaient des souvenirs historiques toujours utiles à conserver.

— Oui, Père Arsène. Dans la rue Saint-Thomas-du-Louvre, par exemple, était situé le fameux hôtel de Rambouillet, qu'il faut bien se garder de confondre avec l'habitation du même nom vendue en 1624, moyennant 30,000 écus, à Richelieu, qui la fit abattre pour élever sur cet emplacement son palais Cardinal.

— Continue, mon fils.

— Le second hôtel de Rambouillet, situé dans la rue Saint-Thomas-du-Louvre, près de l'hôtel de Longueville, s'étendait jusqu'au jardin de l'hôpital des Quinze-Vingts. Cette propriété, qui avait été connue successivement sous les noms d'hôtel *d'O*, *de Noirmoutiers et de Pisani*, prit celui de Rambouillet lorsque Charles d'Angennes, marquis de Rambouillet, qui avait épousé mademoiselle de Vivonne, fille du marquis de Pisani, vint s'y établir après la mort de son beau-père. — Cet hôtel fut presque entièrement rebâti par le marquis de Rambouillet.

L'esprit, les grâces, les connaissances variées de Catherine de Vivonne, son goût pour les sciences et les lettres attirèrent dans son hôtel, nommé depuis le *Parnasse français*, les meilleurs poëtes et la fine fleur de la noblesse de l'époque.

La société de l'hôtel de Rambouillet ne fut pas exempte des défauts qui déparent presque toujours ces sortes de réunions ; elle donna dans le pédantisme et dans une affectation de langage un peu ridicule ; néanmoins, cette brillante compagnie sut réveiller en France le goût des lettres, et montra le chemin aux hommes célèbres qui illustrèrent le beau siècle de Louis XIV.

Il y a un mot charmant et vrai de Racine sur Catherine de Vivonne.

— La marquise de Rambouillet, disait un jour Boileau à l'auteur d'*Athalie*, en parodiant le style prétentieux de cette élégante société parisienne, est la plus belle fleur de son parterre de gentilshommes et de poëtes.

— C'est vrai, répliqua Racine, la marquise est une fleur, mais une fleur *artificielle !...*

Laissons, Père Arsène, l'hôtel de Rambouillet, pour dire quelques mots de son voisin, l'hôtel de Longueville. — La figure de la duchesse de Longueville forme un contraste piquant avec celle de la marquise bel esprit. La duchesse de Longueville ne se plaisait guère aux madrigaux et aux soupirs cadencés ; ce qu'il fallait, ce qui souriait à la sœur chérie du grand Condé, c'était l'odeur de la poudre, le bruit des armes et les périls de la guerre civile.

Son hôtel fut le berceau de la Fronde. — Souvent, la nuit, une des portes de cette habitation s'ouvrait, sans bruit, à un homme enveloppé d'un manteau, la figure couverte d'un masque et portant épée au côté et poignard et pistolets à la ceinture. Par une bizarrerie du sort, cet homme, moulé dans une conspiration, était archevêque de Paris et futur cardinal de Retz.

Quel drôle de corps que cet abbé de Gondi ! Il se battit quatre fois en duel et prit d'emblée trois maîtresses pour s'éviter d'être homme d'Église. Mais le pauvre abbé fut condamné à la soutane à perpétuité ; aussi lui fit-il bon nombre d'accrocs, toujours le plus spirituellement du monde.

Voilà, mon Père, mes seuls souvenirs de cette partie du vieux Paris, aujourd'hui si magnifiquement transformée.

Dans une des maisons de cette rue, fut fondé le Vaudeville, qui lui-même avait remplacé le Waux-Hall.

Un fait assez singulier, et qui semble contraster avec sa belle humeur proverbiale, c'est que le Vaudeville, l'enfant né malin, le descendant légitime d'Olivier Bas-

selin, devint un théâtre spécial et prit possession définitive de son genre et de son titre au milieu des années les plus sombres et des plus terribles orages. Piis
et Barré le fondèrent en 1792, et le tintement joyeux
des grelots de Momus, comme on disait alors, eut pour
premier accompagnement le bruit sourd du billot gé-
missant sous le poids des têtes coupées ! LeVaudeville,
expression du caractère français, en prit gaiement son
parti, comme il convenait à sa philosophie, et chanta
pendant la Terreur le couplet suivant :

> Si j' fais un amant, dit Manon,
> Je veux qu' ce soit un bon luron,
> Qui soit bon patriote,
> L'argent et la mis'. n'y f'raient rien ;
> Mais pour son bien comm' pour le mien,
> J' l'aim'rais mieux sans culotte.

— Père Arsène, vous êtes maintenant un professeur
in partibus ; mais si vous exerciez, je ne serais pas
charmé de vous voir insérer ce petit couplet dans le
programme des études classiques.

(Sera continué.)

LE BOULEVARD DU PRINCE-EUGÈNE

L'Administration municipale vient d'exproprier les
maisons nécessaires à l'ouverture de la dernière section du boulevard du Prince-Eugène.

Cette voie publique n'est pas seulement une merveilleuse opération au point de vue stratégique, elle est appelée encore à exercer la plus heureuse influence sur la transformation des quartiers excentriques de l'est de Paris.

Le moment est arrivé d'indiquer le tracé du nouveau boulevard, en commençant par la place du Trône, pour suivre le cours de la Seine, qui, selon les paroles du Roi Henri IV, *sépare la ville de Paris en deux partyes que nos Ediles doivent aymer comme deux bonnes sœurs jumelles.*

Cette place du Trône a bien besoin que l'Administration s'occupe d'elle ; son état vraiment fâcheux d'abandon contraste singulièrement avec cette profusion de luxe et de richesse dont nos Édiles ont gratifié les quartiers privilégiés de l'ouest de Paris.

Cependant l'entrée de la Capitale, par la splendide avenue de Vincennes, est digne d'intérêt ; les deux statues de Philippe-Auguste et de saint Louis qui dominent le faubourg Saint-Antoine, obligent en quelque sorte nos Édiles à des embellissements bien ordonnés qui devraient faire du rond-point du Trône la place de la Concorde de l'est de Paris.

Le nouveau boulevard du Prince-Eugène est tracé dans l'axe de la place du Trône, entre l'avenue des Ormeaux et le faubourg Saint-Antoine, plus près de ce dernier.

La place du Trône a été plantée en 1658 ; son nom rappelle le trône élevé aux frais de la Ville de Paris, et sur lequel Louis XIV et Marie-Thérèse d'Autriche se plácèrent, le 26 août 1660, pour recevoir l'hommage et le serment de fidélité des Parisiens.

Sur cette même place, nos Édiles résolurent plus tard de construire un arc de triomphe qui devait surpasser en grandeur et en magnificence tous ceux des anciens. La première pierre en fut posée le 6 août 1670, mais on ne l'éleva que jusqu'à la hauteur des piédestaux des colonnes. Pour faire apprécier l'effet de cette construction, l'on imagina de l'achever en plâtre.

Louis XIV ayant pris peu d'intérêt à ce monument, les magistrats parisiens imitèrent l'indifférence du Souverain. Après la mort du Roi, le Régent ordonna l'entière destruction de cet arc triomphal qui fut démoli en 1716. Le dessin de ce monument, dû au talent de l'architecte Perrault, était de la plus grande beauté; cet arc triomphal avait coûté 513,735 livres.

La place du Trône est ornée d'une plantation de marronniers dont une partie a été enlevée, puis transplantée devant la Chambre des Notaires, où ces arbres n'ont guère prospéré. En 1793, on donna à cette voie publique le nom de *place du Trône-Renversé.* — Cette place servit de lieu d'exécution durant la seconde période révolutionnaire ; le nombre des victimes guillotinées en cet endroit s'élève, d'après des documents officiels, à 1,927. — Voici la copie collationnée avec soin d'une lettre dont la publication n'est pas sans intérêt :

Cimetière des suppliciés à Picpus.

Paris, le 21 messidor l'an XI de la République une et indivisible.

« Je m'empresse de donner au département des Travaux publics communication des mesures renfermées dans un rapport de Coffinet, relativement à la sépulture des suppliciés, et qui sont indispensables pour prévenir toute espèce d'odeur méphitique. Cet inspecteur, qui est descendu dans la fosse établie à Picpus, y a éprouvé une odeur qu'il est important d'atténuer par tous les moyens possibles. Celui qu'il propose en ce moment consiste à établir sur cette fosse un plancher en charpente, sur lequel on pratiquera des trappes pour la facilité du service. Ce moyen est le seul que l'on puisse employer en ce moment pour concentrer dans cette fosse les émanations dangereuses qui pourraient en sortir sans cette précaution. Il existe un autre foyer de corruption qui n'a point échappé à la surveillance de cet inspecteur, et que je crois de nature à être pris en très-grande considération par le département des Travaux publics. Au lieu même de l'exécution, place de la Barrière-Renversée, il a été pratiqué un trou destiné à recevoir le sang des suppliciés. — Quand l'exécution est terminée, on se borne à couvrir le trou avec des planches, ce qui est insuffisant pour renfermer l'odeur résultant du sang corrompu, et qui s'y trouve en assez grande quantité pour faire naître une odeur méphitique. Le sieur Coffinet pense que, pour supprimer toute espèce d'exhalaison meurtrière dans la saison actuelle, il serait convenable d'établir, sur une petite brouette à deux roues, un coffre doublé d'une feuille de plomb, dans lequel tomberait le sang des suppliciés, qui serait ensuite versé dans la fosse de Picpus. Le département des Travaux publics s'empressera sans doute d'adopter cette dernière mesure, et je l'y exhorte d'autant mieux que le lieu du supplice et celui de la fosse n'étant pas très-éloignés l'un de l'autre, il serait possible que ces exhalaisons s'attirassent entre elles et vinssent à produire un foyer de méphitisme d'autant plus dangereux que, dans cette hypothèse, elles ne laisseraient pas d'embrasser une grande étendue de l'atmosphère.

» J'attends, sur les dispositions qui font l'objet du présent rapport, les ordres du département.

» L'architecte de la Commune,

» Signé : POYET. »

Revenons au boulevard du Prince-Eugène. Après avoir traversé de vastes terrains, la voie pénètre dans la rue de Montreuil, qui n'était encore sous le règne de Louis XIII qu'un simple chemin conduisant à l'ancien village de Montreuil.

Ce village, qui est devenu depuis une commune très-importante, doit sa prospérité à la culture de la pêche dont il se fait un commerce annuel de plus de quatre millions.

Le boulevard du Prince-Eugène a enlevé à la rue de Montreuil les propriétés portant les n°s 83, 85, 87, 89, 74, 76, 78 et 80.

Après avoir démoli ces maisons, le boulevard du Prince-Eugène coupe en diagonale la rue des Boulets, à la hauteur des n°s 27, 20, 22 et 24.

Sous le règne de Louis XIII, cette voie n'était encore qu'un pauvre et triste chemin, appelé *les Basses-*

Vignoles. Lors de la bataille Saint-Antoine, où Condé et Turenne se trouvèrent en présence, les canons de la Bastille tonnèrent contre les troupes royales, et le lendemain des maraîchers ramassèrent des boulets dans le chemin des Basses-Vignoles qui prit, à cette occasion le nom de rue des Boulets.

Au n° 303, à l'angle de la rue Saint-Denis et du faubourg Saint-Antoine, on voit une maison d'assez belle apparence, mais dont les fenêtres sont garnies de barreaux de fer ; une enseigne est placée au-dessus de la porte d'entrée ; on y lit ces mots : *Maison de Santé !* — Dans cet établissement fut transféré, en 1812, le général Malet, qui s'évada le 22 octobre pour mettre à exécution le complot qui eut un commencement de succès. Arrêté, Malet fut condamné à mort et exécuté le 29 octobre.

Puisque nous faisons une excursion dans le faubourg, n'oublions pas la maison n° 210, appartenant en 1790 au fameux Santerre, qui s'élança d'une brasserie pour diriger les émeutiers qui attaquèrent, au 10 août, le palais des Tuileries. A sa mort, on fit à ce général de la populace cette épitaphe qui rappelait le brasseur :

> Ci-gît le général Santerre,
> Qui n'eût de Mars que la bière.

Rentrons dans le boulevard du Prince-Eugène, qui se prolonge sur de vastes terrains jusqu'à la rue de Charonne. Cette rue faisait partie d'un quartier dont les développements ne commencent qu'au règne de

Louis XIII. Le peuple du faubourg Saint-Antoine appelait la rue de Charonne *la rue des Monastères*. En effet, au n° 98 actuel, l'on voyait, avant 1789, l'entrée de la communauté des Filles de la Croix ; — au n° 100 étaient les religieuses de Trainel ; — aux n°° 97, 99 et 101, se trouvait le prieuré de Notre-Dame de Bon-Secours.

Le boulevard du Prince-Eugène a coupé ensuite la rue Richard-Lenoir, dont voici l'origine :

Elle a été ouverte en 1850, sans autorisation, sur les terrains appartenant à MM. Viallet, Dumas, Philippine, Ledru-Rollin et Gallois. Sa largeur est de **12 m.** Cette rue n'est pas classée au nombre des voies publiques.

Le nom qui décore cette rue est un grand enseignement pour la classe ouvrière. Il lui fait voir comment on s'élève par le travail, alors que le cœur est au niveau de l'intelligence.

Richard, connu sous la dénomination de Richard Lenoir, parce que le nom de *Lenoir* Dufresne s'est greffé sur le sien pour former la raison commerciale de leur établissement, naquit à Épinay-sur-Odon (Calvados), le 16 avril 1765. D'abord garçon de magasin à Rouen, il se fit ensuite garçon de café à Paris. Ennuyé de cette vie monotone, Richard acheta quelques pièces de bazin anglais, qu'il vendit avantageusement. Il voulut étendre son petit commerce ; mais dupe de la mauvaise foi d'un agent d'affaires, il perdit ses petites économies, et fut même emprisonné pour dettes. En 1790, Richard s'était refait une position à force d'intelligence et de travail. Vers 1797, il entrait en relation avec un habile et honnête négociant de Paris, Lenoir-Dufresne. Ces deux hommes, qui se complétaient pour ainsi dire, résolurent de lutter contre le monopole anglais, et de faire une rude concurrence aux villes de Birmingham et de Manchester. Ils fondèrent des filatures, des tissages en coton, mousseline, calicots et piqués. Richard s'était emparé, en quelque sorte, de l'ancien couvent de Trainel, vis-à-vis de celui de Bon-Secours, qu'il occupait déjà. En 1806, les deux associés avaient réalisé de grands bénéfices, et leurs noms étaient devenus synonymes d'honneur et de probité commerciale. Malheureusement, cette association, cimentée par l'estime et l'affection, se brisa bientôt ; Lenoir mourut le 22 avril 1806.

Les années 1812 et 1813 furent désastreuses pour le survivant des deux associés, mais Richard, malgré l'encombrement de ses magasins, tenait à honneur de conserver ses ouvriers. La suppression des droits d'entrée sur les cotons, suppression résultant de l'ordonnance Royale du 23 avril 1814, lui porta un coup terrible. Cette mesure, arrêtée après les sacrifices énormes que Richard s'était imposés pour fournir du travail et donner du pain à ses quinze mille ouvriers, lui fit éprouver une perte de six millions. Si le fabricant avait songé un instant à ses intérêts, il eût liquidé pour se conserver 300,000 fr. de rente. Richard ne pensa qu'à poursuivre cette lutte d'honneur et de patriotisme. Il vendit, en conséquence, une à une toutes ses belles propriétés. Il transforma ses ateliers, devenus inutiles, en manufactures d'armes, un autre en hôpital provisoire, et se mit en 1815 à la tête des Fédérés qu'il avait organisés pour défendre Paris. Tant de sacrifices, tant d'abnégation épuisèrent enfin ses dernières ressources, et l'ancien filateur, qui avait été quinze fois millionnaire, fut réduit à vivre d'une pension que lui fit son gendre. Richard mourut à Paris en octobre 1840. Son convoi fut sans faste, non sans cortége ; plus de deux mille ouvriers accompagnèrent à sa dernière demeure celui qui avait été leur camarade, leur patron, leur ami et leur père.

Après avoir absorbé les nᵒˢ 45, 47, 49, 51, 54, 56, 58, 60, 62 et 64 de la rue Richard-Lenoir, le boulevard du Prince-Eugène pénètre dans la rue de la Roquette, où l'on a créé une place d'une vaste étendue, aux dépens de la rue de la Roquette portant les nᵒˢ 97, 99, 101, 103, 105, 107, 109, 111 et 113. Deux rues prendront naissance à cette place : l'une allant au faubourg Saint-Antoine, l'autre à la barrière de Ménilmontant.

On appelle *Roquette* une petite plante crucifère à fleurs jaunes, qui croît dans les lieux incultes.

La rue de la Roquette était, au milieu du dix-septième siècle, un chemin tortueux qui conduisit plus tard à une maison de plaisance appartenant au *Père Lachaise*, confesseur du Roi Louis XIV. Lorsque ce magnifique emplacement fut converti en cimetière, vers la fin du siècle dernier, la rue de la Roquette commença de se border d'habitations assez importantes, mais construites dans des conditions fâcheuses et sans alignement déterminé. Ce vice de conformation de la rue de la Roquette, beaucoup troit étroite, et qui décrit plusieurs courbes, est devenue très-nuisible de nos jours, en raison des convois funèbres qui passent continuellement par cette voie, qui est en quelque sorte le vestibule du cimetière de l'Est.

Ensuite, la rue de la Roquette, qui se rétrécit singulièrement vers la place de la Bastille où elle prend naissance, a joué un triste rôle lors de l'insurrection de juin, et il y a tout lieu de supposer que l'Autorité municipale effacera ces souvenirs et corrigera ces défauts en donnant à cette voie au moins 20 mètres de largeur dans sa partie voisine du faubourg Saint-Antoine.

Après avoir traversé, en les fécondant, d'immenses terrains, le boulevard du Prince-Eugène a pénétré dans la rue des Amandiers, en démolissant les nᵒˢ 3, 5, 7, 9, 11, 8, 10, 12 et 14.

Cette rue des Amandiers n'était qu'un chemin sous le règne de Louis XIII ; vers le commencement de ce siècle elle commença de se border d'habitations. Au nᵒ 20 demeurait et est mort, en 1813, *Parmentier* ; une avenue située dans le voisinage a été décorée du nom de ce savant illustre.

L'avenue Parmentier, dont l'un des côtés longe l'abattoir de Ménilmontant ou de Popincourt, et qui a été ouverte en vertu d'une décision ministérielle du 21 août 1818, est prolongée jusqu'à la place du Prince-Eugène dont nous venons de parler. Ce prolongement de la rue Parmentier enlève encore les nᵒˢ 26, 28 et partie du n° 30 appartenant à la rue de la Roquette.

Le boulevard du Prince-Eugène, après avoir quitté la rue de la Roquette, qui est appelée à une heureuse transformation, se poursuit jusqu'à la rue de Popincourt, après s'être emparé des maisons situées dans cette voie publique, et portant les n°s 46, 48, 50, 52, 54, 56, 58, 61, 63, 65, 67, 69, 71 et 73.

La rue de Popincourt faisait anciennement partie d'un ancien village, qui devait son nom à Jean de Popincourt, premier président du Parlement de Paris, sous Charles VI; ce magistrat y possédait une magnifique habitation.

Pour dégager l'entrée de la caserne de Popincourt, une place a été pratiquée par la démolition des maisons portant les n°s 75, 77 et 79 de la rue de Popincourt.

Le boulevard du Prince-Eugène, après avoir quitté la rue de Popincourt, a entamé un grand îlot de terrains pour ressortir dans la rue Saint-Sébastien, au n° 52. Là, le boulevard aborde l'avenue formée au-dessus du canal Saint-Martin qui vient d'être couvert, et le boulevard, après avoir quitté le quai de Jemmapes, recommence au quai de Valmy, en prenant à cette dernière voie les n°s 97, 99, 101 et 103.

Au moment où nous écrivons, le boulevard s'arrête à l'avenue du canal Saint-Martin.

Le boulevard du Prince-Eugène va pénétrer bientôt dans la rue de Ménilmontant, et s'emparer des maisons portant les n°s 31, 33, 30 et 32.

La rue de Ménilmontant est ainsi nommée parce

qu'elle conduisait au village de Ménilmontant. *Mesnil* est un vieux mot français signifiant une habitation, une maison de campagne; on s'est souvent servi du mot *masnilium* pour indiquer un hameau, un petit village; le reste de la dénomination s'explique naturellement par la déclivité de cet ancien chemin, qui fut redressé, puis élargi en vertu d'une ordonnance du bureau de la ville, en date du 30 janvier 1733. Avant 1777, le rempart touchait à la naissance de ce chemin de Ménilmontant. Des lettres patentes constatent l'agrandissement de cette voie par suite du nivellement du rempart. Voici un extrait de ces lettres patentes : « Le chemin désigné sous le nom de Ménilmontant sera continué sur le rempart et la dite rue nommée *rue Chapus*, depuis la rue de Popincourt jusqu'au rempart (mai 1777). » Guillaume Chapus fut Échevin de la ville de Paris de 1776 à 1778 sous les prévôtés de Jean-Baptiste Delamichodière et d'Antoine-Louis Lefebvre de Caumartin.

Après avoir quitté la rue de Ménilmontant, le boulevard du Prince-Eugène supprimera toute la partie de la *rue du Grand-Prieuré* située entre la rue de Ménilmontant et celle de Crussol.

L'ouverture de la rue du Grand-Prieuré avait été autorisée par lettres patentes du 13 octobre 1781, sur les marais du Temple, appartenant au grand Prieur de France.

Dans cette partie de la rue du Grand-Prieuré se trouve le *passage Leclerc*, dont l'extrémité au nord est coupée par le boulevard.

Après avoir absorbé le tiers de la rue du Grand-Prieuré, le boulevard du Prince-Eugène se trouvera dans la *rue de Crussol,* où il enlèvera pour sa formation les n°ˢ 21, 23, 25, 20, 22 et 24.

La rue de Crussol a été formée la même année que la précédente. Son nom rappelle le chevalier de Crussol (Alexandre-Emmanuel), brigadier des armées de France, chevalier non profès de l'ordre de Saint-Jean de Jérusalem, capitaine des gardes du comte d'Artois, et administrateur général du grand Prieuré de France.

Après la rue de Crussol, le boulevard du Prince-Eugène rencontrera la *rue de Malte,* qui fut ouverte en 1789 sur les terrains du Temple appartenant à l'ordre de Malte. La partie de la rue de Malte située entre la rue de Crussol et la rue d'Angoulême du Temple est presque entièrement supprimée par le boulevard.

Ces maisons absorbées, le boulevard du Prince-Eugène s'emparera des immeubles portant, sur la *rue d'Angoulême du-Temple,* les numéros 13, 15, 17, 19, 12 et 14. Là se trouve un grand îlot de maisons, limité à l'est par la rue de la Tour, à l'ouest par la rue d'Angoulême, au midi par la rue des Fossés-du-Temple, et au nord par la rue de Malte. Cet îlot sera coupé en diagonale par le nouveau boulevard.

La rue d'Angoulême dont il vient d'être question a été ouverte en vertu de lettres patentes du 13 octobre 1781 ; on lui a donné, cinq années après, le nom d'Angoulême, en l'honneur de Louis-Antoine d'Artois, duc d'Angoulême, né à Versailles le 6 août 1775, mort en exil à Goritz, le 3 juin 1844.

Au milieu de l'îlot dont nous venons de parler, se trouve le *passage du Jeu-de-Boules*, qui communique de la rue des Fossés-du-Temple à la rue de Malte ; le boulevard du Prince-Eugène enlève à ce passage les maisons numéros 3, 5, 7, 9, 11, 6, 8, 10, et pénètre dans la *rue de la Tour* à l'angle de celle des Fossés-du-Temple.

La rue de la Tour a été ouverte en 1783 sur les terrains des marais du Temple ; son nom rappelle Roettiers *de la Tour*, Échevin de la ville de Paris de 1775 à 1777, sous la Prévôté de messire Jean-Baptiste Delamichodière.

Après avoir atteint la *rue des Fossés-du-Temple*, qui n'était, vers la fin du siècle dernier, qu'un simple chemin longeant le rempart, le boulevard du Prince-Eugène s'emparera des constructions portant les numéros 47, 49, 51, 53, 55, 57, 40, 42, 44, 46, 48, 50, et se trouvera sur la place qui doit être formée sur le boulevard du Temple et dont voici la description sommaire :

Il fallait au boulevard du Prince-Eugène un grand dégagement à l'ouest, comme il en possède un à l'est, le rond-point de la barrière de Vincennes ; cette nécessité était encore plus urgente à l'ouest, parce qu'il s'agissait d'assurer les abords de la caserne du Château-d'Eau. Pour obtenir cette place dont la forme est à peu près un carré long, la ligne de bâtiments de la caserne, après avoir dépassé la rue du Faubourg-du-Temple, se prolonge par la démolition des propriétés portant sur le boulevard les numéros 80, 78, 76, 74, 72, 70, 68 et 66.

I.   7

Cette ligne est le côté méridional d'un grand îlot formé à l'ouest par la rue du Faubourg-du-Temple, à l'est par un tronçon de rue projetée (de la rue des Fossés-du-Temple à celle de Malte), puis par le boulevard au midi et la rue de Malte au nord.

A l'est de la place du Château-d'Eau, l'on rencontre une voie projetée qui s'étend en diagonale, du boulevard à l'avenue du canal Saint-Martin, vers l'angle de la rue de la Tour ; après cette rue se trouve le pan coupé formé par la jonction de la rue projetée et du boulevard du Prince-Eugène, puis un deuxième pan coupé pratiqué à la rencontre du boulevard du Temple et de celui du Prince-Eugène.

Enfin la régularisation de cette place s'établit au midi par la démolition de maisons très-importantes du boulevard du Temple, portant les numéros 51, 53, et par celles du boulevard Saint-Martin, numéros 1, 3, 5 ; ces maisons d'une grande valeur, surtout les deux premières, ne seront expropriées que plus tard.

Le boulevard du Prince-Eugène amène, en outre, le changement complet de l'alignement du boulevard du Temple et la démolition de tous les théâtres en bordure sur cette voie publique ; voyons d'abord l'alignement du boulevard du Temple. La formation de ce boulevard avait été ordonnée par un arrêt du Conseil du 7 juin 1656. Situé près de l'enclos du Temple, il en prit la dénomination. Une Ordonnance Royale du 17 août 1825 a fixé la moindre largeur de ce boulevard à 36 mètres ; c'est l'alignement de 36 mètres qu'il s'agit de poursuivre jusqu'au pan coupé formé par le boulevard du Temple à la naissance du boulevard du Prince-Eugène.

L'exécution de cet alignement forcera les immeubles de 28 à 48 d'avancer sur la voie publique actuelle pour se mettre en bordure du boulevard de 36 mètres. Toutes les autres propriétés du boulevard du Temple, c'est-à-dire de 50 à 80, seront démolies, soit pour le boulevard du Prince-Eugène, soit pour la place du Château-d'Eau. Il n'y a de respectées que les maisons du boulevard du Temple entre la rue de Crussol et celle d'Angoulême, ainsi que les immeubles portant les numéros 24 et 26, à l'angle gauche de la rue d'Angoulême.

Pour compléter notre travail, il nous reste à parler des petits théâtres qui vont être démolis, soit pour livrer passage au boulevard du Prince-Eugène, soit pour la création de la place du Château-d'Eau, ou bien enfin pour la voie diagonale à l'angle de la rue de la Tour.

Ces théâtres sont au nombre de sept, savoir : n° 50, le *Petit Lazzari*; n° 52, les *Délassements*; n° 54, les *Funambules*; n° 58, la *Gaîté*; — 62 et 64, les *Folies-Dramatiques*; — 66, le *Théâtre-Impérial* (ancien Cirque); et 72, le *Théâtre-Lyrique*.

Il n'est pas sans intérêt de rappeler ici l'origine de ces salles de spectacle.

LE PETIT LAZZARI.

C'était en 1789 et jusqu'en 1792, le théâtre des *Variétés Amusantes*. Bientôt la direction échut à un Italien nommé Lazzari, qui mimait les arlequins avec une grâce et une souplesse tout à fait charmantes. Le public oublia bientôt le titre de l'ancien théâtre pour le nom de l'arlequin aimé, et ce spectacle alors en vogue fut appelé théâtre Lazzari. En 1798, cette salle fut incendiée, et son directeur, le pauvre Lazzari, se tua de désespoir.

Sous la Restauration, un entrepreneur ouvrit sur le boulevard du Temple, au n° 58, devenu 50 aujourd'hui, une nouvelle salle de marionnettes, qu'il appela en souvenir de l'Arlequin, théâtre *du Petit Lazzari.*

En 1830, ce théâtre fit comme ses voisins, il s'émancipa, et les acteurs en bois firent place à des acteurs en chair et en os.

Ce théâtre sera démoli par le boulevard du Prince-Eugène, dont le tracé coupe cette salle en *mouchoir.* La partie restante doit être confondue dans l'emplacement qui avancera pour se placer à l'alignement du boulevard du Temple, dont la largeur uniforme sera, comme nous l'avons dit, de 36 mètres.

LES DÉLASSEMENTS-COMIQUES.

En 1768, un théâtre fut ouvert en cet endroit, sous le nom de *Théâtre des Associés.* Un entrepreneur de spectacles, Beauvisage, qui desservait la foire Saint-Laurent et le boulevard, faisait représenter dans cette salle des parades, des comédies et des tragédies. L'arlequin Sallé, qui fut le successeur de Beauvisage, désigna son spectacle sous le nom de *Théâtre patriotique du sieur Sallé.* En 1795, Prévôt, comédien de province, avait la direction de cette entreprise, connue sous le nom de *Théâtre sans prétention*.

Le décret impérial de 1807 ordonna la fermeture de ce théâtre, qui fut remplacé par le café d'Apollon.

En 1815, madame Saqui obtint la permission d'y établir une salle d'acrobates et d'y jouer des panto-mimes-arlequinades. Vers 1830, les danses et voltiges sur la corde furent remplacées par des vaudevilles et des drames. Démoli en 1841, ce théâtre fut reconstruit dans l'espace de trois mois, et la nouvelle salle inaugurée sous le titre de *Théâtre des Délassements-Comiques*.

Ce théâtre sera démoli pár le boulevard du Prince-Eugène, qui le coupe en biais. Ce qui restera de cette salle sera confondu dans l'emplacement sur lequel on doit bâtir à l'alignement de 36 mètres, largeur uniforme déterminée par le boulevard du Temple.

LES FUNAMBULES.

Anciennement desservi par les danseurs de corde, ce théâtre, depuis 1830, joue de petits vaudevilles et des pantomimes-arlequinades. Les Funambules ont été vendus, il y a peu de temps, 400,000 fr.

Le théâtre des *Funambules* est coupé en partie par le boulevard du Prince-Eugène. Ce qui en restera servira à régulariser l'alignement du boulevard du Temple, qui est fixé à 36 mètres.

LA GAITÉ.

Nicolet, directeur d'une troupe d'acrobates qui desservaient les foires Saint-Germain et Saint-Laurent, vint en 1759 s'établir sur le boulevard du Temple.

Il y fit construire une salle où l'on représentait des pièces grivoises qui furent accueillies avec la plus grande faveur. Taconnet, le meilleur acteur de cette troupe, composait des pièces qui lui valurent le surnom de Molière des boulevards.

Il attirait tout Paris au théâtre de Nicolet, surtout lorsqu'il jouait un rôle d'ivrogne ou de savetier. « Il était, disait Préville, si complaisamment comique dans les rôles de savetier, qu'il eût été déplacé dans les cordonniers. » Quand il voulait exprimer le dernier degré de son mépris pour quelqu'un, il disait : « Je te méprise comme un verre d'eau. » Cet excellent comédien mourut gaiement à l'hôpital de la Charité.

En 1769, les directeurs de l'Opéra, jaloux des succès et de la fortune de Nicolet, firent interdire la parole aux acteurs de ce théâtre ; cet ordre rigoureux ne fut pas longtemps en vigueur. En 1772, la troupe de Nicolet donna quelques représentations devant la Cour réunie à Choisy. La comtesse du Barry fut si contente de ce spectacle, qu'elle lui fit donner le titre de *Théâtre des Grands Danseurs du Roi*.

Nicolet fut le premier directeur qui offrit cet exemple honorable : un incendie ayant dévoré en 1777 toutes les baraques de la foire Saint-Laurent, Nicolet donna une représentation au bénéfice des incendiés ; cette générosité a trouvé depuis de nombreux imitateurs.

En 1792, le spectacle de Nicolet prit le nom de *Théâtre de la Gaîté*. Trois ans après, un comédien nommé

Ribié était chargé de la direction de cette entreprise, qui reçut le nom de *Théâtre d'Émulation*. En 1798, la veuve Nicolet lui rendit sa dénomination de *Théâtre de la Gaîté*. La féerie du *Pied de Mouton*, représentée en 1806, y attira tout Paris. En 1808, Bourguignon, gendre de Nicolet, chargea l'architecte Peyre de construire une nouvelle salle sur l'emplacement de l'ancienne, devenue insuffisante. Les travaux furent promptement terminés, et la Gaîté devint le théâtre le plus favorisé du boulevard du Temple.

Le 21 février 1835, un affreux incendie dévora cette salle. Neuf mois après elle était rétablie et ouverte au public. Sur la façade, on lit cette inscription : *Théâtre de la Gaîté, fondé en 1760 par J. B. Nicolet, reconstruit en 1808, incendié le 21 février 1835, réédifié en fer la même année. Bourlat, architecte.* — La dépense s'est élevée à 443,000 fr.

Le théâtre de la *Gaîté* est pris pour une partie par le tracé du boulevard du Prince-Eugène ; ce qui en restera doit être confondu dans l'emplacement du pan coupé formé par le boulevard et la rue diagonale partant de la place du Château-d'Eau pour aboutir provisoirement à l'avenue du canal Saint-Martin, à l'angle de la rue de la Tour.

LES FOLIES-DRAMATIQUES.

La chronique de ce théâtre sera courte et rapide.

M. Allaux aîné, qui avait obtenu le privilége du Panorama-Dramatique, obtint également celui des Folies.

La nouvelle salle fut construite par M. Allaux, qui

était en même temps architecte, et auquel on doit l'invention du Néorama.

L'ouverture du théâtre des Folies-Dramatiques eut lieu le 22 janvier 1831; M. Léopold, homme de lettres, en était directeur. Peu de temps après, M. Mourier lui succéda, et son habile administration fit prospérer ce théâtre.

La plus grande partie du théâtre des *Folies* est prise pour la formation de la place du Château-d'Eau ; ce qui en restera sera confondu dans le pan coupé à l'angle du boulevard du Prince-Eugène et de la rue qui doit conduire à l'avenue du canal.

THÉATRE IMPÉRIAL (ANCIEN CIRQUE).

Vers 1780, un Anglais, nommé Astley, établit, dans la rue du Faubourg-du-Temple, 24, un manége et un spectacle de voltiges. — *Le Moniteur* du 14 avril 1791 mentionne le fait suivant : « M. Franconi, écuyer, citoyen de Lyon, est arrivé avec ses enfants, ses élèves et trente chevaux. Il commencera ses exercices aujourd'hui, 14 de ce mois, à six heures, dans l'amphithéâtre de M. Astley, rue du Faubourg-du-Temple. »

En 1794, Franconi père succédait à Astley, et donnait de l'extension à son spectacle, qui fut transféré, en 1802, dans le jardin de l'ancien couvent des Capucines. Cinq ans après, l'ouverture de la rue de la Paix sur une partie de l'emplacement de ce jardin obligea le Cirque à s'établir dans la rue du Mont-Thabor, où il prospéra. Au commencement de 1809, il était question de construire l'hôtel des Postes sur l'emplacement où, depuis, a été bâti l'hôtel du Ministère des Finances, et Franconi dut revenir, le 8 octobre, au faubourg du Temple.

Pendant dix-sept années, le Cirque olympique obtint tous les genres de succès ; malheureusement, un incendie, qui éclata dans la nuit du 15 au 16 mars 1826, détruisit ce bel établissement. Cette catastrophe fut la ruine des frères Franconi, qui depuis longtemps avaient succédé à leur père. Toutefois, ces habiles écuyers obtinrent un nouveau privilége, mirent en actions leur entreprise, et un nouveau Cirque olympique ouvrit ses portes, le 31 mars 1827, sur le boulevard du Temple.

Après des succès mêlés de revers, lesquels seraient trop longs à énumérer, le Cirque olympique, avant la révolution de Février, devint théâtre lyrique. Aujourd'hui, l'ancienne salle des Franconi s'appelle *Théâtre Impérial.*

Les pièces qu'on y représente sont tirées de nos annales ou rappellent la gloire militaire de la République et de l'Empire. On y joue également des féeries. Le luxe de la mise en scène rivalise quelquefois avec celui que déploient nos grands théâtres.

Le *Théâtre Impérial* sera complétement absorbé par la place du Château-d'Eau.

THÉATRE LYRIQUE.

Les 21 et 25 avril 1846, par-devant Mes Aumont-Thiéville et Fouché, notaires à Paris, fut formée entre

M. Védel, d'une part, et MM. Ardouin, Bourgoin, Alexandre Dumas et Hostein, d'autre part, une société civile et particulière. L'objet de la société était l'acquisition de partie des terrains de l'ancien hôtel Foulon, et la construction et location d'un théâtre sur cet emplacement. Cette société se constitua au capital social de un million cinq cent mille francs.

Cette salle de spectacle, élevée sur les dessins de M. de Dreux, architecte, prit, en vertu d'une décision ministérielle du 23 décembre 1846, le nom de *Théâtre-Historique.*

L'ouverture eut lieu le 20 février 1847, par la première représentation d'un drame intitulé : *la Reine Margot.*

La première année, la prospérité de ce théâtre fut constatée par une recette de 707,905 fr. Malheureusement, le Théâtre-Historique eut à lutter, après 1848, contre les désastres qui sont les suites ordinaires des révolutions. Deux directions se succédèrent et l'entreprise succomba en 1851.

A peine le Théâtre-Historique était-il fermé, qu'on en demanda la réouverture pour le troisième théâtre lyrique, qui avait essayé de vivre dans la salle de l'ancien Cirque, et que la révolution de Février avait tué comme tant d'autres.

Dans une audience que le Président de la République accorda en 1851 à M. Scribe, l'écrivain, interrogé par le Prince sur l'avenir que l'on pouvait promettre au *Théâtre-Lyrique* sur le boulevard du Temple, nommé vulgairement boulevard du Crime, répondit :

— Il est possible que l'opéra comique réussisse en cet endroit, cependant j'en doute.

— Et pourquoi ?

— Mon Dieu... parce que... parce que... si j'étais fabricant de bottes vernies je n'irais pas m'établir rue de Lappe, où l'on ne se sert que de cirage à l'œuf... et encore !

Le *Théâtre-Lyrique* est absorbé à peu près par la place du Château-d'Eau ; ce qui en restera doit être compris dans l'îlot de maisons à construire entre la rue du Faubourg-du-Temple à l'ouest, une rue à ouvrir à l'est, la rue de Malte au nord, et la place du Château-d'Eau vers le midi.

Tels sont les documents administratifs et historiques se rattachant à la création du boulevard du Prince-Eugène et à la démolition des théâtres du boulevard du Temple.

L'Autorité profitera sans aucun doute de la reconstruction de ces théâtres pour prescrire aux architectes des dispositions intérieures plus favorables au public. Il ne faut pas laisser aux directeurs cette liberté, dont ils peuvent encore abuser, de rogner comme ils l'ont fait jusqu'ici l'espace nécessaire soit pour être convenablement assis, soit pour circuler facilement dans la salle.

On doit aussi ménager des dégagements suffisamment spacieux, afin que le public, si un incendie éclatait tout à coup, pût sortir rapidement sans exposer les femmes et les enfants à être étouffés et broyés comme ils le seraient immanquablement si la foule,

impressionnée par l'annonce d'un sinistre, s'engouf-
frait dans les corridors actuels si étroits et si étranglés.

L'Autorité doit tenir également à honneur de faire
cesser cet usage barbare et inhumain de laisser le public parisien *faire queue* pendant des heures entières
à la porte des théâtres.

C'est vraiment honteux de condamner la grande majorité de la population qui fréquente nos théâtres, à
une exposition pendant de longues heures, au froid, à
la pluie, à la neige, exposition qui lui fait cruellement
expier un plaisir qui devrait être sans mécompte et
sans repentir.

DEUX THÉATRES DANS LA CITÉ

Il devrait être fait un travail d'ensemble sur les
théâtres dans Paris, au double point de vue des plaisirs de la population et du succès des directions.

Deux théâtres vont être construits dans la Cité. —
S'est-on bien rendu compte de cette double création ?
Il est à craindre de voir ces deux établissements végé-
ter et mourir, dans une localité qui ne fournit guère
d'habitués à nos théâtres.

Nos pères en ont fait la triste expérience. Il y avait
autrefois un théâtre dans la Cité, et ce théâtre n'a pu
vivre.

Sans doute la population a doublé depuis ; mais

aussi, au lieu d'un théâtre, la Cité en subira deux, et les gens au flair subtil, disent : c'est trop.

Au surplus, rappelons l'origine de l'ancien théâtre de la Cité.

Il y a quelques années, on voyait encore dans la rue de la Barillerie, à l'angle de la rue de Constantine, un bal public connu sous le nom *du Prado*.

La propriété dans laquelle cet établissement avait été construit, occupait l'emplacement de l'église royale et paroissiale de Saint-Barthélemi. Une chapelle était déjà construite en cet endroit à la fin du cinquième siècle, et portait le nom de Saint-Barthélemi. — Vers 965, Hugues Capet fit agrandir cette chapelle, qui devint en 1138 paroisse royale. Les bâtiments de cette église furent restaurés en 1730 et 1736 ; malgré ces réparations, le Roi, en 1772, ordonna qu'elle serait entièrement reconstruite. Le portail était déjà terminé, lorsque la révolution vint en arrêter les travaux. Supprimée en vertu de la loi du 15 février 1791, elle fut vendue comme propriété nationale le 12 novembre suivant. Sur son emplacement on établit peu de temps après le théâtre de la Cité, et l'on forma deux passages dont l'un prit la dénomination de passage de *Flore*. L'ouverture du théâtre, construit par l'architecte Lenoir, eut lieu le 20 octobre 1792, sous le titre de *Théâtre du Palais des Variétés*, par une représentation au bénéfice des défenseurs de Lille. L'année suivante cette salle prit le nom de *Cité Variétés*. On y jouait la comédie, le vaudeville et la pantomime. Là débutèrent Tiercelin et Brunet. En 1793, la pièce dite *le Jugement dernier des Rois* y fut représentée. En 1802, des chanteurs allemands exploitèrent cette salle, qu'ils appelèrent *Théâtre de Mozart;* ces artistes n'eurent qu'un faible succès. Vers la fin de 1805, l'acteur Beaulieu tenta de relever ce théâtre. Ayant échoué, il se brûla la cervelle, au deuxième étage sur le devant dans la maison du café qui existait encore il y a deux années dans la rue de la Barillerie. En 1806, les acteurs du théâtre des Variétés s'installèrent provisoirement au théâtre de la Cité pendant que l'on construisait la salle du boulevard Montmartre. Après la suppression d'un grand nombre de théâtres, cet établissement prit le nom *des Veillées.* Plus tard le théâtre servait de salle de danse sous le nom de *Prado*, et le foyer, ainsi que plusieurs pièces, étaient transformés en loges maçonniques. — Dans l'une de ces loges, Napoléon et l'impératrice Joséphine assistèrent à une fête d'adoption donnée par le maréchal Lannes et le prince Poniatowski, l'un et l'autre *vénérables.*

GRANDS TRAVAUX D'UTILITÉ PUBLIQUE.

Enquête à la Mairie du 9e arrondissement.

PROLONGEMENT DE LA RUE DE LAFAYETTE

Partie comprise entre les rues du Faubourg-Poissonnière
et du Faubourg-Montmartre.

Rue du Faubourg-Poissonnière, 103 et 101, Rouget,

propriétaire, 568 mètres ; id. 99, Fiaux, prop., 120ᵐ; 97, héritiers Prévost, prop., 256ᵐ; 95, veuve Richer, prop., 1,835ᵐ; 93, Marion, prop., 368ᵐ; 91, Blétel, pr. 220ᵐ.

Rue Montholon, 4 et 6, dame Lemonnier, 1,685ᵐ; 8, Filhon, prop., 841ᵐ; 10, Filhon, prop., 841 m.; 12, Ville de Paris, prop., 924ᵐ; 14, Ville de Paris, propr., 790ᵐ; 16, veuve Horson, prop., 858ᵐ; 18, Rullon, pr., 950ᵐ; 20, Sifflet Lafaverge, prop., 2,541ᵐ; 22, veuve Boudrot, prop., 648ᵐ; 24, Detouche, prop., 648ᵐ; 26, veuve Andrieux, prop., 780ᵐ.

Rue Rochechouart, 14 et 16, Bourdely, prop., 702ᵐ; 14², veuve Horson, prop., 935ᵐ; 14³ et 14⁴, Cocret, p., 2,117ᵐ.

Rue Bellefond, 29, Heurteux, prop., 6ᵐ; 27 et 25, Serange, prop., 77ᵐ; 23, Forton, prop., 198ᵐ; 21, Michon, prop., 765ᵐ; 19, Thomas, prop., 1,340ᵐ.

Rue Montholon, 19 et rue Riboutté, 9, vᵉ Juglard, prop., 235ᵐ; rue Riboutté, 7, Popelin, prop., 125ᵐ.

Rue Montholon, 21, Marquet, prop., 616ᵐ; 23, Letellier, prop., 460ᵐ; 25, Desfontaines, prop., 415ᵐ; 27, veuve Gandelet, prop., 245ᵐ; 29, veuve Lhomme, pr., 234ᵐ; 31, dame de Lean, femme du général Siméon, 257ᵐ.

Rue Bleue, 18, Blétry, prop., 555ᵐ; 20, Saussine, prop., 560ᵐ; 22, veuve Prévost, prop., 405ᵐ; 24, dame Delamare, prop., 405ᵐ50; 26, Dupré, prop., 363ᵐ; 28, Bage, prop., 286ᵐ; 30, veuve Simon, prop., 366ᵐ; 32, Angar, prop., 350ᵐ; 34, veuve Vallée, prop., 363ᵐ; 36, Dubait, prop., 387ᵐ; 29 et passage Saulnier, 24, Balaine, prop., 470ᵐ; sol du passage Saulnier, les prop. du passage Saulnier, 49ᵐ50.

Passage Saulnier, 27, Cagnon, prop., 65ᵐ; 29 et rue Bleue 31, Féret, prop., 220ᵐ·

Rue Bleue, 33, Gaultron, prop., 213ᵐ; 35 et rue Cadet, 36, veuve Merlin, prop., 223ᵐ.

Rue Cadet, 34, veuve Dumonceau et Dumonceau Louis, prop., 246ᵐ; 32, Foller, prop., 290ᵐ; 30, Ploix, prop., 389ᵐ60.

Rue Cadet, 25, 23 et 21, Ville de Paris, pr., 1,858ᵐ; 19, et passage des Deux-Sœurs, 16 et 14 bis, Labourel, prop., 1.480ᵐ; 17, Roy, prop., 115ᵐ; 15, veuve Godde, prop., 185ᵐ; 13, Mouchet, prop., 1,450ᵐ; 11, Robert, prop., 1,510ᵐ.

Rue du Faubourg-Montmartre, 42, Leblanc, 1,285ᵐ.

Rue Buffault, 24, Thuillier, prop., 558ᵐ; 22, veuve Frémont, prop., 660ᵐ; 20, dame Giberton, pr., 287ᵐ; 18 et passage des Deux-Sœurs, 7, Hurez, prop., 460ᵐ; 16, veuve Adeline, prop., 536ᵐ; 14, Fonteyne, propr., 180; 12, Delaloge, prop., 323ᵐ.

Passage des Deux-Sœurs, 5, Morland, prop., 135ᵐ.

Rue Buffault, 7, Ville de Paris, prop., 437ᵐ; 5, dame Goret de Florence, prop., 400ᵐ; 3, Bruneau, pr., 199ᵐ; 1 et faubourg Montmartre, 48, Hermel, prop., 320ᵐ.

Rue du Faubourg-Montmartre, 50, veuve Manger, pour un tiers, sa demoiselle un tiers, et dame Berthelot, un tiers, prop., 249ᵐ; 52, veuve Dubasty, propr., 327ᵐ.

Rue Bellefond, 15 et 17, Santrot, prop., 190ᵐ.

Rue Montholon, 33, Payn, prop., 73ᵐ.

Total......... 43,377ᵐ20.

Prolongement de la rue Le Peletier, élargissement de la rue Ollivier-Saint-Georges, et prolongement de la rue de La Fayette.

(Partie comprise entre le faubourg Montmartre et la rue Laffitte.)

Rue du Faubourg-Montmartre, 53, et rue de la Victoire, 2, Ricou, prop., 137^{m}40; rue de la Victoire, 4, Ricou, 65^m; rue du Faubourg-Montmartre, 55, Petit-Petit, prop., 227^m; rue de la Victoire, 14, Grosjean Jacques-Maurice, prop., 738^m; Grosjean Jacques-Maurice et François-Dominique, prop., 3,305^m.

Rue du Faubourg-Montmartre, 63, rue Ollivier et rue Laffitte, veuve Ollivier, prop., 2,520^m.

Rue de la Victoire, 7, Fréville, prop., 212^m; 9, Guéton, prop., 193^m; 11, et rue Chauchat, 22, dame Duperche de Ménil-Hatton, prop., 330^m; rue Chauchat, 20, Durand de Beauregard, propr., 346^m; 18, veuve Lendormy et Dramart, prop., 458^m; 16, veuve Évain, prop., 690^m.

Rue Chauchat, 17, et de la Victoire, Cuisinier Alexis-Martin, prop., 430^m.

Rue de la Victoire, 13, Jean-Baptiste Cuisinier, pr., 426^m; 19, Gaumel, pr., 483^m; 13 et 15, Davillier, pr., 1,158^m.

Rue de Provence, 24, Lacroix, prop., 325^m; 26, Ville de Paris, prop., 1,187^m; 28, Bouts, prop., 337^{m}50; 30, dame Chambellan, prop., 328^m; 32-34, Noël, propr., 1,078^m; 34, et rue Laffitte, 42, Toufflin, prop., 654^m.

I.   8

Rue Laffitte, 44, Gontier, prop., 380ᵐ.
Rue de la Victoire, 23, Luce, prop., 648ᵐ.

Total...... 17,282ᵐ90.

Il n'est pas sans intérêt pour nos lecteurs de rappeler l'origine de la rue de La Fayette, et de faire connaître ensuite les voies qui doivent livrer passage à son prolongement.

La rue de La Fayette commence actuellement à la rue du Faubourg-Poissonnière, aux nᵒˢ 84 et 86, et finit au quai de Valmy, nᵒˢ 203 et 205. La partie exécutée se développe dans une longueur de 1,571 mètres.

Première partie, comprise entre les rues du Faubourg-Poissonnière et Saint-Denis.

Une ordonnance Royale, du 27 novembre 1822, porte :

« Art. 1ᵉʳ. Les sieurs André et Cottier sont autorisés à ouvrir sur leurs terrains une rue de 20 mètres de largeur qui communiquera de la rue du Faubourg-Poissonnière à celle du Faubourg-Saint-Martin, à charge par eux de livrer gratuitement l'emplacement nécessaire pour prolonger la rue d'Hauteville jusqu'à la nouvelle rue, et de former au point de jonction une place circulaire de 30 mètres au plus de rayon.

» Art. 2. La ville de Paris contribuera aux dépenses de toute nature qu'exigeront les percements dont il s'agit, jusqu'à concurrence de cent cinquante mille francs, conformément à la délibération du Conseil Municipal du 15 septembre 1822. »

Dans une dépêche ministérielle du 31 décembre 1824 nous lisons ce qui suit :

« Le Roi a daigné consentir, par décision du 19 de ce mois, à ce que la grande rue ouverte sur les terrains des sieurs André et Cottier, pour communiquer du Faubourg Saint-Martin au faubourg Poissonnière, reçût le nom de rue *Charles X*, etc... »

Une ordonnance Royale du 6 janvier 1825 renferme les dispositions ci-après :

« Art. 1er. L'exécution de la rue ouverte dans la direction de la rue du Chemin-de-Pantin, depuis la rue du Faubourg-Saint-Martin jusqu'à la rue du Faubourg-Poissonnière, etc., est déclarée d'utilité publique, et le Préfet de la Seine est autorisé à y appliquer ou faire appliquer les mesures voulues par la loi du 8 mars 1810.

» Art. 2. La largeur de ladite rue, fixée par l'art. 1er de l'ordonnance du 27 novembre 1822 à 20 m., est réduite à 19 m. 50, largeur de la rue du Chemin-de-Pantin, etc... »

Peu de temps après la révolution de 1830, cette voie publique reçut le nom de rue de *La Fayette*, en l'honneur de Gilbert Motier, marquis de La Fayette, né le 1er septembre 1757, à Chavagnac, près de Brioude (Haute-Loire), mort à Paris le 20 mai 1834.

L'*impasse Saint-Lazare*, qui était située rue du Faubourg-Saint-Denis, au nº 170, a été confondue dans la rue de La Fayette. Elle devait son nom à sa proximité de la *maison Saint-Lazare*.

Deuxième partie, comprise entre la rue du Faubourg-Saint-Martin et le quai de Valmy.

Le plan de Verniquet l'indique sous le nom de *Route de Meaux.* Elle a reçu plus tard le nom de rue du *Chemin-de-Pantin,* parce qu'elle se dirige vers la commune de Pantin. — Une décision ministérielle du 18 mars 1822, et une ordonnance Royale du 5 juin 1846 ont maintenu cette voie publique à sa largeur actuelle, qui est de 10 m. 50. Conformément à une décision ministérielle du 28 août 1849, la rue du Chemin-de-Pantin a été réunie à la rue de La Fayette.

Maintenant voici l'origine des rues intéressées au prolongement de la rue de La Fayette à celui de la rue Le Peletier ainsi qu'à l'élargissement de la rue Ollivier-Saint-Georges.

RUE DU FAUBOURG-POISSONNIÈRE.

Ce territoire comptait un grand nombre d'habitations au commencement du dix-septième siècle. Il fut érigé en faubourg en 1648, et l'on donna vers cette époque à la grande rue qui le traversait le nom de *chaussée de la Nouvelle-France* (c'était la dénomination affectée à une partie de ce territoire). Cette voie publique prit vers 1660 la dénomination de *Sainte-Anne,* en raison d'une chapelle qu'on y avait construite sous l'invocation de sainte Anne. Elle se nomme enfin rue du *Faubourg-Poissonnière,* parce qu'elle prolonge la rue Poissonnière au delà du boulevard. — Une décision ministérielle du 18 messidor an IX, signée

Chaptal, et une ordonnance Royale du 20 juin 1845, ont fixé la moindre largeur de cette voie publique à 11 m. Comme on l'a vu plus haut, les maisons portant les nᵒˢ 91, 93, 95, 97, 99, 101 et 103 seront expropriées.

Au commencement du dix-huitième siècle, on voyait encore sur le rempart, à côté du faubourg, *la porte Sainte-Anne*, dont la construction datait de 1645. Elle fut démolie vers 1715.

Au nᵒ 25 demeurait et est mort, en 1842, Cherubini, savant compositeur, qui a dirigé avec talent le Conservatoire de musique.

Au nᵒ 77 était située la chapelle *Sainte-Anne*. Elle fut construite pour les habitants de ce quartier, qui se trouvaient trop éloignés de l'abbaye de Montmartre. En vertu d'une permission de l'abbesse, du 19 mars 1655, Roland de Bucy, confiseur, qui avait une maison dans cette rue, en fit don pour cet usage. Il fit construire la chapelle et le logement du chapelain, et les céda, par contrat du 25 octobre 1656, à l'abbaye de Montmartre. Cette chapelle fut consacrée le 27 juillet 1657, et le 19 août suivant l'archevêque permit d'y célébrer l'office divin, sous la condition expresse de reconnaître le curé de Montmartre pour pasteur. Supprimée en 1790, la chapelle Sainte-Anne devint propriété nationale et fut vendue le 28 germinal an III.

Au nᵒ 82 est située la caserne de la *Nouvelle-France*. D'intéressants souvenirs se rattachent à cette propriété; nous voulons parler de deux hommes dont les noms ont retenti glorieusement dans nos grandes guerres de la république. L'un, né à Versailles, le 24 février 1768, soldat aux gardes françaises à dix-sept ans, général en chef de l'armée de la Moselle à vingt-cinq ans, pacificateur de la Vendée à vingt-sept, mourut à vingt-neuf ans général en chef de l'armée de Sambre-et-Meuse.

L'autre, de quatre ans moins jeune, fut soldat en 1780, sergent en 1789, prince de Ponte-Corvo et maréchal d'empire en 1804, prince héréditaire de Suède et de Norwége en 1810, puis Roi, et mourut à quatre-vingts ans! Hoche et Bernadotte ont été sergents à la *Nouvelle-France*. La chambre qu'occupait ce dernier sert aujourd'hui de cantine aux sous-officiers.

RUE MONTHOLON.

« Louis, etc... Permettons, autorisons, voulons et » nous plaît ce qui suit :

» Art. 1ᵉʳ. Il sera ouvert, aux frais des sieurs Le-» noir et comp., trois nouvelles rues de trente pieds de » large chacune, sur le terrain qui leur appartient entre » les rues Rochechouart, d'Enfer, la barrière Sainte-» Anne et la rue Bellefond, la principale desquelles » rues traversera ledit terrain dans toute sa longueur, » débouchera d'un côté dans la rue Sainte-Anne, et de » l'autre dans la rue Rochechouart, et sera nommée » rue de *Montholon*.

» Art. 2. Au milieu de ladite rue de Montholon sera » formé un carrefour par la réunion de deux autres » rues, l'une nommée rue *Papillon*, qui débouchera » au carrefour de ladite rue Sainte-Anne et de ladite » rue d'Enfer, et l'autre, nommée rue *Riboutté*, qui

» débouchera au milieu ou environ de ladite rue d'En-
» fer, etc.

» Donné à Versailles, le deuxième jour de septem-
» bre, l'an de grâce 1780, et de notre règne le sep-
» tième.

> Signé : LOUIS. »

Les alignements de ces trois rues furent tracés le
22 juin 1781. La largeur de 30 pieds a été maintenue
en vertu d'une décision ministérielle du 21 prairial
an X, signée Chaptal, et d'une ordonnance Royale du
23 août 1833. Les constructions riveraines sont alignées. Les maisons nᵒˢ 4, 6, 8, 10, 12, 14, 16, 18,
20, 22, 24, 26, 19, 21, 23, 25, 27, 29, 31 et 33, seront
expropriées.

M. de Montholon, qui a donné son nom à cette voie
publique, était conseiller d'État en 1780. Son hôtel se
trouvait sur le boulevard Poissonnière.

Au nᵒ 6 était l'*église Saint-Vincent-de-Paul*, qui
avait été construite en 1802. Elle servit de succursale
à la paroisse Saint-Laurent jusqu'à l'inauguration de
l'église située sur la place de La Fayette. Cet édifice, qui
n'offrait rien de remarquable, est occupé aujourd'hui
par une brasserie.

RUE RIBOUTTÉ.

Elle a été autorisée et dénommée par lettres patentes du 2 septembre 1780; M. Riboutté, qui lui a
donné son nom, était intéressé dans les affaires de la
compagnie Lenoir, dont il a été parlé à la rue Montholon.

La largeur de la rue de Riboutté est de 9 m. 74, Cette largeur a été maintenue par une ordonnance Royale du 23 août 1833.

Les n⁰ˢ 7 et 9 de la rue Riboutté seront expropriés (le n° 9 correspond au n° 19 de la rue Montholon).

Un square, de forme rectangulaire et d'une superficie de 4,800 mètres environ, sera établi sur le côté gauche de la rue de **La Fayette**, prolongée au droit du carrefour qui doit exister à la rencontre de cette voie avec les rues Montholon, Papillon et Riboutté. Il sera circonscrit d'un côté par la rue de La Fayette, et des autres côtés par trois rues d'isolement de 12 m. de largeur, et partant des deux angles du fond; pour correspondre d'un côté avec la rue Rochechouart, de l'autre avec la rue Bellefond.

RUE BLEUE.

Elle portait, dans l'origine, le nom de rue d'Enfer. Le vacarme que faisaient les soldats rentrant à leur caserne de la Nouvelle-France, après avoir fait aux Porcherons de copieuses libations, lui avait valu cette dénomination.

En 1802, M. Story fonda une manufacture de boules bleues dans cette localité, qui prit alors le nom de rue Bleue.

Une décision ministérielle du 18 messidor an IX, signée Chaptal, et une ordonnance Royale du 23 août 1833, ont fixé la moindre largeur de la rue Bleue à 10 m. Les maisons n⁰ˢ 18, 20, 22, 24, 26, 28, 30, 32, 34, 36, 29, 33 et 35 seront expropriées.

La maison n° 20 doit être démolie pour le prolongement de la rue de Trévise jusqu'à la rue de La Fayette, prolongée.

PASSAGE SAULNIER.

Ce passage a été construit en 1787 par Rigoulot Saulnier. Sa largeur est de 7 mètres 50 centimètres.— Les n°° 24 et 27 seront expropriés.

RUE ROCHECHOUART.

Au commencement du dix-huitième siècle, c'était un chemin sans dénomination. Le plan publié en 1756, par l'abbé de la Grive, lui donne le nom de rue Rochechouart, qu'elle doit sans doute à Marguerite de Rochechouart de Montpipeau, abbesse de Montmartre, morte en 1727. Conformément à une décision ministérielle du 24 prairial an X, signée Chaptal, la moindre largeur de la rue Rochechouart est fixée à 11 mètres.

Comme on l'a vu plus haut, les maisons n°° 14 et 16 seront expropriées.

RUE CADET.

C'était originairement le chemin de la voirie. Elle doit le nom qu'elle porte à M. Cadet de Chambine, administrateur habile et propriétaire de vastes terrains sur lesquels l'ancien chemin fut élargi vers le milieu du siècle dernier. Une ordonnance Royale du 8 juin 1845 a fixé la moindre largeur de la rue Cadet à 10 m.

Les n°° 11, 13, 15, 17, 19, 21, 23, 25, 30, 32, 34 et 36 seront expropriés.

PASSAGE DES DEUX-SŒURS.

Il a été formé à la fin du siècle dernier. On le nomma successivement impasse des Chiens et Coypel. Il doit sa dénomination actuelle aux deux sœurs Deveau. Sa largeur est de 3 mètres 50.

RUE BUFFAULT.

Lettres patentes... Louis, Roi de France, etc... Avons ordonné ce qui suit :

Art. 1er. Il sera ouvert aux frais du sieur Lenoir, sur un terrain par lui acquis à titre de bail emphytéotique des religieuses et administratrices de l'hôpital de Sainte-Catherine, une rue de 30 pieds de largeur, laquelle sera nommée *rue Buffault*, etc.

Art. 2. Ladite rue sera établie aux frais dudit sieur Lenoir, et sur la demande du sieur Pigeot de Carcy ; le pavé d'icelle sera fait pour la première fois à leurs dépens, etc.

Donné à Versailles, le 4 juillet 1777.

Signé : Louis.

Jean-Baptiste Buffault, chevalier de l'ordre du Roi, son conseiller en l'Hôtel de Ville de Paris, fut trésorier honoraire et Échevin de 1787 à 1789.

Les maisons 1, 3, 5, 7, 13, 15, 12, 14, 16, 18, 20, 22 et 24 seront expropriées.

RUE DU FAUBOURG-MONTMARTRE.

Ce n'était encore qu'un chemin vers la fin du siècle dernier ; il prit son nom de la rue Montmartre qu'il continue. Une ordonnance Royale du 10 mai 1840, a fixé la moindre largeur de la rue du Faubourg-Montmartre à 15 mètres.

Au n° 60 était située la *chapelle Saint-Jean*. Bâtie vers 1760, cette chapelle dépendait du cimetière de la paroisse Saint-Eustache. Supprimée en 1793, elle fut vendue comme propriété nationale le 14 messidor an V. Rachetée par la Ville de Paris, on y transféra lors de la démolition de la chapelle des Porcherons, le culte de Notre-Dame-de-Lorette. Cette chapelle a été remplacée en 1846 par une école communale.

Les maisons n° 50 et 52 seront expropriées.

Nous ne nous occupons dans cet article que du véritable prolongement de la rue de La Fayette jusqu'à la rue de la Chaussée-d'Antin. A cet endroit, la rue de La Fayette rencontrera la voie d'embranchement qui est déjà en partie ouverte entre la rue de la Chaussée-d'Antin et la place ménagée au devant de la nouvelle salle de l'Opéra, en exécution du décret du 14 novembre 1858.

Cette section du prolongement de la rue de La Fayette a 490 mètres de parcours. Le tracé coupera la rue de la Victoire, traversera les rues Chauchat, Laffitte, de Provence et Taitbout, dont nous allons rappeler l'origine.

RUE DE LA VICTOIRE.

Première partie, comprise entre la rue du Faubourg-Montmartre et celle de la Chaussée-d'Antin.

Vers **1680**, c'était la *ruellette aux marais des*

Porcherons. En 1734, la *ruelle des Postes*. Plus tard, elle prit le nom de rue *Chantereine*.

« Séance du 8 nivôse an VI. — L'administration centrale du département, considérant qu'il est de son devoir de faire disparaître tous les signes de royauté qui peuvent encore se trouver dans son arrondissement. Voulant aussi consacrer le triomphe des armées françaises par un de ces monuments qui rappellent la simplicité des mœurs antiques. Ouï le commissaire du Pouvoir exécutif, arrête que la rue Chantereine prendra le nom de rue de la *Victoire*. » (Registre 18, p. 86.)

Une décision ministérielle du 3 ventôse an X, signée Chaptal, fixa la largeur de cette voie publique à 8 mètres. En 1816 elle reprit le nom de *Chantereine*.

Paris, le 25 novembre 1833.

« Monsieur le Préfet, j'ai pris connaissance de la lettre du 21 octobre dernier, par laquelle vous proposez de rendre à la rue Chantereine le nom de rue de la *Victoire*, qu'elle reçut de l'Autorité municipale, à l'époque où Napoléon, général en chef de l'armée d'Italie, vint habiter l'hôtel qu'il possédait dans cette rue, lorsqu'il apporta au Directoire le traité de Campo-Formio. Cette dénomination, qu'elle a conservé jusqu'en 1816, était un hommage rendu à la mémoire d'un grand homme, et je ne puis qu'applaudir à la proposition que vous avez faite de la rétablir.

» Recevez, etc.

» Le Ministre du Commerce et des Travaux publics,

» *Signé :* THIERS. »

En vertu d'une ordonnance Royale du 18 janvier 1848, la largeur de cette voie publique devra être portée à 12 mètres.

Deuxième partie, depuis la rue de la Chaussée-d'Antin jusqu'à la rue Joubert.

Une ordonnance Royale du 8 septembre 1847, a autorisé MM. Dufaud, de Raigecourt et Noël, à ouvrir sur leurs terrains cette rue, dont la largeur est de 12 mètres. L'autorisation a été accordée à la charge par ces propriétaires de se conformer aux clauses et conditions énoncées dans les délibérations du Conseil Municipal des 12 août 1846 et 11 juin 1847.

Dans la maison n° 43 demeurait et est mort, en 1806, le célèbre naturaliste *Michel Adanson*.

L'hôtel du n° 44 a été bâti pour mademoiselle *Dervieux*, actrice de l'Opéra. Il appartint ensuite au banquier belge *Vilain XIIII*, qui le vendit à Louis-Bonaparte : dans la suite, la légation des États-Unis s'y installa.

Au n° 46 était le *Théâtre des Troubadours* ou des Victoires nationales, puis théâtre Olympique, remplacé plus tard par une maison de bain.

Au n° 60, à l'extrémité d'une large et belle avenue, s'élève, au milieu d'un grand jardin, un hôtel bâti par Ledoux, pour le marquis de Condorcet. En 1791, cet hôtel était la propriété de Julie Carreau, lorsqu'elle épousa Talma.

A son retour de l'armée d'Italie, le général Bonaparte acheta cet hôtel, moyennant 180,000 fr., et c'est de là qu'il partit pour frapper le coup d'État du 18 brumaire.

Comme nous l'avons dit plus haut, les n°ˢ 7, 9, 11, 13, 15, 17, 19, 16, 18 et 20 de la rue de la Victoire seront expropriés.

RUE CHAUCHAT.

Des lettres patentes du 7 mai 1779, enregistrées au Parlement le 29 juillet suivant, autorisèrent Jean-Joseph de Laborde, seigneur de la Ferté, vidame, conseiller, secrétaire, maison, couronne de France et des finances, à ouvrir sur ses terrains une rue de 30 pieds de largeur, qui serait nommée rue *Chauchat*, et communiquerait de la rue Chantereine (aujourd'hui rue de la Victoire) à celle de Provence. Ce percement fut exécuté en octobre 1779.

Le 27 juillet 1793 (an II de la République), le Corps Municipal, sur la demande de la citoyenne Boulanger, veuve Pinon, et du citoyen Thévenin, copropriétaires d'un terrain situé entre les rues Pinon (aujourd'hui Rossini) et de Provence, leur accorda l'autorisation d'ouvrir une nouvelle communication de 30 pieds de largeur, en prolongement de la rue Chauchat jusqu'à la rue Pinon. Cette autorisation, confirmée par un arrêté du Département de Paris, en date du 8 octobre 1793, n'eut point alors de suite. Ce projet, repris en 1821, donna lieu à une décision ministérielle du 27 janvier de cette année, qui fixa la largeur de ce prolongement à 9 mètres 75. — Enfin, une ordonnance Royale du 3 octobre suivant autorisa le Préfet de la

Seine, au nom de la Ville de Paris, à acquérir les portions de terrains nécessaires à l'exécution de ce projet. Ces acquisitions furent faites aussitôt. La largeur assignée à cette partie de la rue Chauchat fut de 12 mètres. — Une ordonnance Royale du 27 octobre 1847 a maintenu cette largeur de 12 mètres, et celle de 30 pieds (9^m74) assignée à l'autre partie de la rue Chauchat. Les propriétés riveraines sont alignées, à l'exception de celle n° 8.

Chauchat (Jacques), écuyer, avocat au Parlement, conseiller du Roi, quartinier, fut élu Échevin le 17 août 1778, sous la Prévôté de M. de Caumartin. Il exerça cette fonction jusqu'en 1780.

Dans cette rue, au n° 6, est située la nouvelle *église évangélique de la Rédemption.* Cette église, qui occupe une partie des anciens bâtiments de la halle de l'Octroi, a été inaugurée le 25 juin 1843, jour anniversaire de la présentation de la confession d'Augsbourg à l'empereur Charles-Quint.

RUE LAFFITTE.

Première partie, comprise entre le boulevard et la rue de Provence.

« Louis, etc… Notre amé et féal secrétaire Jean-Joseph de Laborde, propriétaire de son chef de terrains situés en notre bonne ville de Paris, entre la rue neuve Grange-Batelière et la Chaussée-d'Antin, et d'un autre bout sur l'égout d'entre le faubourg Montmartre et la Chaussée-d'Antin, et comme subrogé au droit du sieur Bouret de Vezelay, auquel la Ville a concédé la propriété de la superficie du grand égout en toute sa largeur, entre le ponceau de la Chaussée-d'Antin et la partie déjà voûtée du faubourg Montmartre, nous aurait fait exposer que les terrains dont il est propriétaire sont devenus par l'extension successive de la ville, propres à former des habitations aussi commodes qu'agréables et utiles, la proximité du quartier, la pureté de l'air et la promenade des remparts, y faisant désirer à nombre de citoyens d'y établir leur demeure ; mais que ces terrains n'étant traversés d'aucune rue et n'y ayant aucun débouché commode entre le faubourg Montmartre et la Chaussée-d'Antin, ils ne pourroient être divisés en portions de grandeur convenable à ceux qui voudroient en acquérir et y bâtir d'une manière proportionnée à leurs facultés et à leurs besoins, et qu'en concourant par le d. exposant à la décoration de la Ville et à la commodité du public, il retireroit un plus grand avantage de ses terrains, s'il nous plaisoit lui permettre d'ouvrir deux rues nouvelles, etc...; à ces causes...; voulons et nous plaît ce qui suit :

» Art. 1ᵉʳ. Il sera ouvert aux frais du sieur de Laborde, deux rues de 30 pieds de large chacune, conformément à notre déclaration du 16 mai 1765, l'une qui sera nommée rue d'*Artois*, à travers ses terrains à prendre du rempart de la d. ville, en face de la nouvelle rue de Grammont et qui ira aboutir sur l'égout, et l'autre qui sera nommée rue de *Provence*, sur le terrain du d. égout, à prendre de la Chaussée-d'Antin au faubourg Montmartre, etc.

» Art. 2ᵉ. L'ouverture desdites deux rues et le pavé

d'icelles, pour la première fois étant établi aux frais du dit sieur de Laborde ou ayans causes...

» Donné à Versailles, le 15ᵉ jour du mois de décembre, l'an de grâce 1770, et de notre règne le 56ᵉ.

» *Signé* : LOUIS. »

Ces lettres patentes furent enregistrées au Parlement le 6 septembre 1771, et reçurent leur exécution au mois de décembre de la même année. En 1792, la rue d'Artois quitta cette dénomination pour prendre celle de rue *Cerutti*, en mémoire de Joseph-Antoine Cerutti, jésuite, né en Piémont le 13 juin 1738, mort à Paris le 3 février 1792, et qui fut membre de la Commune de Paris et député à l'Assemblée législative. Son hôtel était situé dans la rue d'Artois, à l'encoignure du boulevard ; il a été démoli en 1839, et remplacé par la *maison dorée.*

Une décision ministérielle du 18 vendémiaire an VI, signée Letourneux, et une ordonnance Royale du 27 octobre 1847, ont maintenu la largeur assignée à cette voie publique par les lettres patentes précitées. — En vertu d'un arrêté préfectoral du 27 avril 1814, elle reprit la dénomination de rue d'Artois.

Deuxième partie, comprise entre les rues de Provence et de la Victoire.

Une ordonnance Royale du 30 juillet 1823 porte :

« Art. 1ᵉʳ. Le sieur Berchut est autorisé à ouvrir sur les terrains qui lui appartiennent une rue qui formera le prolongement de la rue d'Artois à Paris, sur une même largeur de 9 mètres 74 (30 pieds), etc. »

I.

Cette ordonnance fut immédiatement exécutée. L'emplacement traversé par ce percement était occupé par l'*hôtel Thélusson*, vendu par le domaine de l'État au sieur Berchut.

Troisième partie, comprise entre les rues de la Victoire et Ollivier.

Elle a été formée en vertu d'une ordonnance Royale du 21 juillet 1824, relative aux abords de l'église Notre-Dame-de-Lorette. Sa largeur est de 13 mètres.

En 1830, la rue d'Artois prit dans toute son étendue la dénomination de rue *Laffitte*.

Les nᵒˢ 42 et 44 de la rue Laffitte seront expropriés.

Jacques *Laffitte*, né à Bayonne en 1767, entra en 1788 dans la maison Perregaux, banquier, dont il devint, en 1804, l'associé, puis le successeur, enfin l'exécuteur testamentaire. En 1809, M. Laffitte fut nommé régent de la Banque de France, et succéda à M. Dupont de Nemours dans la présidence de la chambre de Commerce de Paris. En 1814, il remplaça M. le comte Jaubert en qualité de gouverneur de la Banque. En 1816, il fut élu député de la Seine et réélu jusqu'en 1830. On sait la part que prit M. Jacques Laffitte à la révolution de Juillet. Il mourut le 26 mai 1844.

RUE DE PROVENCE.

Elle a été ouverte, en 1771, aux frais du sieur Jean-Joseph de Laborde, sur le terrain du grand égout. Les lettres patentes d'autorisation sont du 15 décembre 1770. La largeur de cette voie publique, fixée à

30 pieds, fut maintenue par deux décisions ministérielles des 20 mars 1813 et 21 mai 1823. En vertu
d'un décret du Président de la République, L. N. Bonaparte, du 16 juillet 1849, cette largeur sera portée à
12 mètres.

Le nom assigné à cette voie publique est celui de
Louis-Stanislas-Xavier, *comte de Provence*, né à Ver-
sailles le 17 novembre 1755, qui régna sous le nom de
Louis XVIII, et mourut le 16 septembre 1824.

La maison n° 14 rappelle un triste souvenir. Sur
le toit de cette maison l'intrépide aéronaute, madame
Blanchard fut précipitée et perdit la vie dans la soirée
du 6 juillet 1819.

Entre la rue Taitbout et celle de la Chaussée-d'Antin,
était situé l'hôtel de madame de *Montesson*, femme aimable, spirituelle et bienfaisante, que le duc d'Orléans,
aïeul du roi Louis-Philippe, avait épousée secrètement
le 24 août 1773. Il y avait dans cet hôtel princier un
théâtre dont l'ouverture eut lieu en 1763. On y donna
de brillantes représentations jusqu'à l'époque de la
mort du duc d'Orléans, en 1785. Madame de Montesson
mourut aussi dans cet hôtel, en 1806; mais déjà sa magnifique propriété avait successivement passé dans les
mains du fournisseur Ouvrard et du banquier Michel.
En 1810, l'hôtel de Montesson était occupé par l'am-
bassade d'Autriche. Le 1er juillet de cette année, le
prince de Schwartzemberg y donna une grande fête à
l'occasion du mariage de Napoléon avec Marie-Louise.
Le rez-de-chaussée de l'hôtel ne se trouvant pas assez
vaste, l'architecte du prince avait fait élever dans le

jardin une immense salle construite en bois, à laquelle on arrivait par une galerie aussi légèrement bâtie. Les plafonds de cette galerie, couverts d'un papier verni, étaient décorés de peintures et d'ornements, ils n'avaient pour supports que des charpentes. Un lustre énorme, suspndue au milieu de la grande salle, éclairait tout le bal; les deux côtés des galeries et le pourtour de la salle étaient éclairés par des demi-lustres appliqués contre la muraille.

La fête commença par des danses, exécutées dans le jardin par les premiers artistes de l'Opéra, au milieu d'une superbe illumination. Les invités se rendirent ensuite dans la salle de bal, où l'on dansait depuis une heure, lorsqu'un courant d'air agitant un des rideaux placés aux croisées de la galerie de bois, le poussa contre les bougies. Aussitôt ces rideaux s'enflamment, le feu se communique au plafond; en moins de trois minutes l'incendie a gagné toute la salle. Le grand lustre tombe et se brise avec fracas; la foule se presse, s'entasse et s'étouffe par ses propres efforts. Bientôt le parquet s'entr'ouvre, et de nombreuses victimes sont écrasées ou dévorées par le feu qui ronge toute la salle.

Le nombre des personnes qui périrent fut considérable. La princesse de Schwartzemberg fut de ce nombre. Elle était parvenue à s'échapper; mais, inquiète sur le sort d'un de ses enfants, elle rentre dans la salle, et meurt asphyxiée en cherchant à gagner une porte qui communiquait avec l'hôtel.

Cet incendie causa dans Paris une grande émotion.

Il fut regardé comme un présage funeste, que l'avenir ne justifia que trop cruellement.

L'hôtel Montesson a été morcelé depuis. Sur une partie de son emplacement, la compagnie Delaunay a construit, de 1829 à 1830, la cité d'Antin.

Les n°s 24, 26, 28, 30, 32, 34 et 36 de la rue de Provence seront expropriés.

RUE TAITBOUT.

Première partie, comprise entre le boulevard et la rue de Provence.

« Louis... Par arrêt cejourd'hui rendu en notre Conseil d'État, nous y étant, sur la requête de notre cher et bien amé Jacques-Louis-Guillaume Bouret de Vezelay, trésorier général de l'artillerie et du génie, etc., ordonnons ce qui suit :

» Art. 1er. Il sera ouvert, aux frais du sieur Bouret de Vezelay, une rue de 30 pieds de largeur, dans le terrain par lui acquis, à titre d'emphytéose, des religieux Mathurins, au quartier du Faubourg-Montmartre, laquelle aboutira d'un bout sur le rempart de la Ville, en face la rue de Grammont, à travers un terrain dont ledit sieur Bouret de Vezelay est propriétaire, et par l'autre bout dans la rue de Provence, *formant un coude dans le milieu* ou environ de sa longueur, et au surplus alignée droite et les deux côtés parallèles.

» Art. 2. Voulons que ladite rue soit nommée rue *Taitbout.*

» Donné à Compiègne le 13e jour d'août 1773, et de notre règne le 58e.   » *Signé,* LOUIS. »

L'exécution de ces lettres patentes rencontra une assez vive résistance de la part des trésoriers de France, en ce qui concernait le coude à former au milieu de la nouvelle rue. Ces lettres furent néanmoins enregistrées au Parlement le 25 février 1775, et la rue Taitbout fut tracée et ouverte le 4 octobre de la même année, conformément aux dispositions arrêtées par le Roi. Mais les trésoriers de France obligèrent M. Bouret de Vezelay à former une autre branche de rue qui, partant du coude de la rue Taitbout, devait aboutir au rempart. M. Bouret de Vezelay se soumit à cette condition, mais n'étant point propriétaire de tous les terrains que devait traverser le percement, il ne put établir qu'une impasse qui prit le nom d'*impasse Taitbout*, et qui, plus tard, au moyen de son prolongement jusqu'au boulevard des Italiens, est devenue la rue du Helder.

Une décision ministérielle du 10 prairial an XII, signée Chaptal, et une ordonnance Royale du 16 avril 1831, ont maintenu la largeur primitive de la rue Taitbout.

M. *Taitbout* était greffier au bureau de la Ville en 1775.

Deuxième partie, comprise entre les rues de Provence et de la Victoire.

« Louis,... Nous avons ordonné et ordonnons ce qui suit : Il sera ouvert aux frais du sieur de la Boulaye, et sur le terrain qui lui appartient au faubourg Montmartre, entre les rues de Provence et de Chantereine, une nouvelle rue nommée rue du *Houssay*, laquelle aura 30 pieds de largeur, et sera dirigée pour avoir son ouverture sur ladite rue de Provence, en face de la rue Taitbout, et son débouché sur ladite rue Chantereine, à 30 pieds ou environ du côté du couchant de la rue des Trois-Frères, etc.

» Donné à Versailles le 17e jour de février de l'an de grâce 1781 et de notre règne le 7e.

» *Signé* Louis. »

Ces lettres patentes, registrées au Parlement le 27 mars suivant, reçurent leur exécution au mois de mai de la même année.

Une ordonnance Royale du 16 avril 1831 a maintenu la largeur primitive de cette rue, qui dut son nom à l'un des membres de la famille Le Peletier du *Houssay*. En vertu d'une décision ministérielle du 25 août 1853, la rue du Houssay a été réunie à la rue Taitbout.

Troisième partie, comprise entre la rue de la Victoire et la rue Saint-Lazare.

Des lettres patentes du 25 octobre 1777 autorisèrent M. Jean-Louis Magny de Maisonneuve, avocat au Parlement, à ouvrir sur ses terrains une rue de 30 pieds de largeur entre les rues Chantereine (de la Victoire) et Saint-Lazare. Ces lettres patentes, qui donnaient à ce percement le nom de rue des *Trois-Frères*, furent registrées au Parlement le 14 avril 1778, et l'alignement tracé le 3 septembre suivant. — En 1781, cette rue n'était pas encore bordée de constructions. A cette époque, le sieur Duée de la Boulaye, propriétaire de terrains situés en face du nouveau percement, conçut le projet de prolonger la rue des Trois-Frères jusqu'à celle de Provence ; mais, pour arriver à l'exécution de ce projet, il demanda que la direction de la rue des Trois-Frères fût légèrement modifiée. Des lettres patentes du 17 février 1781 autorisèrent le sieur de la la Boulaye à ouvrir une rue sous la dénomination de rue du *Houssay*, et prescrivirent en ces termes le changement de direction de la rue des Trois-Frères :

« Art. 2. Dérogeant à ce qui est contenu en nos lettres patentes du 25 octobre 1777, nous ordonnons que le débouché de la rue des Trois-Frères sur la rue Saint-Lazare demeurera dans le même état que celui qui a été fixé, et que celui de la rue Chantereine soit reporté de 30 pieds ou environ du côté du couchant, pour arriver en face de la nouvelle rue du Houssay. Annulons les procès-verbaux, opérations et plans qui ont été faits ; en conséquence, il sera procédé de nouveau à l'ouverture de ladite rue, sous la même autorisation et en conformité de ce qui est prescrit au présent article et au plan attaché sous le contre-scel de notre chancellerie, etc. »

Conformément à ces nouvelles lettres patentes, la rue des Trois-Frères fut définitivement ouverte et construite. Une ordonnance Royale du 16 avril 1831 a maintenu la largeur de 30 pieds. Conformément à la décision ministérielle précitée du 25 août 1853, la rue des Trois-Frères a été réunie à la rue Taitbout.

Quatrième partie, comprise entre la rue Saint-Lazare et celle d'Aumale.

Conformément à l'ordonnance Royale du 14 septembre 1846, autorisant l'ouverture de la rue d'Aumale, M. Pazzis, l'un des concessionnaires, était tenu de ménager sur sa propriété l'emplacement nécessaire au prolongement de la rue des Trois-Frères (aujourd'hui rue Taitbout). Cette partie réservée forma impasse dans une longueur de 49 mèt. 50 sur 12 mètres de largeur. Un décret impérial du 10 avril 1854 déclara d'utilité publique l'exécution du prolongement de cette impasse jusqu'à la rue Saint-Lazare, et accepta la proposition faite par M. Fouquer, de céder gratuitement sur sa propriété le terrain nécessaire au passage de la nouvelle voie. Par suite, la Ville n'eut à exproprier qu'un seul immeuble (la cour d'Orléans). Cette expropriation a eu lieu en 1855, mais une partie des constructions a été laissée en saillie de 2 mètres environ sur l'alignement.

Tels sont les documents administratifs et historiques se rattachant au véritable prolongement de la rue de La Fayette.

Prochainement nous nous occuperons de l'embranchement sur la rue Ollivier, en publiant une réduction du plan officiel, de manière à permettre à nos lecteurs une appréciation exacte de l'ensemble des percements qui intéressent cette partie du 9e arrondissement actuel de la ville de Paris.

EXPROPRIATION POUR CAUSE D'UTILITÉ PUBLIQUE

La Cour de cassation (chambre des requêtes) vient de statuer sur la grave question de savoir si l'expropriation d'un immeuble pour cause d'utilité publique résout de plein droit les baux et autorise les locataires à réclamer l'indemnité de privation de jouissance, quoique l'Administration expropriante consente à maintenir cette jouissance pour toute la durée.

Le tribunal de première instance de la Seine, dans l'une des nombreuses instances auxquelles cette difficulté a donné lieu, a résolu la question négativement. Il a donné gain de cause à la Ville.

La chambre des requêtes, saisie de la même question par un pourvoi contre un arrêt rendu par la Cour impériale de Paris, le 7 mai 1861, vient de la juger en sens contraire. Son arrêt peut se résumer dans la proposition suivante :

L'expropriation d'un immeuble pour cause d'utilité publique emporte déjà *ipso facto* la résolution des baux, et, en conséquence, s'ouvre au moment même pour les locataires le droit de réclamer l'indemnité afférente à la privation de leur jouissance. Il en est ainsi alors même que l'expropriant (le Préfet de la Seine dans l'espèce) offre de maintenir et d'exécuter les baux jusqu'à leur expiration. Le locataire a le droit de refuser cette offre, qui aurait pour résultat, si elle était acceptée, de substituer à une jouissance certaine, pleine, entière, une jouissance précaire, car le **Préfet de la Seine** n'a pas capacité en matière d'utilité publique pour lier l'Administration par son consentement.

***

ENQUÊTE POUR LE CHEMIN DE FER DE CEINTURE

RIVE GAUCHE

13ᵉ ARRONDISSEMENT.

Le chemin de fer de ceinture rive droite, après avoir traversé le pont Napoléon, à Bercy, s'incline à droite pour se raccorder avec le chemin de fer d'Orléans ; c'est à ce point d'inclinaison , immédiatement après la traversée du pont Napoléon, que commence le projet soumis à l'enquête.

Le chemin de fer de ceinture rive gauche suit presque parallèlement les fortifications jusqu'à la rue des Malmaisons, en traversant :

Le chemin de fer d'Orléans.

Le chemin du Chevaleret.

Le chemin de la Croix-Jarry.

Le sentier des Berges.

Le sentier des Chamaillards.

Les terres au Curé.

La rue du Château-des-Rentiers.

Le Moulin-Neuf.

La route de Paris à Ivry.

La Pointe.

La route de Paris à Choisy.

Et prend entièrement la rue des Malmaisons.

En cet endroit, la voie fait un coude pour se diriger en ligne droite vers la rue de la Glacière, en traversant:

Les Malmaisons.

La route de Fontainebleau.

La rue du Bel-Air.

La rivière de Bièvre.

Le chemin des Peupliers.

La rue du Pot-au-Lait.

La fontaine aux Clercs.

Et aboutit à la rue de la Glacière, limite du 13ᵉ arrondissement.

14ᵉ ARRONDISSEMENT DE MONTROUGE.

La voie ou chemin de fer traverse la rue de Glacière et entre dans le 14ᵉ arrondissement ; elle décrit entre cette rue et l'aqueduc d'Arcueil un arc de cercle pour après se diriger en ligne droite vers la route d'Orléans, en traversant :

1° Le chemin de fer de Sceaux par un passage par-dessus de 15 mètres de largeur.

2° Le chemin des Prêtres, par un passage par-dessus de 12 mètres de largeur.

3° L'ancienne route d'Orléans en souterrain.

4° La voie verte, par un passage par-dessus de 12 mètres de largeur.

5° Et arrive à la route d'Orléans.

Dans ce parcours, elle traverse souterrainement le terrain militaire, situé entre le chemin des Prêtres et l'ancienne route d'Orléans.

Avant d'arriver à la route d'Orléans, dans la partie comprise entre la voie verte et cette route, une gare d'évitement longée d'une rue sera établie sur la droite de la voie, et une rue de 12 mètres de largeur sera ouverte sur la gauche.

La voie traverse ensuite la route d'Orléans, par un passage par-dessus de 31 mètres 50 de largeur, et se prolonge en ligne droite jusqu'au chemin de fer de l'Ouest, limite du 14ᵉ arrondissement, en traversant :

1° L'avenue du Grand-Montrouge, par un passage par-dessus de 14 mètres de largeur.

2° La route de Châtillon, par un passage par-dessus de 20 mètres de largeur.

(Dans la partie comprise entre les routes d'Orléans et de Châtillon, une rue de 12 mètres de largeur latérale à la voie sera ouverte à sa gauche.)

3° Le chemin des Plantes, par un passage par-dessus de 12 mètres de largeur.

4° Le chemin des Mariniers, par un passage par-dessus de 4 mètres de largeur.

5° La rue de Vanves, par un passage par-dessus de 15 mètres de largeur.

Et aboutit au chemin de l'Ouest.

Dans la partie comprise entre la rue de Vanves et le chemin de fer de l'Ouest, une rue latérale de 12 mèt. de largeur sera ouverte sur la droite de la voie.

Tableau indicatif des propriétés atteintes.

Impasse Vérel, Frechiusholz, propriétaire, 0 are 41 centiares de superficie; Chauvelot, prop., 0. 35; Laurans, prop., 2. 50; id., 11, Mahet, prop., 1. 82; id., 9, Cosson, prop., 1. 43; Heck, prop., 0. 66; id., 67, Giaccordo, prop., 0. 28; Legendre, prop., 0. 09; id., 10, demoiselle Trélu, prop., 0. 03; id., 8, Gano, prop., 0. 51; id., 6, Robin, prop., 0. 99; id., 4, Tahart, prop., 2. 17; id., 2, Lecœur, prop., 3. 86.

Rue de Vanves, 23, Gentil, propriétaire, 2 ares 81 centiares.

Les Sillonnettes, Robert, représenté par M. Deville, propriétaire, 4 ares 30 centiares.

La Garenne, Fréchiusholz, propriétaire, 0 are 31 centiares; Robert, prop., 40. 23; Larmeroux, prop., 0. 72; veuve Pernetty, prop., 2. 35; Decaux, prop., 4. 42; Bailly, prop., 4. 94; Petit, prop., 3. 16; Michau, prop., 4. 80.

La Garenne ou sentier des Mariniers, Noirot, propriétaire, 18 ares 4 centiares; Robert, prop., 1. 58; veuve Pernetty, prop., 1. 67; Levé, prop., 2. 31; Scelle, prop., 3. 42; Administration de l'Assistance publique, prop., 39. 78.

Les Mariniers, Plet, prop., 4. 58; Auvry, prop., 4. 88; Viellard, prop., 4. 31; Scelle, prop., 28. 18; Camus. prop., 5. 78.

Les Hanapeaux, Robert, prop., 10. 55; Camus, prop., 27. 05.

Chemin des Plantes, demoiselle Granger, prop., 6. 58; Petit, prop., 9. 63; Diot, prop., 3. 44; Bourdelet, prop., 1. 81.

Route de Châtillon, 62, Legrain, prop., 28. 91.

Chemin des Plantes, 75, Pujol, prop., 4. 66.

Route de Châtillon, 60, Pujol, prop., 6. 65; id., 58, Scelle, prop., 3; id., 39, Guérin, prop., 25. 72.

Avenue du Grand-Montrouge, 28, Garnier, prop., 4. 20; id., 30, Houllier, prop., 3. 98; id., 21 et passage, 6, Sarrazin, prop., 1. 36; id., 21 et passage, 4, dame Dubois, prop., 2. 22; id., 21, Sanguin. prop., 2. 21; id. et passage, 1, Sarrazin, prop., 1. 76; id. et passage 2, Gangniau, prop., 1, 49; id. et passage, 3, Sarrazin, prop., 1. 47.

Route d'Orléans, 124 *bis*, Corbel, prop., 5. 98; id., 124, Sarrazin, prop., 0. 62; id., Lajou, prop., 2. 10; id., 126, Sarrazin, prop.. 3. 82; id. et rue de Montsouris, administration de l'Assistance publique, prop., 44. 95; Plet, prop., 0. 04.

Rue de Montsouris, Poussineau, prop., 1. 12; Granger, prop., 0. 27; Garcin, prop., 0. 41; Poulizac, prop., 0. 38; Lefur, prop., 0. 48; Camus, prop., 1. 83; Sarrazin et Camus, prop., 18, 59; id., 7, Doré, prop., 0. 03; Sarrazin, prop., 0. 06; id,, 5, Vaugeois, prop., 0. 12; id., 3, veuve Bouclier, prop., 0. 19; id., 1, Bordelle, prop., 0. 27.

Le Montsouris, ou ancienne route d'Orléans, Camus, propriétaire, 3 ares 27 centiares.

Les Hautes-Bornes, domaine de l'État, prop., 27. 69; Scellé, prop., 0. 07; Pierre de Beauchef, baron de Survigny, prop., 10. 32.

Chemin des Prêtres, 79, veuve Dunand, prop., 0. 16; id., 81, Billaud, prop., 1. 16; id., 83, Delamarre, prop., 1. 95.

Impasse du Méridien, Radiguez, prop., 5. 38; Gourdeau, prop., 0. 75; Hardnorff, prop., 0. 13; Auvry, prop., 1. 56; demoiselle Vallet, prop., 0. 94.

La Cybelle, Auvry et Morand, prop. indivis, 6. 33; Lavenant, prop., 12. 13 ; Auvry, prop., 3. 109 ; Scellé, prop., 32. 12 ; Guérard, prop., 11. 10 , Hardivilliers, prop., 0. 81 ; administration de l'Assistance publique, prop., 3. 81.

Rue de la Glacière, n° 110, Robine, prop., 35. 28; id. 116, Dagousset, prop., 4. 30 ; id., 118, Labouret, prop., 0. 15.

Emprises supplémentaires.

Impasse Vérel, Laurens, prop., 0. 08; id., n° 7, Giaccordo, prop., 0. 13 ; id., n° 5, Legendre, prop., 0. 12; Achart, prop., 0. 4 ; id., n° 14, Servel, prop., 0. 27; id., n° 12, Gaudest, prop., 0. 50; id., n° 10, demoiselle Trélu, prop., 0. 72; id., n. 8, Gano, prop., 1. 47 ; id., n. 6, Robin, prop., 1. 16 ; id., n. 4, Tabart, prop., 0. 74; id., n. 2, Lecœur, prop., 0. 14.

Les Sillonnettes, Robert, représenté par M. Deville, prop., 6. 66.

Chemin des Plantes, Demoiselle Granger, prop., 2. 34: id., n. 3, Petit, prop., 3. 96; id., n. 5, Diot, prop., 1. 34 ; id., n. 7, Beurdelet, prop., 4. 198.

Route de Châtillon, n. 39, Guérin, prop., 22. 30.

Avenue du Grand-Montrouge, n. 32, Lebordais, prop., 2. 72; id., 30, Houillier, prop., 1. 10; id., 21, Sanguin, prop., 0. 32 ; id. et passage n° 1, Sarrazin, prop., 0. 29; id. et passage n° 2, Gangniau, prop., 0. 30.

Route d'Orléans, 124 bis, Corbelle, prop., 0.38 ;
id., 126, Sarrazin, prop., id., 128, Sanguin, 14. 38 ;
id. ou Monsouris, administration de l'Assistance publique, prop., 14. 52 ; Plet, prop., 3. 60.

PLAN DE PARIS

DE 1830 A 1848.

Alignements. — Élargissements.

Ce n'est pas seulement en fait de politique qu'on se prend parfois à exalter les devanciers. Il ne manque pas de gens, vrais fanatiques du passé, Jérémies versant de tendres larmes sur le présent, qui prennent la voix de Cassandre pour prophétiser la ruine dans l'avenir. A l'aspect du Louvre achevé, ils ont une pensée de regret pour les clôtures de planches qui le déshonoraient. Ceux-là même qui trouvaient qu'anciennement l'on ne faisait pas assez, disent aujourd'hui que l'on entreprend trop ; et si malgré eux ils se voient forcés de reconnaître la grande pensée qui préside à la rénovation de Paris, ils louent en faux bonshommes.

Parmi tant de voix qui s'élèvent pour ou contre les administrations en général, on doit placer en première ligne la nombreuse phalange des intéressés qui jugent non pas avec leurs yeux et leur conscience, mais selon les avantages et les inconvénients qui en résultent pour leurs propriétés ; puis vient la population nomade qui

1.

contrôle les actes de l'autorité, suivant ses lumières, ses passions ou ses opinions politiques.

Nous qui connaissons l'administration municipale de Paris, qui l'avons vue à l'œuvre et pendant longues années, nous essayerons de dire ce qu'elle a été, ce qu'elle est, et sans nous faire le contempteur outré du passé, nous ne craindrons pas d'être au besoin l'avocat du présent. Pour bien juger l'administration d'avant 1848 et celle qui lui a succédé, il est nécessaire d'établir la balance de leurs actes. Les chiffres parlent clairement; une statistique impartiale vaut bien des raisonnements.

Nous savons tous ce qui a été fait depuis 1848. Un plan d'ensemble de Paris réclamé avec tant de sagesse par les véritables amis de la grande Cité, a été adopté en principe. L'État et la Ville concourent à son exécution dans des proportions déterminées. Nous côtoyons chaque jour ces monuments élevés comme par magie; déjà nous parcourons ces voies magistrales qui rayonnent vers les quartiers excentriques. Les bouges, les cloaques disparaissent; des places, des squares se sont créés. L'air et la lumière apparaissent où jamais le soleil n'avait pénétré, où les miasmes des quartiers populeux s'étaient rendus complices du terrible fléau qui décima trois fois notre population à des intervalles très-rapprochés. Un jour viendra où l'on saura apprécier ces avantages, sans critiquer l'administration qui les aura réalisés.

Pour obtenir les immenses résultats que nous avons sous les yeux, le labeur a été rude, la lutte incessante.

L'intérêt privé est respectable, mais quand il se respecte lui-même. En est-il souvent ainsi?

Il est bon qu'un écrivain qui s'est donné pour mission de défendre les intérêts des administrés leur rappelle aussi leurs devoirs. S'ils demandent à l'administration de l'équité, ils doivent se présenter devant elle avec cette devise des anciens Parisiens : loyauté. Que la Ville de Paris, si riche qu'elle puisse être, ne soit pas une mine à exploiter par la cupidité de la spéculation; que les moyens honnêtes soient les seuls bons pour arriver à la compensation d'un dommage causé par une expropriation forcée; que celui-ci n'enfle pas le produit de son immeuble pour doubler ses prétentions; que celui-là ne présente pas des livres apocryphes préparés pour les besoins de la cause.

Quoi qu'il en soit, les actes de l'administration appartiennent à l'avenir et ne seront peut-être pas sainement appréciés de nos jours; mais à cette heure nous pouvons parler du passé.

L'histoire de la Ville de Paris sous la Prévôté des Marchands a été faite récemment par des hommes compétents. Nous laisserons donc nos anciens et dignes magistrats dormir en paix dans leurs tombes de pierre. Nous passerons également sur la première période impériale.

La Restauration, entièrement occupée du soin de rétablir son pouvoir et de le conserver, laissa le pas aux luttes politiques sur les affaires de la Ville de Paris. En effet, les quelques percements exécutés à cette époque sont dus à l'industrie privée. La plupart ont lieu dans les quartiers excentriques, tous ne sont cependant pas sans importance. On doit placer dans cette catégorie la formation du grand quartier tracé sur les terrains de l'ancien clos Saint-Lazare et le bel ensemble de rues créées dans la plaine des Grésillons et qui avaient pour point de centre la place d'Europe.

1830 trouva donc presque tout à faire : Paris à aligner, Paris à assainir, Paris à embellir. Le Préfet comprenait toute la grandeur de sa mission. De son côté, le Conseil Municipal, composé d'anciens habitants de Paris, ne comptait dans son sein que des gens habiles, éclairés, connaissant bien leur Cité, tous ses besoins, et apportant le tribut d'un sincère dévouement. C'est avec de tels éléments de succès qu'on se mit résolûment à l'œuvre.

L'industrie particulière prit aussitôt son élan ; dans l'espace de dix-sept ans elle livra gratuitement à la circulation une foule de voies nouvelles destinées à recevoir des constructions importantes. Dans cette période, l'ancien jardin de Tivoli change ses vertes allées en rues, ses sombres retraits en places. Les grandes propriétés se divisent, le vent est au moellon, et les voies nouvelles se bordent d'élégantes maisons.

La ville de Paris ne pouvait aller aussi vite en besogne. Pour aligner, pour élargir les voies communales, il eût fallu qu'il existât des plans, des alignements.

Les tracés approuvés par différents ministres sous la république ne pouvaient être appliqués. Les largeurs antérieurement jugées suffisantes ne le paraissaient plus. D'ailleurs, la loi de 1807 exigeait la révision de ces alignements. Il était donc indispensable d'étudier un plan nouveau ; on l'entreprit. Mais le point de départ fut défectueux. Au lieu de s'occuper d'abord des grandes voies perpendiculaires ou parallèles à la Seine, on divisa la Ville par portions à peu près égales, puis on se mit à étudier minutieusement, pour chacune des parties, des alignements qui courraient grande chance de ne jamais se raccorder avec les tracés des voies correspondantes. Des difficultés étant survenues à l'égard de telle ou telle rue, on scinda l'instruction du petit ensemble pour en arriver enfin à poursuivre l'approbation de l'alignement d'une seule voie à la fois, ce qui même n'était pas toujours facile.

Prenons pour exemple la rue Cassette.

Cette ruelle, qui s'étend de la rue de Vaugirard à celle du Vieux-Colombier, est fort étroite dans tout son parcours, et forme un coude à son débouché sur cette dernière. L'alignement légal ne lui assignait qu'une largeur de 7 mètres environ. On résolut de lui en donner 12 en prenant équitablement les retranchements sur les deux côtés.

Le plan, autant qu'il m'en souvient, faisait disparaître le coude signalé ci-dessus. Ce plan mécontenta également les riverains de droite et de gauche. Les propriétaires du côté gauche firent observer que leurs maisons étaient alignées en grande partie, et qu'en tout état de cause il était plus juste de prendre les retranchements sur le côté opposé dont les immeubles avaient une grande profondeur.

La réclamation parut fondée. Un nouveau tracé, étudié en ce sens, après avoir reçu l'assentiment des autorités qui concouraient à l'adoption des alignements, fut envoyé en publication.

Les propriétaires atteints, ceux du côté des numéros pairs, réclamèrent tout seuls, mais énergiquement. Parmi eux se trouvait un ancien ministre très-influent; il protesta aussi. Comment faire? On ne trouva d'autre moyen de sortir d'embarras que de réduire à 10 m. la largeur projetée pour la malencontreuse rue. Alors nouvelles études, nouvelles publications et nouvelles réclamations. Personne ne contestait l'utilité d'un élargissement, mais chacun voulait le voir s'opérer aux dépens du voisin d'en face. La morale de tout ceci, c'est que l'élargissement de la rue Cassette fut renvoyé aux calendes grecques. Si le plan est aujourd'hui approuvé, il n'a dû l'être que depuis l'année 1848.

Ab uno disce omnes.

En résumé, après dix-sept ans d'un travail consciencieux, le plan de Paris n'était pas encore terminé.

Tout en s'occupant des alignements des anciennes voies, l'Administration créait quelques nouvelles rues dont voici la liste chronologique :

1830. Prolongement de la rue Vivienne.

1833. Rue du Pont-Louis-Philippe.

1837. Nouveau quartier Saint-Victor (les terrains appartenaient à la Ville).

1838. Rues de Rambuteau, de Constantine; prolongement des rues de Chabanois et du Cloître-Saint-Merry.

1839. Place Bertin-Poirée.

1840. Rue de la Sainte-Chapelle , concours de 60,000 fr. pour l'ouverture de la rue Mazagran.

1841. Tracé des rues de l'ancienne île Louviers, rue Moncey.

1843. Rues du Havre et de Lobau.

1845. Partie du boulevard Mazas ; prolongement de la rue Saint-Germain-des-Prés.

1846. Prolongement de la rue Drouot sur les terrains de l'ancienne Grange-Batelière.

1847. Rue de Lyon.

De tous ces percements, trois ou quatre seulement intéressaient la circulation générale. Le surplus était purement et simplement d'intérêt local.

Il existait un grand nombre de voies importantes dont l'élargissement immédiat était impérieusement commandé au nom de la circulation et de la salubrité publique. Administrateurs et administrés le comprenaient. Comment a-t-on obéi à cette nécessité ? On le verra par le tableau suivant des opérations de voirie réalisées au moyen de l'expropriation.

Les six premières années, à partir de 1830, peuvent être passées sous silence. Ce n'est guère qu'en 1836 que l'Administration municipale révèle ses bonnes intentions.

En 1837, on entreprend l'élargissement de la rue de la Cité, opération reprise en 1843 sans être menée à bonne fin. Les maisons non alignées des rues Joquelet et du Renard-Saint-Merry tombent sous le coup de l'expropriation.

1838 voit l'élargissement du quai Saint-Paul.

En 1839, la rue Sainte-Opportune est convenablement dégagée à son débouché sur la rue Saint-Honoré.

1840. Élargissement des rues Neuve-Saint-Jean et Saint-Nicolas.

1841. On commence des opérations dont l'achèvement eût dû paraître indispensable. On opère pareillement sur les rues de la Harpe et Saint-André-des-Arts.

1843. A l'occasion du percement de la rue du Havre, on amorce à leur largeur normale les rues Saint-Lazare et Saint-Nicolas-d'Antin.

1844. Deux opérations, dont une d'un grand mérite local, l'élargissement de la rue du Petit-Hurleur; l'autre est l'acquisition des alignements du passage Valence.

1845. Élargissement partiel de la rue Sainte-Avoie (aujourd'hui du Temple); on aurait pu s'épargner cette dépense si l'on eût prévu que M. Berger ne verrait dans cette rue qu'une voie qu'il fallait resserrer à son débouché sur la rue de Rivoli.

Enfin, en 1845, l'Administration, pour dégager les abords du musée de Cluny, se résout à élargir la rue des Mathurins. Elle procure une issue commode à la rue Coquillière, qui s'étranglait sur les Halles, et, comme dans la prescience de sa fin, elle s'attaque aux immeubles de la rue Montmartre. Justice lui soit rendue; c'était de ses opérations la plus utile et, je crois, une des dernières.

En suivant du doigt sur le plan de Paris ces diverses

opérations, on finit par s'apercevoir que l'Administration obéissait à un système d'éparpillement, ou, ne se sentant pas assez forte, ni assez soutenue pour aller droit et carrément à la satisfaction des intérêts généraux, se contentait d'obéir à des exigences locales.

Elle eût plus fait, sans doute, mais 1848 arrivait et la révolution bouleversait Paris.

Quatorze années se sont écoulées. Une nouvelle Administration, marchant avec l'ardeur qui ne voit que le but, a rompu avec les errements de l'ancienne. Aujourd'hui le Préfet de la Seine est le Préfet. Autrefois il ne l'était pas toujours. M. le comte de Rambuteau lui-même, regardé à bon droit comme un des meilleurs administrateurs, ne s'est-il pas vu parfois dans la nécessité de retirer ou de modifier une proposition dont le Conseil municipal lui avait fait pressentir le rejet? Le Conseil municipal lui-même n'était pas tout-puissant; derrière lui se trouvaient les électeurs qui montaient la garde à la porte.

Dans le laps de temps qui sépare 1830 de 1848, la nomination des Conseillers municipaux était soumise à l'élection. Chaque arrondissement envoyait trois de ses notables discuter ses intérêts, demander des améliorations pour le quartier, des écoles, des fontaines sans se préoccuper des besoins des autres arrondissements. C'était aux mandataires des circonscriptions voisines à prendre en main les intérêts qu'ils avaient mission spéciale de défendre. Chaque arrondissement ne voyait que sa localité, ne demandait que pour elle, jalousant le voisin d'un œil inquiet; l'espoir d'une réélection, rendait inévitablement le mandat impératif.

L'ancienne Administration, disons-le bien haut, a fait de belles et bonnes choses, réalisé bien des améliorations mais, si ses excellentes intentions n'ont eu que la moitié de leur effet, il ne faut en rechercher la cause que dans le mode de nomination du Conseil.

Proposait-on le percement d'une grande voie, l'érection d'une église monumentale, la création d'un établissement public important? la question d'argent surgissait et venait démontrer toute la défectuosité du système. L'opération devait coûter un million, deux millions peut-être. Deux millions! deux millions pour un seul arrondissement? et les autres! Deux millions pour la rive droite. Étonnez-vous qu'on ne fasse rien pour la rive gauche ! l'on ajournait.

Voilà comment il se fait qu'en dix-sept années la Ville de Paris n'a réalisé, en fait de percement complet et important, que le prolongement de la rue de Paradis-au-Marais, auquel la reconnaissance parisienne assignait le nom de M. le comte de Rambuteau. Voilà comment il se fait qu'il a fallu plus de vingt ans pour bâtir l'église Sainte-Clotilde, dont la nécessité avait été reconnue dès l'année 1825. La rive gauche criant au délaissement disputa un moment et chaleureusement l'établissement des Halles à la rive droite. Malgré l'habile plaidoirie de son avocat dévoué, la première succomba; mais dans ces interminables débats, au milieu d'études diverses, émanant de l'Administration et d'architectes distingués, les Halles restaient à l'état de mythe, et de guerre lasse on finissait par adopter un projet que l'on a dû changer de fond en comble après en avoir commencé l'exécution. Restreints par la nécessité de penser à leur arrondissement, les conseillers marchandaient, pour ainsi dire, les opérations, liant les mains du Préfet et neutralisant son bon vouloir. C'est en obéissant à cet instinct d'économie, qu'on exécutait le prolongement de la rue Soufflot sans se préoccuper de dégager, d'une manière grandiose, l'aspect du plus grandiose monument de Paris, l'aspect du Panthéon; et cependant on avait recours à l'expropriation. —Cette faute, on est obligé de la réparer aujourd'hui.

Les élargissements de rues ne s'opéraient que par portions, quelquefois tellement restreintes, qu'ils n'avaient pour résultat que de créer des enfoncements profonds, jalons d'un élargissement futur et sans cesse ajourné. De sorte que leur réalisation empirait le mal plutôt que d'y porter remède. On s'y est repris à plusieurs fois pour ne pas obtenir, en définitive, l'élargissement complet de la rue de la Cité. Combien de temps la rue de Constantine est-elle restée à l'état d'impasse ? La rue de la Harpe n'a pas eu beaucoup plus de chance. Quel motif a fait renoncer la Ville au percement du boulevard de Malesherbes, si ce n'est cette préoccupation d'une économie mal entendue ? Le boulevard Mazas, lui aussi, de création impériale, je crois, était presque épargné. On ne le biffait pas de la carte de Paris; on se contentait de le changer en une rue de quinze mètres. Il ne devait cette grâce qu'à cette circonstance qu'il ne devait traverser que des marais dont on espérait bon marché. La place Saint-Sulpice elle-même n'est-elle pas un triste exemple de ces appréhensions pécuniaires ? Au magnifique projet dessiné, puis commencé par Servandoni, qu'a-t-on substitué ? Un emplacement sans aspect d'où l'on a été obligé de masquer l'irrégularité par une fontaine, fort belle sans doute, et par des plantations de haute futaie.

En suivant les errements de l'ancienne Administration, plus d'un siècle se serait écoulé avant que les abords du Palais Municipal pussent être complétement dégagés. Quelle date aurait-on pu fixer dans l'avenir à l'amélioration des quartiers Saint-Jacques, du Jardin-des-Plantes, Saint-Marcel et de l'Observatoire, qui n'étaient qu'un amas confus de rues étroites, tortueuses et d'une déclivité impraticable ? L'emplacement de la rue de Rivoli serait encore occupé par les ruelles de la Vieille-Harengerie, du Chevalier-du-Guet et Perrin-Gasselin. La tour Saint-Jacques verrait encore à ses pieds les rues peu pittoresques des Écrivains, du Petit-Crucifix, Marivaux et Saint-Jacques-la-Boucherie. Les rues Saint-Jérôme, de la Vieille-Tannerie et de la Vieille-Lanterne, offriraient encore aux yeux étonnés leurs bouges séculaires.

Dans quinze ans, dit-on, Paris ne sera plus reconnaissable. — Est-ce donc un grand mal ? Ne doit-on pas rendre à l'Administration actuelle cette justice que si elle rencontre en son chemin quelque monument, quelque relique du passé, elle l'épargne, la répare en lui laissant le cachet de l'époque qui l'a enfantée.

Réalisons le rêve de nos pères : faisons de Paris la

capitale du monde. Payons notre part du travail gigantesque. Si nos neveux ont à desserrer un peu les cordons de leur bourse, ils n'en recueilleront pas avec moins de reconnaissance le fruit de nos travaux.

DU RÉGIME LÉGAL DES PETITES LOCATIONS

Il est un fait dont chacun peut se convaincre, c'est que partout où des constructions nouvelles s'élèvent, on les distribue en appartements de plus ou moins d'étendue, mais dont les loyers, même les plus faibles, sont au-dessus des ressources du grand nombre, et rarement en petits logements; à ce point qu'il semblerait que la demeure du pauvre dût disparaître d'un quartier dès que l'air et la lumière y pénètrent.

Cependant, au point de vue de la spéculation, la construction d'une maison à petits logements n'est plus une entreprise à dédaigner. Les dépenses y sont moins considérables que pour les riches habitations; il ne faut ni sculptures, ni glaces, ni parquets : une bonne distribution et de la propreté, voilà tout ce qu'on exige. Les non-valeurs résultant de vacances sont peu sensibles, parce qu'elles ne portent que sur des portions minimes de la propriété, et que ces vacances ne sont pas de longue durée. Il y a, parmi les propriétaires, un grand nombre de personnes ayant appartenu ou appartenant encore au petit commerce et à la petite industrie, et dont les habitudes sont parfaitement en rapport avec celles des classes ouvrières au milieu desquelles s'est passée une partie de leur vie. Pourquoi donc, malgré toutes ces raisons, le nombre des habitations ouvrières tend-il à diminuer tous les jours d'une manière aussi sensible ?

Il faut se hâter de le dire, le régime sous l'empire duquel sont placées les petites locations est la seule cause du mal qui vient d'être signalé : le lecteur va lui-même en juger.

Un individu entre dans un local que, contrairement aux prescriptions de la loi et par supercherie, il ne garnit pas de meubles suffisants pour répondre des loyers; on ne peut le faire expulser sans de nombreuses et coûteuses formalités : aussi, malgré la certitude de n'être pas payé, le propriétaire attend l'époque du terme, qui ne vient que trois mois plus tard; à cette époque on ne paye pas. Congé est donné pour le terme suivant, ce qui fait six mois de perdus; et comme il est rare qu'un locataire sorte volontairement, il faut avoir recours aux voies judiciaires et dépenser 40 à 50 fr., indépendamment de toutes les démarches à faire et des ennuis qu'il faut éprouver, par suite de cette nécessité d'expulser l'un au moment même où l'autre doit en entrer.

De là résultent les conséquences suivantes : Le locataire récalcitrant se cantonne dans ce qu'il appelle son droit, et ce avec d'autant plus de force, que les mauvais conseils ne lui manquent jamais. Quand arrive l'heure fatale, il n'est plus temps d'écouter ses doléances; et c'est alors qu'on a devant les yeux le lamentable tableau d'une famille entière jetée sur le pavé, parce que la nécessité ne permet pas de lui accorder seulement une heure de délai.

Une autre fois, le temps manque pour exécuter le jour même le jugement qui ordonne l'expulsion, et d'honnêtes gens se trouvent, eux et les leurs, sans abri, parce que le local qu'ils doivent occuper n'a pu être rendu libre. Ajoutons que c'est précisément dans les saisons rigoureuses que ces graves inconvénients se présentent plus fréquemment.

Il arrive aussi, mais plus rarement, que des propriétaires irrités d'un état de choses qu'ils considèrent avec raison comme constituant à leur égard une violation de leur droit, se font eux-mêmes justice en expulsant, alors sans formalités, les locataires trop faibles pour opposer une résistance matérielle; et comme une fois en dehors de la légalité, on n'y regarde pas de trop près, il n'est pas sans exemple que ces propriétaires retiennent les objets que la loi, par humanité, déclare insaisissables.

Aussi, pour éviter ces inconvénients, le propriétaire fait toutes sortes de concessions. Il donne au locataire ses quittances et quelquefois de l'argent pour qu'il parte. Si le nouveau propriétaire vient demander des renseignements, on ne manque pas de répondre que ce locataire est fort tranquille, qu'il paye parfaitement; que s'il quitte, c'est pour avoir un logement plus grand ou un loyer moins cher. Enfin on fait tant et si bien que notre homme est mis à même de continuer ses fructueuses opérations dans une autre maison, et ainsi de suite; de telle sorte qu'il existe à Paris beaucoup de gens qui ne payent jamais de loyer.

On conçoit très-bien qu'un tel régime amène nécessairement un profond état de souffrance, qu'il jette l'incertitude dans la perception des revenus, et qui fait aux propriétaires une situation militante à un âge où l'homme a le plus grand besoin de repos. En effet, on devient assez généralement propriétaire, notamment de maisons du genre de celles qui nous occupent, après une longue carrière de travail dans la profession qu'on avait d'abord embrassée. On place dans ces sortes d'acquisitions les économies qu'on a pu faire, avec la pensée de se procurer une douce occupation et d'avoir une position honorable; mais si cette position soumet celui qui l'occupe à des déboires qui la rendent intolérable, il ne faut pas s'étonner si on la déserte à une époque surtout où les immenses développements de l'industrie donnent aux petits capitaux de nombreuses occasions de placements.

Nous avons indiqué le mal, faisons connaître maintenant les mesures que nous croyons utile d'adopter dans le but d'y mettre un terme.

Nous proposons :

1° De fixer à *huit* par an, au lieu de *quatre*, les époques de payements de loyers au-dessous de 200 francs. Ainsi, ces payements, qui se font actuellement, ou du moins devraient se faire le 1ᵉʳ de chacun des mois de janvier, avril, juillet et octobre, s'effectueraient les 14 février, 1ᵉʳ avril, 14 mai, 1ᵉʳ juillet, et se continueraient de la même manière de six en six semaines.

2° De supprimer, comme inutile, la formalité du congé de la part du propriétaire, en cas de non-payement des loyers.

3° Enfin, de réduire la procédure d'expulsion judiciaire à une simple ordonnance du juge de paix, dont l'exécution serait confiée aux soins du commissaire de police de la section, toutes les fois que le propriétaire consentirait à abandonner son droit de séquestre sur les objets mobiliers garnissant le local, au moment de l'expulsion.

Nous allons reprendre successivement chacune de ces trois propositions.

Il est une règle de conduite que s'imposent les personnes désireuses de donner à leurs intérêts une bonne direction : c'est de faire concorder les époques de payements avec celles des recettes. Cette règle est complétement méconnue, en matière de payements de petits loyers ; ainsi, ces payements ont lieu tous les trois mois, quand les personnes qui doivent les effectuer, reçoivent leur salaire, leurs appointements ou leurs gages tous les huit ou quinze jours, et au plus tard tous les mois.

Quand une de ces personnes fait l'acquisition d'objets d'un prix assez élevé, de vêtements ou de bijoux, par exemple, elle se libère par petites sommes et au fur et à mesure de ses recettes. Celles mêmes qui ont le plus d'ordre, reconnaissent que s'il leur fallait attendre, pour se procurer ces objets, qu'elles eussent en leur possession la somme d'argent nécessaire au payement immédiat et intégral de leur prix, ou bien

I. 11

contracter des engagements à longue date, mais d'un chiffre assez rond, elles n'y parviendraient que difficilement, parce que mille circonstances les inviteraient à détourner ces économies de leur destination première ; tandis que, grâce à cette sage précaution de payer par petits à-comptes et à de courts intervalles, elles arrivent sans efforts et d'une manière imperceptible à leur libération.

On fait tout le contraire pour le payement du loyer. — Le loyer, si nous pouvons nous exprimer ainsi, se consomme en détail jour par jour et se paye en gros; aussi est-ce avec assez de raison que, parmi les classes laborieuses, il est considéré comme la plus lourde charge du ménage ; fixer ce payement à des époques plus rapprochées aurait donc ce double résultat de rendre service aux petits locataires, de renseigner promptement le propriétaire sur le plus ou moins de solvabilité de ceux qu'il abrite, et le cas échéant de diminuer ses pertes.

La seconde mesure consisterait à supprimer la formalité du congé en cas de non payement du loyer. — Cette suppression n'est pas sans importance, si l'on considère que dans le département de la Seine on délivre, au plus bas mot, *quarante mille congés* par an, qui, à 5 francs chaque, occasionnent une dépense inutile de plus de *deux cent mille francs!*... Qu'en outre, le mode de procéder fait perdre au moins quarante mille termes de loyer, dont le total, en prenant pour base le chiffre moyen de *vingt francs*, s'élève à la somme de *huit cent mille francs.*

Le congé n'est rigoureusement nécessaire que pour établir une époque exacte d'entrée et de sortie dans les baux d'une durée indéterminée et dont l'exécution est réglée par l'usage des lieux. Mais le contrat de bail étant, comme tous les contrats, résoluble pour le cas où l'une des parties ne remplit pas son engagement, le propriétaire a incontestablement le droit de demander cette résolution, de même que le locataire serait autorisé à sortir immédiatement, si la maison devenait inhabitable. L'usage de donner congé, même en cas de non-payement, a, sauf de très-rares exceptions, pour résultat d'encourager l'inconduite et la mauvaise foi, et de pervertir les habitudes par la contagion du mauvais exemple que donnent des individus qui, après s'être fait accepter par ruse, ont la latitude d'être logés gratuitement pendant six mois et plus. Ajoutons que la sortie du mauvais locataire correspondant avec l'entrée de son successeur, le refus de rendre libre le local devient la cause des plus graves ennuis.

Enfin, nous demandons que si, comme il arrive le plus souvent, le propriétaire abandonne son droit de séquestre et sa créance même, il soit exonéré des frais qu'occasionnent les formalités d'une expulsion judiciaire, en réduisant les formalités à la plus simple expression, c'est-à-dire à une ordonnance du juge de paix, dont l'exécution serait confiée au commissaire de police de la section.

Cette mesure essentielle est le complément indispensable des deux autres. En effet, il n'est pas possible de concevoir une violation plus flagrante du droit de propriété que cette alternative, imposée au propriétaire, de faire une dépense relativement considérable, ou de conserver dans sa maison un locataire qui, non content de ne pas payer son loyer, y apporte le désordre, la destruction, et trouble le repos de ses voisins pour lesquels il est un sujet continuel de crainte.

On ne se rend pas suffisamment compte des motifs qui ont déterminé le législateur à établir les règles de procédure dont on fait aujourd'hui l'application. Quand les meubles sont d'une certaine valeur, et qu'ils présentent pour le locateur une garantie sérieuse ; que d'une autre part, un brusque déplacement serait de nature à causer au locataire un grave préjudice, on comprend à merveille toutes ces formalités dont le but est de sauvegarder des intérêts respectables. Mais s'il s'agit d'un chétif mobilier dont le déplacement peut s'effectuer en moins d'un quart d'heure ; s'il importe peu au locataire de demeurer dans un endroit ou dans un autre, ces formalités sont plus nuisibles que protectrices, elles sont inutiles au locataire s'il est honnéte, et, dans le cas contraire, elles causent au propriétaire un très-grand embarras.

Néanmoins, il est loin de notre pensée de priver de tout appui le locataire malheureux. Comme on le voit, l'expulsion, bien que dégagée des formalités qui la rendent ruineuse, ne peut cependant avoir lieu que de l'autorité du Magistrat auquel la loi permet d'apprécier les circonstances de la cause et de tempérer les rigueurs du droit. Mais quand il sera bien établi que le locataire ne mérite aucun égard, que le non-payement est chez lui une habitude, le juge devra procéder avec une juste sévérité, et les légitimes réclamations du propriétaire ne seront plus paralysées.

Il faut aussi ne pas perdre de vue que ce qui crée la résistance désespérée que l'on rencontre souvent, c'est parce que le locataire attend jusqu'au dernier moment, et qu'alors il n'a plus le temps de se pourvoir. Dans l'ordre d'idées où nous nous plaçons , il n'en est point ainsi. Quand le propriétaire aura pris la résolution d'expulser, il lui sera toujours possible de donner au locataire un temps moral suffisant pour trouver un logement, et de concilier ses intérêts avec ceux de l'humanité : ajoutons que l'expulsion ne devra avoir lieu, avec la forme rapide que nous proposons, qu'autant que le locataire sera libre d'emporter son mobilier.

En résumé, nous avons cette profonde conviction, qu'avec l'état actuel des choses, les améliorations sont impossibles ; au contraire, en les modifiant dans le sens que nous venons d'indiquer, ces améliorations surgiront d'elles-mêmes. Les bons locataires accueilleront avec une vive satisfaction les mesures proposées parce que, les premiers, ils en ressentiront les bons effets. Le propriétaire, sûr de son revenu, n'hésitera pas à faire les dépenses nécessaires pour améliorer sa chose et en augmenter le produit. Nous ne verrons plus de pauvres gens repoussés d'une maison pour le motif qu'ils n'ont pas de meubles, car la moralité des locataires deviendra la meilleure des garanties.

PROMENADES DANS PARIS.

LE PÈRE ARSÈNE

(Suite (1).

Nous traversâmes un des guichets du Carrousel pour nous rendre au jardin des Tuileries.

A peine arrivé, le Père Arsène s'assit sur un banc, puis examina les ouvriers occupés à la tranchée destinée à laisser entrer le flot de la ville dans le jardin des Tuileries.

— A quoi pensez-vous, Père Arsène ?

— A Lenôtre, mon cher élève, qui dessina, sous les yeux de Louis XIV, le parterre du Tibre à Fontaine-bleau, l'admirable terrasse de Saint-Germain-en-Laye, et ce jardin des Tuileries, dont une nécessité municipale va modifier le plan.

— Père Arsène, voudriez-vous me permettre de vous raconter une historiette qui a trait à Lenôtre, elle fera diversion à vos regrets ?

— Je t'écoute, mon garçon.

— En 1679 ou 1680, je ne me rappelle pas exactement l'année, Lenôtre voyageait en Italie. Le pape Innocent XI, apprenant l'arrivée de l'artiste français à Rome, le fit mander au Vatican. Lenôtre s'y rendit et détailla au Saint-Père, qui l'en avait prié, les merveilles du palais et du parc de Versailles. Innocent XI com-

(1) Voir plus haut, pages 69 et suivantes.

plimenta l'artiste d'une manière si flatteuse, qu'elle exalta le noble cœur de Lenôtre, qui s'écria : « Maintenant je puis mourir, j'ai vu les deux plus grands hommes de l'époque : Votre Sainteté et le Roi de France mon maître.

» — Il y a une grande différence entre votre maître et moi, dit le Pape avec mélancolie ; le Roi Louis XIV est un grand prince victorieux ; je ne suis plus qu'un pauvre prêtre, serviteur des serviteurs de Dieu. Il est jeune, je suis vieux et tout cassé.

» — Pardon, mon révérend, s'écria Lenôtre perdant tout souvenir d'étiquette au point de frapper sur l'épaule du pontife ; vous vous portez comme un Dieu, et vous mettrez en terre tout le sacré collége. »

Innocent XI de rire de cette naïveté ; ce que voyant, Lenôtre lui sauta au cou et faillit l'étouffer à force de tendresse.

— Mon cher fils, il est question encore dans un de tes ouvrages, d'une anecdote concernant Lenôtre.

— Oui, Père Arsène, et permettez-moi de vous la raconter aussi.

Louis XIV câlinait les hommes de génie. Le grand Roi avait raison ; ce sont les plus beaux diamants d'une couronne. Un jour, le Roi, voulant récompenser Lenôtre et lui donner des lettres de noblesse, demandait à l'artiste quelles armes il choisirait :

« — Sire, répliqua Lenôtre, trois limaçons couronnés d'une pomme de chou ; permettez-moi d'y joindre une bêche, car je dois à cet instrument toutes les bontés dont Votre Majesté m'accable. »

— Mon cher fils, j'ai donné rendez-vous à un étranger, nommé Valter Bruce, auquel j'ai appris la langue française il y a une vingtaine d'années. Valter Bruce est devenu pair d'Angleterre, et Sa Seigneurie n'en est que plus aimable.

— Mais où donc, Père Arsène, allons-nous trouver l'étranger ?

— A la place de la Concorde, près de l'Obélisque. Ce gentleman est l'exactitude faite homme ; je l'aperçois qui descend de voiture.

En effet, un personnage d'une cinquantaine d'années, aux manières élégantes et pleines de distinction, s'avança vers nous et prit la main du Père Arsène, qu'il serra avec un mélange de respect et de cordialité.

— Milord, dit le vieux professeur, depuis longues années vous utilisez vos loisirs à étudier l'histoire municipale de Londres ; aujourd'hui, Votre Seigneurie vient interroger l'Édilité parisienne, sur place, dans la rue. Nous avons avec nous, milord, pour vous aider, le dictionnaire vivant des rues et monuments de Paris, personnifié dans un de mes élèves, que j'ai l'honneur de vous présenter.

— Apprenez-moi Paris, monsieur, comme le Père Arsène m'a enseigné le français, et je continuerai d'être à bonne école.

— Disposez de moi, milord. Nous sommes en ce moment à la place de la Concorde...

— Qui rappelle bien des souvenirs historiques, dit le Père Arsène dont la figure semble s'attrister.

— De bien cruels, milord ; ces fontaines aux panaches élégants, aux gerbes de rubis, de diamants et d'émeraudes, n'ont pas assez d'eau pour laver tout le sang qui a coulé sur cette place...

— Où donc, monsieur le Directeur, dit Valter Bruce, où donc était placé l'échafaud sur lequel monta le Roi Louis XVI ?

— Voyez cette fontaine près du pont. Là, milord, se dressait la guillotine. En mesurant avec un compas, la tête du Roi est tombée juste à l'endroit où vous voyez cette naïade.

Une larme perla dans les yeux de Valter Bruce ; il se dirigea lentement vers la fontaine ; quand il fut près d'elle, l'étranger se découvrit et dit : « Honneur et respect au Roi martyr ! »

— Votre main, milord, que je la serre.

— Allons, monsieur le Directeur, racontez-nous l'histoire de la place de la Concorde.

— Volontiers, milord.

Paris, sous les premiers Valois, refluait vers l'orient de la ville, et le vieux Louvre de Philippe-Auguste était délaissé pour l'hôtel Saint-Paul. Alors, le terrain occupé par cette place se trouvait perdu au milieu de bas-fonds marécageux et livrés au hasard des débordements du fleuve. Catherine de Médicis ramena la Royauté dans le palais du Louvre, et pour la surveiller plus à son aise, la Reine bâtit à côté de la demeure de son fils un nouveau palais dont la splendeur rayonna bientôt sur tout ce qui l'entourait.

Vous voyez d'ici, milord, le pavillon construit par Philibert Delorme pour la veuve de Henri II.

— L'affection que Catherine de Médicis ressentait pour les beaux-arts, dit Valter Bruce, contraste singulièrement avec la cruauté que lui prêtent les historiens. Catherine de Médicis et Charles IX n'ont-ils pas organisé la Saint-Barthélemy ?

— Milord, c'est un procès jugé, mais non plaidé ; je crois plutôt que le Roi Charles IX et la Reine sa mère ont subi la Saint-Barthélemy, organisée par le duc de Guise, le seul et véritable intéressé, comme le démontrent nos archives parisiennes. Au surplus, nous en parlerons en visitant l'église Saint-Germain-l'Auxerrois.

Disons seulement que si Catherine de Médicis était la protectrice éclairée, généreuse, des beaux-arts, Charles IX passait aussi pour un des meilleurs poètes de son époque.

Il avait dit à Ronsard dans ces vers dont ce dernier n'a jamais atteint le naturel et l'élégance :

> Tous deux également nous portons des couronnes,
> Mais, roi, je la reçois, poète, tu la donnes.

Ses jugements sur la politique décèlent également une intelligence élevée. On cite de Charles IX cet impromptu sur les princes lorrains :

> François premier prédit ce point,
> Que ceux de la maison de Guise
> Mettroient ses enfants en pourpoint,
> Et son pauvre peuple en chemise.

— Il me semble, mon cher élève, que tu t'éloignes de la place de la Concorde.

— Pardonnez-moi, Père Arsène; j'y reviens.

Déjà, sous Louis XIV, la ville débordait à droite et à gauche, poussant en avant ses quais, ses rues, ses maisons de plaisance. Le flot de cette marée montante atteignait les terrains de la place au moment où le grand siècle venait de finir.

A la mort de Louis XIV, toute l'affection du peuple se porta bientôt avec ardeur sur le seul rejeton de la famille royale échappé comme par miracle au fatal destin des autres héritiers de la couronne. Louis XV débutait par des triomphes, lorsqu'il fut attaqué à Metz d'une fièvre putride.

La douleur du peuple fut vive et sincère; les Parisiens décernèrent à leur Roi mourant le surnom de *Bien-Aimé*. Quand il fut rétabli, la joie de la nation parut aussi grande que sa douleur avait été profonde. « Paris, dit un écrivain contemporain, n'était qu'une » immense enceinte pleine de fous. » Le Roi, vivement ému de ces marques d'affection, dit en versant des larmes : « Qu'ai-je donc fait pour être aimé ainsi? » Alors le Prévôt des Marchands et les Échevins votèrent une statue équestre en l'honneur du bien-aimé; et pour la recevoir, le Roi fit don à sa bonne Ville de Paris, par lettres patentes du 21 juin 1757, d'un vaste emplacement situé à l'extrémité des Champs-Élysées.

Voilà, messieurs, l'origine de la place de la Concorde.

— Poursuivez, monsieur le Directeur, il vous reste sans doute à raconter d'autres faits historiques se rattachant à cette voie publique.

— Oui, milord, mais je crains d'être un peu long.

— On sait que tu aimes ta belle ville de Paris, et les amoureux sont bavards.

— C'est vrai, Père Arsène.

— Continue, mon cher fils.

— C'était dans la nuit du 30 au 31 mai 1770. La France mariait son Dauphin, et la Prévôté des Marchands, jalouse d'égayer la fête, avait préparé des jeux publics et commandé un magnifique feu d'artifice. La jeune archiduchesse arrivait confiante dans l'avenir, et se demandait, toute joyeuse des applaudissements du peuple, ce qu'elle avait fait pour mériter tant d'amour.

La dernière étincelle venait de s'éteindre dans les airs, lorsqu'une masse, composée de plus de deux cent milles personnes, s'ébranla pour faire retraite. Un fossé de la place qu'on n'avait pas comblé, des maisons en construction dans la rue Royale, arrêtaient la foule qui se porta dans cette rue et s'y entassa. L'encombrement devint affreux. Un flot de curieux, qui arrivait des boulevards, pour avoir sa part des débris de la fête, vint tout à coup barrer le passage. La mêlée devint horrible; quiconque trébuchait était mort ! On vit des furieux, l'épée à main, frapper devant eux pour se faire jour. Le lendemain, cent trente-trois cadavres étaient étendus sur la place. — « J'ai vu, dit Mercier, l'auteur du *Tableau de Paris*, plusieurs personnes languir pendant trente mois des suites de cette presse épouvantable, porter sur leur corps l'empreinte forte des objets qui les avaient comprimées. D'autres ont achevé de mourir au bout de deux années. Cette presse coûta la vie à plus de douze cents infortunés, et je n'exagère point. Une famille entière disparut. Point de maison qui n'eût à pleurer un parent, un ami. »

Les morts enterrés, la scène change. — La place Louis XV se peuple de danseurs de corde, d'avaleurs de sabres, de mangeurs de serpents, de marchands de pain d'épices, de pantins; nous sommes à la foire Saint-Ovide. Les cris des saltimbanques étourdissent les nobles propriétaires des hôtels voisins, qui adressent leurs plaintes à l'autorité. Il était question de débarrasser la place Louis XV de ces hôtes incommodes, lorsque, dans la nuit du 22 au 23 septembre 1777, le feu se mit aux baraques. — Le lendemain, la place était nette.

Quinze années se sont écoulées. Nous sommes sur la *place de la Révolution*. Le peuple est en train d'abattre la statue du *Roi bien-aimé*. Un des pieds du cheval résiste à la destruction et fait dire à un plaisant : *La Royauté a encore un pied dans l'étrier*. La place a pris un aspect sombre et terrible. Le temps où l'on voyait la foire Saint-Ovide est bien loin : plus de danseurs, plus de pantins, mais une liberté assise, appuyée sur une haste antique et le bonnet phrygien sur le front. Devant elle, la guillotine et maître Sanson, le bourreau, qui exécute cet arrêté de la Commune :

Séance du 23 août 1792.

« Le procureur de la Commune entendu, le Conseil » général arrête que la guillotine restera dressée jus- » qu'à ce qu'il en ait été autrement ordonné, à l'excep-

» tion néanmoins du coutelas, que l'exécuteur des hau-
» tes-œuvres sera autorisé d'enlever après chaque exé-
» cution. » (*Registre de la Commune*, t. IX, p. 350.)

Que de force, de courage, de beauté, de génie, cette place a dévorés! L'impulsion était donnée ; on administrait, on tuait avec un ensemble effrayant, et le soir la Commune réglait ses comptes avec l'exécuteur.

Tels sont, messieurs, les faits les plus saillants qui se rattachent à cette voie publique, à laquelle une loi du 26 octobre 1795 donna le nom de *place de la Concorde*. Quelques jours après, des ouvriers, en restaurant la statue de la Liberté, trouvèrent dans le globe que tenait cette prostituée ivre de sang et de boue, un nid de tourterelles. L'augure parut favorable et confirma la nouvelle dénomination.

Voilà, milord, l'histoire de la place de la Concorde, histoire pleine de sang, de douleurs et de larmes.

— Elle m'a vivement intéressé, et je vous en remercie.

— Maintenant que Votre Seignerie daigne me permettre de lui adresser une question.

— Volontiers, monsieur le Directeur.

— En étudiant avec nous Paris sur place, dans la rue, auriez-vous l'intention, milord, d'interpréter seulement dans un ouvrage la situation actuelle de la Capitale de la France, ou bien Votre Seigneurie voudrait-elle explorer un champ plus vaste, en creusant notre institution municipale ancienne et moderne ?

— Je serais ambitieux de faire précéder mon travail

d'une introduction historique et administrative sur Paris, qui résumerait en quelques pages l'ancienne organisation de la Prévôté et l'institution préfectorale toute moderne.

— En agissant ainsi, milord, vos études laisseront une empreinte.

— Cela est vrai, monsieur le Directeur, mais je sens que ce travail, qui exigerait de longues recherches, ne saurait être entrepris par un homme de mon âge. L'on n'apprend pas à épeler l'administration à cinquante ans bien sonnés, alors que cette administration surtout est celle d'une grande ville qui vous est étrangère.

—Milord, je vous épargnerai les ennuis d'un noviciat qui vous effraye, en vous rappelant aussi succinctement que possible l'origine de notre institution municipale, ses développements, sa prospérité, sa destruction en 1789 et son exhumation depuis. Si mes principes vous deviennent sympathiques, ma plume est à la discrétion de Votre Seigneurie.

— J'accepte, monsieur le Directeur, avec autant de reconnaissance que vous y mettez de courtoisie.

— Milord, vous me rendrez à Londres ce que je vous offre à Paris. Permettez-moi de vous faire une proposition.

— Je l'accepte en ce qui me concerne, monsieur le Directeur.

— Je crains que les jambes du Père Arsène ne soient guère de l'avis de Votre Seigneurie...

— Dis toujours, mon garçon.

— Le Roi Louis XIV adressait souvent aux Échevins cette sage recommandation :

« Messieurs les Édiles, disait Sa Majesté, faites de l'administration municipale en prévision des brillantes destinées que Dieu réserve à la France et surtout à Paris. Administrez cette ville de haut et de loin, *par-dessus les tours Notre-Dame !* »

Je vous avoue, messieurs, que je serais heureux de suivre cette recommandation du grand Roi à nos vieux Échevins, dont je m'honore d'être l'élève.

— Mais grimper sur les tours Notre-Dame, dit le Père Arsène, tu aurais bien pu, mon garçon, choisir une recommandation moins élevée.

— Mon cher professeur, vous pouvez narguer encore vos quatre-vingts ans; d'ailleurs, s'il est nécessaire, je vous soutiendrai comme Énée porta, lors de l'incendie de Troie, son père Anchise.

Dans cette position et dominant la grande Cité, il me sera plus facile de vous faire assister aux développements de cette ville. Les monuments épars sur le sol parisien me serviront de jalons. En une demi-heure, je vous ferai connaître, milord, ce qui m'a demandé vingt-deux années à apprendre.

— Adopté, messieurs, partons, dit le Père Arsène.

En peu d'instants, la voiture de Valter Bruce nous conduisit à la place du Parvis-Notre-Dame, et, grâce à l'obligeance de l'architecte de la cathédrale, nous nous hissâmes, le Père Arsène en tête, jusqu'au sommet de la tour méridionale.

Il était sept heures du soir. Dès que nos regards purent embrasser l'immensité de la ville de Paris, par un mouvement subit et instinctif, tous trois nous découvrîmes comme pour saluer une Reine!

Le panorama était splendide, surtout au sud-ouest. De ce côté, le soleil semblait servir de limite à la grande Cité. De cet horizon de feu se détachaient superbement l'hôtel des Invalides et l'Arc de Triomphe de l'Étoile. Parfois dans les interstices des pierres, dans les entre-colonnements de nos édifices se glissaient des rayons de soleil dessinant des gerbes de diamants, d'émeraudes et de saphirs.

Paris lumineux, étincelant à l'ouest, semblait rechercher l'ombre en se poursuivant au nord. De ce côté, les maisons étroites, serrées, uniformes, étaient couvertes d'une immense buée. Quelques édifices et des milliers de petites colonnes, servant de cheminées à des usines, perçaient cette immense croûte de plomb. Puis, à l'extrémité, bien loin, quand Paris cessait, on distinguait comme un mince ruban, une faveur verte qui lui servait de ceinture— c'était la ligne des fortifications avec ses talus gazonnés.

A l'est, se dessinaient l'église Saint-Gervais, l'église Saint-Paul, la colonne de la Bastille, le donjon de Vincennes, puis s'infléchissant vers le sud, le dôme de la Salpêtrière, le Panthéon, le Val-de-Grâce, Saint-Séverin, la flèche du Palais de Justice...

Plus ces monuments s'inclinaient vers l'ouest, plus ils gagnaient de clarté et mieux la pierre se découpait sur le fond lumineux.

Cet ensemble merveilleux, impossible à décrire tant

l'émotion fait trembler la plume, rendait le Père Arsène fou de plaisir, d'orgueil et de nationalité.

L'admiration du vieux Parisien pur sang éclatait en exclamations, en fusées latines, françaises, allemandes, italiennes et anglaises ; il semblait que le digne professeur savourât l'essence de la plus exquise volupté en forçant chaque idiome à caresser sa ville bien-aimée.

L'Anglais, lui, ressentait une admiration sérieuse, calculée, profonde ; elle soulignait ses expressions : grande ville ! grande nation ! j'aime la France !

Le Père Arsène, ne pouvant plus parler, vu qu'il avait épuisé son vocabulaire, se tortillait de plaisir et battait des entrechats sur la plate-forme, tandis que l'Anglais comptait ses pas entre chaque parapet en murmurant ces mots : beau, très-beau, superbe !

Enfin, le vieux professeur, après avoir fatigué ses jambes et reposé quelque peu sa langue, se tourna triomphalement du côté de Valter Bruce, en déclamant ces deux vers que la folie du digne professeur avait improvisés :

> Vous goûtez là, milord, un vrai plaisir de prince ;
> On ne vit qu'à Paris, et l'on broute en province.

— Je ne crois pas, Père Arsène, que votre poésie soit couronnée par les Champenois, les Gascons, les Normands et autres provinciaux. Si vous le voulez, messieurs, nous allons commencer notre cours d'histoire municipale de Paris, car dans une demi-heure le gardien de la tour viendra nous inviter à déloger.

— Nous vous écoutons, monsieur le Directeur.

— Milord, vous voyez d'ici comme un mince filet d'eau qui entoure cette languette de terre, dont l'église Notre-Dame est le centre ; eh bien, ce filet d'eau c'est la Seine, et cette languette de terre l'île de la Cité, le berceau de Paris.

Lorsque la population étouffa dans la Cité, lorsque le vase trop plein déborda, l'émigration s'opéra au nord et au midi. Le commerce et l'industrie prirent le chemin du grand pont et s'établirent au nord sur un magnifique plateau, bien favorable au transport des marchandises.

L'étude, la science et la vieillesse traversèrent lentement le petit pont pour gagner les coteaux de Sainte-Geneviève, à l'effet de s'affranchir du tumulte de la ville.

Tels furent les premiers développements de Paris en sens contraires. La préférence pour chacune des deux rives de la Seine, l'intérêt l'explique.

Mais avant de rappeler les agrandissements successifs de la ville, il importe de vous faire apprécier exactement la merveilleuse institution qui a été le principe de la grandeur et de la prééminence de Paris.

— Nous t'écoutons avec intérêt, mon cher élève ; car je sais que cette institution a été l'étude et l'affection de toute ta vie.

— Milord, l'histoire municipale de Paris se divise en deux époques tout à fait distinces, nettement tranchées, comme avec la hache. La première remonte à l'origine de l'ancienne monarchie, se continue, prospère, resplendit et meurt avec elle.

La seconde, qui commence à une révolution et porte une date sanglante, se poursuit de nos jours après avoir été épurée sous le Consulat et ennoblie par le talent de trois administrateurs, qui se sont succédé presque sans interruption.

L'une est l'institution de la Prévôté, l'autre est l'administration Préfectorale, bien que la création des préfets ne remonte qu'à la loi de l'an VIII.

— Voyons, monsieur le Directeur, l'époque de la Prévôté.

— Il y a de cela deux mille ans, milord ; l'Athènes de la civilisation moderne n'était qu'une chétive bourgade, habitée par de pauvres bateliers ; les Romains viennent fouler le sol sur lequel repose cette basilique, et Lutèce se transforme.

Lorsque la grandeur romaine disparut, tout ne périt pas avec elle. Rome avait greffé le génie de son administration sur des branches plus jeunes. Rome avait cessé d'être la ville des Césars ; depuis longtemps elle était anéantie, morte, que ses institutions gouvernaient encore le monde.

Parmi ces institutions, la plus belle de toutes était l'institution municipale.

Grâce aux Romains, les pauvres bateliers avaient grandi, et la petite Lutèce devenait une ville.

— Nos historiens, mon cher élève, ont écrit que la Royauté choisit plus tard l'ancienne Lutèce pour Capitale, en raison de l'excellente situation de Paris que la Seine protégeait contre toute invasion.

— C'est là une erreur, Père Arsène. Le premier Roi

qui fit de Paris son séjour ordinaire, qui l'adopta franchement pour Capitale, fut le Roi Philippe-Auguste ; or, à l'époque où le héros de Bouvines adopta Paris, depuis longtemps cette ville avait brisé le barrage que le fleuve opposait à ses développements.

Philippe-Auguste choisit Paris pour Capitale, ce Roi en fit son séjour habitué et préféré, parce que cette ville offrait à la Royauté des ressources que le Souverain n'eût pu trouver ailleurs aussi abondantes, aussi complètes.

Le moment est venu, milord, de faire étinceler cette merveilleuse organisation municipale. Il y eut entre Philippe-Auguste et nos Édiles parisiens un accord, comme un pacte sacré qui fit la Royauté souveraine maîtresse, et Paris capitale de la France.

Le jour où cet accord fut discuté, Philippe-Auguste confessait aux Édiles parisiens cette vérité désolante : La Royauté est errante de ville en ville ; son pouvoir est contesté à chaque instant par les grands vassaux qui se révoltent impunément. Obligée de batailler, de se défendre, la Royauté ne gouverne pas.

— Sire, répondirent les Magistrats parisiens, choisissez Paris pour Capitale ; faites de cette ville votre séjour préféré, et vous aurez raison de vos vassaux ; votre couronne sera ferme et solide sur votre tête royale. En échange des priviléges que nous vous demandons pour conserver à notre ville bien-aimée sa suprématie, qui fera la solidité de votre trône. Sire, que voulez-vous? Vous faut-il de l'or ? en voici ; du fer ? en voilà ; notre vie ? nous sommes prêts.

Le Roi accepta, et Paris devint pour la royauté une assise de granit, la meilleure base d'opérations en cas de guerre. Cette formidable position fut cause en partie que le Souverain réunit à la Couronne, par la confiscation féodale ou l'épée à la main, la Normandie, le Maine, l'Anjou, la Touraine et le Poitou ; que Philippe put acheter le comté d'Auvergne et d'Artois, et se faire restituer la Picardie.

Cet accord entre Philippe-Auguste et les Magistrats de Paris fit la grandeur du Roi comme la fortune de la ville. — Philippe-Auguste régna, et Paris fut Capitale.

Les provinces jalousèrent Paris, qui dominait par la force, la grandeur, la richesse et l'intelligence ; mais la Royauté, la poignée de son épée dans la main et la pointe partout, leur répondit : —Taisez-vous ingrates, Paris a constitué une grande nation, Paris a fait une France !...

— Monsieur le Directeur, cette grande vérité historique m'impressionne vivement.

— Pour bien comprendre, milord, la solidarité qui existait entre la sécurité du trône et la prééminence sans conteste de Paris, je vais vous faire connaître tous les rouages du mécanisme municipal, dont l'unique moteur était dans la main du Roi.

Avant de songer aux intérêts de la Ville, la Prévôté se préoccupe de la solidité du trône et de l'éclat de la couronne de France.

Elle a compris que le hasard n'est pour rien dans la longévité séculaire des empires ; que ceux qui résistent à l'action du temps doivent ce privilége de durée à des institutions dont le principe est l'autorité souveraine, mais forte, mais puissante, mais irrésistible, étendant le bras du nord au midi, ici, là, partout, et sentant sous sa main et toujours battre le cœur de la France.

Alors elle fait comprendre au Souverain que Paris doit rester plus que jamais ville de luxe et cité des beaux-arts ; que les nobles, les artistes, les étrangers y doivent dominer par le nombre, afin que cette majorité intelligente, riche et nécessairement dépensière assure le travail de la minorité pauvre.

La Prévôté exprime l'avis que Paris ne progresse pas outre mesure en étendue et n'augmente pas trop rapidement en population, parce qu'il serait dangereux que la Capitale pesât trop fortement sur la France.

Partant de ces principes, elle continue plus que jamais à frapper d'un droit les denrées de consommation dans le but de maintenir, par la cherté des vivres à Paris, le cultivateur dans son champ, et l'ouvrier ou l'artisan dans sa ville de province.

La Prévôté soutient cette vérité, dont la négation est désastreuse au point de vue du pouvoir souverain : que si, d'un côté, la vie était à meilleur marché dans Paris et les salaires plus élevés que partout ailleurs, ces deux injustices exerceraient une double attraction également funeste, attendu que les artisans et les cultivateurs quitteraient en foule la province pour fondre sur Paris, et qu'il s'opérerait par le fait de cette émigration un revirement fatal ; la majorité riche devenant la minorité, et l'ancienne minorité pauvre la remplaçant pour dominer à son tour.

La Prévôté ajoute que les riches en minorité n'assurant plus le travail dans Paris, le fardeau retomberait sur l'Édilité parisienne, désormais contrainte à nourrir, et quand même, non-seulement les Parisiens, mais encore le contingent avarié de toutes nos provinces ayant chacune son égout versant impunément ses impuretés dans Paris.

Que pour soutenir ce fardeau, chaque jour plus pesant, donner du pain à cette population bariolée, toujours grossissante, l'Édilité parisienne serait condamnée à une exagération de travaux, dont l'exécution, utile en principe, deviendrait désastreuse dans l'application par cela même qu'elle appellerait à son de trompe d'autres émigrants qui pèseraient plus fatalement encore sur Paris.

Qu'en fin de compte, l'Édilité parisienne, à bout de ressources, épuisée, agonisante, succomberait dans la banqueroute avec la douleur de prévoir la chute d'une Royauté qu'elle avait mission de sauvegarder.

Aussi cette grande magistrature est sublime de dévouement et de génie ; chaque jour, à chaque heure, elle renforce l'autorité souveraine. Toute pierre qui se détache est remplacée avec du granit, et de suite. Dans les interstices, si elle s'aperçoit que le flot provincial s'infiltre, elle arrête le flot avec du ciment.

La vie est succulente à Paris, dit-elle, mais la vie est chère, c'est bien ! A Rouen, on tissera le coton, Amiens aura la laine et Lyon la soie.

Paris, lui, ne travaillera pas de ses mains, mais son intelligence rayonnera, et c'est juste !

Paris se construira de beaux monuments, les plus splendides, c'est encore juste : Paris reflète la France !

Paris inventera des plaisirs qui resteront inconnus et impossibles ailleurs ; c'est toujours juste, parce que cette ville est Reine et que tous les grands de l'Europe et du monde, Empereurs, Rois, poëtes, artistes, tous sont ses tributaires, et qu'ils doivent l'adorer, esclaves, éblouis, à genoux !...

Il faut entendre, milord, la Prévôté répondre à l'argumentation jalouse et mesquine de la province, qu'elle force à contribuer à la beauté de Paris par cette sublime raison que cette beauté est une des gloires de la France.

La Capitale est pour vos produits, dit le Prévôt, un immense débouché, une mine d'or. Nous frapperons d'un droit le blé de la Beauce comme le bétail de la Normandie, les vins de Bourgogne et du Bordelais, comme les étoffes de laine et de soie que nous envoient Amiens et Lyon. De cet argent que nous procureront les taxes, nous ferons deux parts : l'une à la Royauté pour la couvrir de pourpre et la faire grande dame et souveraine maîtresse ; l'autre nous servira toujours à construire de splendides monuments, dont la beauté rayonne sur le monde et le conquiert à la France.

Mais une inquiétude tourmente le Magistrat : il est à craindre que Paris ne devienne le rêve des pauvres comme il est l'attraction irrésistible des riches.

Le Magistrat renforce les corps de métiers parisiens et des corporations marchandes. Tout artisan, ouvrier de la province ou cultivateur qui arrive à Paris, est obligé de prouver une occupation suivie et lucrative qui motive son séjour dans la Capitale.

S'il vagabonde dans les rues de Paris et qu'on l'arrête, le Prévôt le fait déguerpir et le renvoie à sa province ; tout voleur ou bohême qui a subi sa peine, s'il est étranger à Paris, est reconduit de force dans son village. La province, dit la Prévôté, ne doit pas se nettoyer de sa vermine aux dépens de Paris.

En ce qui concerne les corporations marchandes, c'est le commis parisien qui devient patron parisien. Arrière le banqueroutier de la province qui tenterait de s'établir à Paris.

Le marchand rouennais reste à Rouen, le filateur de laine demeure à Reims, comme celui qui tisse la soie est rivé à Lyon.

Cette grande organisation industrielle et commerciale dans Paris, qui proportionne la somme du travail au nombre des bras, qui assure un salaire constamment rémunérateur, qui empêche de jeter sur la place de Paris une marchandise dont l'avilissement dessécherait toute une branche de commerce, cette merveilleuse organisation, répétons-le, sauvegarde merveilleusement l'autorité Royale.

Cette magistrature, qui a étudié son Paris et le sait par cœur, est à l'affût des événements pour en faire profiter la Capitale, s'ils sont heureux, pour en détourner le danger, s'ils font craindre un malheur.

Ainsi, qu'il arrive, après une guerre intestine et religieuse comme celle de la Ligue, qu'une masse d'ouvriers étrangers, de désœuvrés et de vagabonds fonde sur Paris et menace d'augmenter cruellement sa population dans le sens de la pauvreté et de la misère, la Prévôté conseille au Souverain de grands travaux en province, à Rouen, à Bordeaux, à Lyon, qu'importe ! pourvu qu'il s'opère vers ces villes secondaires un écoulement qui dégage Paris. C'est l'humeur qu'un habile médecin détourne de l'organe dont le fonctionnement régulier assure la vie du corps tout entier.

Tels sont, milord, les principes administratifs auxquels ont obéi sans dévier nos Édiles parisiens, depuis Philippe-Auguste jusqu'en 1789, au grand profit de la Royauté française.

— Je serai bien aise, monsieur le Directeur, de connaître maintenant la période révolutionnaire.

—Prochainement je contenterai Votre Seigneurie; il est trop tard maintenant, j'aperçois le gardien des tours.

— Descendons, messieurs, dit le Père Arsène, qui semble avoir des fourmis sur les jambes.

— Quand pourrai-je avoir le plaisir de vous voir ?

— Demain matin à onze heures, s'il plaît à Votre Seigneurie.

— Le lieu du rendez-vous ?

— Devant la fontaine Saint-Michel, c'est le jour de son inauguration, il y aura fête municipale.

— J'y serai.

PRÉFECTURE DU DÉPARTEMENT DE LA SEINE.

BOULEVARD DU PRINCE-EUGÈNE

(Partie comprise entre le quai de Valmy et le boulevard du Temple.)

Tableau des Offres, Demandes et Allocations.

Rue d'Angoulême, 12, Roy, propriétaire, arrangement amiable, 158,000 fr. — Julien, limonadier, locataire, bail contesté, Offre 4,000; Demande 18,000; Allocation 8,500. — Gillet, bonnetier, bail 3 ans 9 mois, 960 fr. O. 6,000; D. 39,000; A. 15,000. — Bondeux, fabricant de bronzes, 2 ans 3 mois, 1,700 fr. O. 1,500; D. 25,000; A. 6,000. — Courtier, commissionnaire en brosses à peindre, 6 mois, 700 fr. O. 350; D. 3,650; A. 1,500.

Rue d'Angoulême, 14, et rue de Malte, 33, Pitois, prop., arrangement amiable, 147,500. — Locataires : Drouhin, marchand de vins, bail 2 ans 6 mois, 1,600. O. 8,000; D. 34,850; A. 15,000. — Donadieu, maison meublée, 2 ans 6 m. 4,800. O. 6,000; D. 31,700; A. 15,000. — Veuve Brou, tripière, 2 ans 6 mois, 500. O. 2,000; D. 12,000; A. 6,000. — Loyer, marchand de bouillon, 1 an 3 mois, 450. O. 1,500; D. 13,372; A. 4,000. — Thibeau, horloger-bijoutier, à l'amiable.

8,000. — Jeanne, herboriste, id., 4,000. — Dubois, fabricant de fauteuils, id., 5,000.

Rue de Malte, 31, Époux Dubois, prop. O. 63,000; D. 121,880; A. 100,000. — Loc. de Jeufosse, march. fruitier, à l'amiable, 8,000. — Petit, fabricant de fauteuils, id., 5,000.

Rue de Malte, 29, Époux Ducamp, prop., A. 75,000. Locat. Brébant, marchand de vins traiteur, bail 7 ans 9 mois, 1,700. O. 1,000; D. 12,000; A. 2,000.

Rue de Malte, 27, Époux Carpentier-Foignet, prop. O. 25,000 (partie); D. 120,000 ; A. 55,000. — Locat. Lapie, papeterie, loueur de livres, bail expiré, 800 fr. O. 400; D. 10,000; A. 3,000 francs. — Lemarchand, A. 500.

Rue de Malte, 23, Époux Portelette et consorts, O. 20 fr. (partie) ; D. 98,016; A. 65,000. — Loc. demoiselle Payan, externat de demoiselles, bail 1 an, 1,100. O. 1,500; D. 15,100; A. 4,500. — Reuillon, O. 500; D. 10,000; A. 2,500.

Même rue, 26, époux Wormser, prop. O. 150,000; D. 227,000; A. 190,000. — Locat. Lafaille, coiffeur, bail 2 ans 3 mois, 560. O. 2,000; D. 15,300; A. 5,000. — Gasquin, marchand tripier, bail 2 ans 3 mois, 600. O. 3,500; D. 15,000; A. 5,000. — Dame Breton, blanchisseuse, à l'amiable, 2,250.

Même rue, 24, époux Baudrit, prop. O. 95,000; D. 176,000; A. 130,000. — Locat. Baudrit fils, entrepreneur de serrurerie, bail 10 ans 6 m., 3,000. O. 25,000; D. 158,000; A. 50,000.

Même rue, 22, époux Veyrat, prop., O. 220,000;

D. 444,000; A. 330,000. — Veyrat fils, fabricant d'or-févrerie, bail 11 ans, 12,000. O. 30,000 ; D. 194,000; A. 95,000.

Même rue, 20, Bonnet, pr. O. 149,000; D. 238,000; A. 198,000.—Loc. Simon, mercier, bail expiré, 1,000. O. 225; A. 1,000. — Chevalier, crémier, à l'amiable, 1,000. —Bourgeois, architecte, id., 1,000.

Même rue, 18, époux de Vilestivaud, O. 62,000 ; D. 120,000 : A. 95,000. — Loc. Thialon, traiteur, à l'amiable, 4,500. — Cadoret, fruitier, id., 2,500.

Rue de Malte, 16, et rue de Crussol, 21, époux Heumann, prop. O. 106,600; D. 210,000; A. 149,000. — Loc. Lasnier, épicier, bail 5 ans 6 m., 1,400. O. 11,000; D. 61,000; A. 19,000. — Leguillette, crémier, bail 9 mois, 500. O. 1,000; D. 6,500; A. 3,000.

Rue de Crussol, 23, dame Jouffroy, pr. O. 140,000; D. 232,000 : A. 198,000. — Loc. Labe, traiteur, 6 ans, 600 fr. O. 2,000; D. 18,000; A. 8,000. — Denaigre, appareils à gaz, à l'amiable, 2,250.

Rue de Crussol, 25, 27, et rue du Grand-Prieuré, 13, prop. la Ville de Paris. — Loc. Machuré aîné, bains de vapeur, bail 12 ans, 3,500. O. 22,000; D. 127,000; A. 70,000.—Machuré jeune, épicier, bail 6 ans, 1,500. O. 6,000; D. 30,000; A. 12,000. — Lorgeron, limonadier, pas de bail, à l'amiable 1,400.

Rue du Grand-Prieuré, 15, veuve Lasson et consorts, prop., à l'amiable, 80,000.—Loc. Grison, cordonnier, bail 2 ans 3 mois, 400. O. 1,800; D. 12,320; A. 3,000. — Jeannin, traiteur, bail 2 ans 3 mois, 1,800; O. 2,000; D 13.294; A. 6,000. Garnier frères, fondeurs en cuivre, bail 2 ans 3 mois, 1,100 francs. O. 3,000; D. 21,000; A. 8,000.

Rue de Crussol, 20, et rue de Malte, 14, Gambier père et consorts, propr. O. 122,000 ; D. 181,000; A. 148,000. — Loc. Boulez, marchand de vins, bail contesté, 1,200. O. 2,000; D. 35,000; A. 15,000.—Lange, à l'amiable, 200.

Rue de Malte, 12, dame Fournier, prop. O. 188,000; D. 290,000; A. 225,000.—Rabutot, à l'amiable, 2,000.

Même rue, 8, veuve Courtois, prop. A. 120,000. — Loc. Lhuillier, établissement de bains, 14 ans, 5,000. O. 25,000; D. 165,000; A. 75,000.

Rue de Crussol, 22, dame Coquerel, pr. O. 90,000; D. 140,800 ; A. 110,000. — Loc. Fabrègues, charbonnier, bail 3 ans 3 mois, 600. O. 2,000; D. 16,000; A. 6,000. — Rigollet, fruitier, A. 4,000.

Rue de Crussol, 24, et rue du Grand-Prieuré, 9 et 11, veuve Lesieur et consorts, propriét., à l'amiable, 400,000. —Loc. Crozier, fabricant de billards, A. 300. — Domont, A. 4,500, et Lejeune, 1,000, d'accord. — Demoiselle Barbette, blanchisseuse, A. 3,000. — Feuchère, fabricant de bronzes, A. 13,000. — Wandewalle, ciseleur, A. 5,500.

Rue du Grand-Prieuré, 7, époux Dethy, propriét. O. 126,000; D. 198,000; A. 140,000. — Loc. Dethy, marbrier, O. 10,000; D. 55,000; A. 20,000. — Morel, crémier, bail 1 an 6 mois, 400. O. 1,000; D. 10,500; A. 4,000.

Même rue, 5, époux Bouché, prop. O. 42,000; D. 77,000; A. 65,000. — Loc. Riberolle, brocanteur, à l'amiable, 4,000. — Garcier, marchand de vins, id., 4,000.

Rue du Grand-Prieuré, 3, et rue de Malte, 6, Leclerc, prop. O. 150,000 partie; D. 305,000; A. 265,000. — Loc. Bernard, D. 4,000; A. 2,000.— Bourquin, D. 3,000; A. 1,500.

Rue du Grand-Prieuré, 1, et rue de Ménilmontant, 25, 27, 29, Lambin ou Mayeux, prop. O. 20 fr. partie; D. 65,543; A. 10,000.—Loc. Quenard, march. de vins, restaurant, bail 5 ans 6 mois, 2,200. O. 20,000; D. 95,280; A. 45,000. — Veuve Lebrun, marbrière, bail 16 ans 3 mois, 2,000. O. 5,000; D. 26,500; A. 10,000. — Normant, ciseleur, bail 2 ans 9 mois, 350. O. 200; D. 4,300; A. 1,250. — Veuve Mayet, fabricant de caoutchouc tissé, à l'amiable, 2,000.

Rue de Ménilmontant, 37, quai de Valmy, 107, 109, 111, 113, rue de Crussol, 26, 28, rue du Grand-Prieuré, 6, 8 et 10, Camille et consorts, prop. O. 20 fr. partie; D. 83,000; A. 20. — Loc. Fournier, A. 500.

Rue du Grand-Prieuré, 4. époux de l'Écolle, prop. O. 105,000; D. 233,000; A. 175,000. — Loc. Bouché, doreur, bail 12 ans, 1,200. O. 9,000; D. 46,500; A. 22,000. —Plé, menuisier, bail 3 ans, 1,000. O. 4,000; D. 12,000; A. 7,000. — Bergerol, O. 235; D. 200; A. 800. — Delrue, O. 115; D. 1,000; A. 650.

Rue du Grand-Prieuré, 2, et rue de Ménilmontant, 31 et 33, Lambin, pr. O. 100,000; D. 177,500; A. 130,000. Loc. veuve Charpentier, principale locataire, pour partie, bail 3 ans, 1,400 fr. O. 1,000; D. 8,065; A. 6,000.

— Dautin, O. 1,000; D. 12,000; A. 3,000. — Durup, O. 1,000; D. 5,000; A. 2,000.

Rue de Ménilmontant, 28, veuve Gaboré, propr., O. 270,000 partie; D. 497,500; A. 370,000. — Locat. Sellier, crémier, à l'amiable, 4,500.

Même rue, 30, comtesse Roy, prop. O. 160,000; D. 555,000; A. 380,000. — Loc. Clémençon, locat. principal, entrepreneur d'éclairage à l'huile, bail 11 ans 6 mois, 9,000. O. 40,000; D. 320,000; A. 135,000. — Franco, marchand de café, à l'amiable, 2,000.— Sauvebois, fruitier, id. 1,800.

Rue de Ménilmontant, 32, 34, et quai de Valmy, 103 et 105, dame veuve Bichet et consorts, O. 550,000; D. 1,124,000; A. 940,000. — Loc. Jacob, fabricant d'appareils de chauffage, bail 5 ans 3 m. 11,300. O. 45,000; D. 210,000; A. 95,000. — Deny, mécanicien, bail 13 ans 3 mois, 3,400. O. 30,000; D. 175,000; A. 66,200. — Wanner, fabricant de porte-monnaie, b. 4 ans 9 m. 2,000. O. 12,000; D. 117,500; A. 27,000.— Bergier, ébéniste, bail 6 ans 6 m., 2,000. O. 7,000; D. 45,500; A. 15,000.— Wedder, fabricant de meubles, b. 3 ans, 2,000. O. 13,500; D. 97,500; A. 30,000. — Alix, acier poli maroquinerie, bail 10 ans, 2,000. O. 6,000; D. 25,000; A. 20,000. — Brunel, fabricant de bronzes, bail 7 ans 3 m. 3,000. O. 9,000; D. 77,000; A. 30,000. —Dupuy, tailleur, bail 6 ans 6 mois, 1,300. O. 3,000; D. 25,000; A. 12.000.—Caussinus, à l'amiable, 8,000. —Decret, id. 6,000.—Carteron, O. 1,000; D. 4,000 ; A. 2,500.

Quai de Valmy, 101, et passage Saint-Pierre, veuve

Petit et consorts, prop. O. 20 fr. partie; D. 190,700 ; A. 20,000. — Loc. Crepin frères, verriers, bail 2 ans, 8,000. O. 28,000; D. 104,500; A. 42,000.— Grande-roinet, O. 600; A. 3,000.— Mathée, O 1,200; A. 4,000.

Partie du passage Saint-Pierre, Delpire et consorts, prop., O. 20; D. 5,440; A. 2,000.

Quai de Valmy, 99, et passage Saint-Pierre, Compagnie Parisienne d'éclairage et de chauffage par le gaz, prop. O. 20 fr. partie; D. 96,038; A. 25,000. — Loc. Chagot, représentant la Compagnie des mines de Blanzy, bail 1 an 6 m., 5.000. O. 20,000; D. 158,138; A. 20,000.

Quai de Valmy, 97, Rouxel, prop. O. 20 fr. partie; D. 16,637 fr. 80; A. 2,500. — Veuve Dupuis, princip. locataire, bail 1 an 9 m., 7,500. O. 500; D. 2,000; A. 2,000.

Rue de Malte, 39, époux Terseur, prop. à l'amiable, 52,000. — Loc. Terseur, grainetier, A. 32,000.

Rue d'Angoulême, 19, et rue de Malte, 37, dame Brunet et consorts, propr. à l'amiable, 52,000.—Loc. Morel, tabac et liqueurs, bail 11 ans 9 mois, 1,600. O. 9,000; D. 59,000; A. 25,000. — Gros, O. 500; D. 5,000; A. 2,500.

Rue d'Angoulême, 17, dame Brunet, pr. à l'amiable, 114,000.— Loc. Leprêtre, épicier, bail 2 ans 6 mois, 1,600. O. 4,500; D. 23,000; A. 10,000. — Dutertre, fruitier, à l'amiable, 4,500.

Même rue, 15, les Hospices de la Ville de Paris, pr. O. 35,000 ; D. 49,790; A. 49,790. — Loc. Lembert, locat. emphytéotique, bail 19 ans 9 mois, 134 fr. 53 c.

O. 43,000; D. 162,000; A. 69,000.— Gaston, coiffeur, bail 2 ans 9 m., 950. O. 2,500 ; D. 17,800; A. 4,500. — Chalon, chaudronnier, bail 6 ans, 1,200. O. 7,500; D. 32,200; A. 16,000.

Même rue, 13, Delondre, propriét. O. 220,000 ; D. 340,000; A. 320,000.

Même rue, 11, Javal, prop. O. 200,000; D. 340,000; A. 270,000. — Loc. Pers, marchand de parapluies, bail 5 ans 6 m., 1,000. O. 4,000; D. 25,000; A. 10,000. — Lallier, faïencier, bail 3 ans 3 m., 1,100. O. 4,000; D. 28,000; A. 12,500. — Caffrel, literie, bail 2 ans, 350. O. 1,000; D. 15,100; A. 6,000. — Colain, tailleur, bail 2 ans 9 mois, 650. O. 650; D. 10,000; A. 2,000. — Isidore, grand rabbin, à l'amiable, 2,500 francs.

Passage du Jeu-de-Boules, 12, veuve Vigneaux, pr. O. 80,000; D. 150,300; A. 120,500.— Loc. Bourgade, bail 5 ans 6 mois, 500. O. 2,000; A. 5,200. — Reynouard, à l'amiable, 2,500.

Passage du Jeu-de-Boules, 10, époux Bridoux, prop. O. 46,000; D. 81,000; A. 61,800. — Loc. Mana, blanchisseuse, à l'amiable, 2,200.— Hélies, crèmerie, id., 3,500.

Passage du Jeu-de-Boules, 8, époux Gauthier, prop. O. 117,000; D. 180,400; A. 150,000. — Loc. Bridoulot, marchand de vins, bail 4 ans 9 m., 750. O. 1,500; D. 8,000; A. 4,500.

Passage du Jeu-de-Boules, 6, Roos et consorts, pr. O. 44,000; D. 83,000; A. 65,000. — Loc. Lespiaut, fabricant d'articles de chasse, b. 3 mois. 920. O. 1,000;

D. 17,000; A. 7,500. — Bourguignon, O. 400; D. 1,800; A. 800.

Passage du Jeu-de-Boules, 4, veuve Pottier et con-sorts, prop. O. 160,000; D. 271,000; A. 235,000.

Partie du sol du passage du Jeu-de-Boules, Lucas et consorts, prop. O. 20; D. 2,000; A. 300.

Passage du Jeu-de-Boules, 11, Ondel, propriét. O. 77,000; D. 170,000; A. 110,000.— Loc. Ondel, cham-bres meublées, O. 2,000; D. 7,000; A. 3,500.— Sinaï, marchand d'habits, à l'amiable, 2,000.

Passage du Jeu-de-Boules, 9, Lebrun et consorts, prop., à l'amiable, 77,000.

Même passage, 7, époux Billiard, prop. A. 98,000. — Loct. Fricdenan, O. 50; D. 5,000; A. 500. — Blan-chebou, O. 50; D. 6,000; A. 500.

Même passage, 5, baronne de Lambot, propriét. O. 63,000; D. 110,000; A. 96,500.—Loc. Domaget, hôtel meublé, bail 5 ans 3 m., 4,000. O. 6,000; D. 44,000; A. 18,000. — Tillet, appartement, à l'amiable, 9,125.

Même passage, 3, Bardin, propriét. O. 68,000; D. 137,902; A. 96,000.

Rue des Fossés-du-Temple, 40, époux Maisonneuve, prop. O. 380,000; D. 660,000; A. 480,000. — Locat. Baudichon, marchand de vins, bail 11 ans 3 m., 1,650. O. 10,000; D. 40,000; A. 25,000. — Marix, mercier, bail 2 ans 9 m., 700. O. 1,500; D. 8,000; A. 4,000.— Printz, à l'amiable, 750.

Rue des Fossés-du-Temple, 42, Delporte, propriét. O. 96,000; D. 180,600; A. 132,000. — Locat. Cabat, marchand de vins, bail 8 ans, 500. O. 2,000; D. 25,000;

A. 8,000. — Mont de Piété, appartement, bail 12 ans 9 mois, 2,200, à l'amiable, 6,800. — Menne, marbrier, id. 15,000. — Garnier, O. 400; D. 2,500; A. 2,000.

Rue de la Tour, 2, et rue des Fossés-du-Temple, 44 et 46, Marty, propriétaire, O. 130,000; D. 220,000; A. 200,000. — Loc. Marie, épicier, bail 6 mois, 1,000 fr. O. 2,000; D. 20,000; A. 8,000. — Marchand, logement en garni, bail 2 ans 6 m., 1,800. O. 7,000; D. 40,000; A. 12,000. — Piebourg, étameur, bail contesté, 250. O. 125; D. 5,000; A. 650. — Fournery, marchand de vins, bail contesté, 400. O. 200; D. 6,000, A. 1,200. — Berolla, O. 1,500; D. 10,000; A. 6,000.

Rue de la Tour, 4, héritiers Aretz et consorts, prop. O. 22,000; D. 37,000; A. 30,000. — Locat. Gueutin, principal locataire, à l'amiable, 1,000.

Même rue, 6, baronne de Bonardi du Ménil, propr. O. 12,000; D. 59,000; A. 14,000. — Loc. Bonnard, locataire emphytéotique, bail 16 ans 6 mois, 94 fr. 81. O. 15,000; D. 35,000; A. 21,000. — Maniaval, charbonnier, bail 6 m., 320. O. 1,000; D. 8,000; A. 2,200. — Magnan, principal locat., pour partie, à l'amiable, 600 fr. — Florentin, O. 375; D. 3,000; A. 1,000.

Même rue, 8, dame Leroy Dupré et consorts, prop., O. 140,000; D. 308,000; A. 230,500. — Loc. Cauchy, fabricant de lampes, principal locat., bail 10 ans 9 m., 7,000. O. 30,000; D. 160,000; A. 85,000. — Masson, appartement, bail 2 ans 3 m., 900. O. 450; D. 2,000; A. 900. — Rey, appartement, b. 2 ans, 670. O. 375; D. 2,000; A. 700. — Boulard, A. 2,5000. — Roger, A. 500.

Rue des Fossés-du-Temple, 48, et rue de la Tour, 1 et 3, les Hospices, propriétaire, O. 70,000 ; A. 83,636.—Loc. Meunier, marchand de vins, bail 19 a. 6 mois, 1,000. O. 10,000 ; D. 49,000 ; A. 30,000. — Bénard, bijoutier, bail 2 ans 9 m., 250. O. 2,000 ; D. 15,000 ; A. 6,000.—Lanique, marchand de vins, bail 2 ans 3 mois, 600. O. 3,000 ; D. 12,200 ; A. 6,500. — Bourgeois, cordonnier, b. 1 an, 200. O. 500 ; D. 5,000 ; A. 1,500. — Fiault, blanchisseur, bail 1 an 9 mois, 400. O. 3,000 ; D. 12,000 ; A. 6,000. — Veuve Guet, bail emphythéotique, 19 annuités 1/2 de 10,000 fr. — Veuve Aubert, blanchisseuse, à l'amiable, 1,500. — Moncel, id., 1,200. — Blondelet, O. 125 ; D. 5,000 ; A. 500.

Rue de la Tour, 5, et rue de Malte, 59, Jesson et consorts, prop. O. 20 fr. partie ; D. 3,400 ; A. 500. — Loc. Jesson Henri, bijoutier fondeur, 20 fr. partie ; D. 200 ; A. 500.

Rue des Fossés-du-Temple, 56, 54, 52, et rue de Malte, 63 et 61, Chocarne et cons., prop. O. 389,820 ; D. 935,000 ; A. 725,000. — Loc. Serier, A. 8,500.

Rue des Fossés-du-Temple, 58, époux Jeanson, à l'amiable, 80,000.

Rue des Fossés-du-Temple, 60, veuve Chantreau, prop. O. 70,000 ; D. 122,000 ; A. 99,500.— Loc. Coulon, peintre, bail 1 an 6 mois, 1,000. O. 1,000 ; D. 10,000 ; A. 2,700.—Thévenin, blanchisseuse, bail 1 an 6 mois, 600. O. 2,500 ; D. 20,000 ; A. 9,000. — Passonnier, D. 6,000 ; A. 500.

Boulevard du Temple, 50, et rue des Fossés-du-

Temple, 47, Huet, prop. O. 260,000 ; D. 575,000 ; A. 440,000.

Boulevard du Temple, 54, et rue des Fossés-du-Temple, 51, Dautrevaux et consorts, prop. O. 280,000 D. 817,000; A. 580,000.

Boulevard du Temple, 60, 58, 56 et rue des Fossés-du-Temple, 55 et 53, Lami et consorts, propriét., O. 1,250,000; D. 2,500,000; A. 1,800,000. — Loc. Harmant, directeur, bail 7 ans 9 mois, 105,000.—Veuve Monnot, café, bail 12 ans 9 m., 8,000; O. 80,000; A. 160,000.—Turlin, marchand de vins, bail 5 ans 9 m. 2,000. O. 15,000; A. 40,000. — Cassard, bronzes, b. 2 ans 9 mois, 2,000. O. 6,000; D. 50,000; A. 16,000. — Lefèvre, marchand de vins, bail 5 ans 9 m., 800. O. 8,500; A. 18,000.

Boulevard du Temple, 64, 62 et rue des Fossés-du-Temple, 57, la Société propriétaire du théâtre des Folies-Dramatiques, O. 650,000; A. 1,021,000.— Harel, directeur, bail 5 ans 3 mois, 40,000. A. 251,000. — Pinet, café, bail 5 ans 1 mois, 4,000. O. 35,000; A. 120,000. — Breffort et héritiers, et veuve Mennessier, marchands de vins, bail 5 ans 1 m., 1,500. O. 12,000; A. 30,000. — Dames Tronsin, Dumersant, principale locataire, A. 41,500.—Boulevard du Temple, 66, et rue des Fossés-du-Temple, 59, Ville de Paris.—Lombard, principal locataire, bail 16 ans 3 mois, O. 38,597; A. 45,369. — Huvet, café, bail 16 ans 3 mois, 9,000. O. 60,000; D. 375,200; A. 250,000.—Jousset, marchand de vins, bail 1 an 6 m., 4,000. O. 5,000; D. 38,200; A. 15,006. — Chamont, pâtissier, A. 12,000.

ÉTUDES SUR LE PLAN DE PARIS

I

Toutes les villes anciennes ont des défauts physiques souvent bien difficiles à faire disparaître, mais que les véritables administrateurs doivent chercher à modifier au mieux de la grandeur d'une Capitale et dans l'intérêt de la sécurité publique.

C'est une des plus belles, des plus graves questions administratives que celle qui a rapport au plan d'ensemble de Paris. Mais pour la bien traiter, il est nécessaire d'interroger l'histoire, à cette fin de rattacher utilement le passé au présent.

La Cité fut longtemps tout Paris ; lorsque le vase trop plein déborda, le commerce franchit le fleuve pour s'établir le long des chemins qui conduisaient à des abbayes célèbres. Telle fut l'origine de ces grandes artères connues aujourd'hui sous les noms de rues Saint-Martin, Saint-Denis, Montmartre et Saint-Antoine.

La richesse et les communautés religieuses trop exposées au bruit dans l'île de la Cité, composée en grande partie de bateliers, de pêcheurs et d'artisans, se dirigèrent vers la montagne Sainte-Geneviève, dont le terrain était couvert de vignes.

Pour l'administrateur qui a longuement étudié l'histoire de Paris, tout s'explique et se traduit clairement.

Si le commerce et l'industrie ont choisi la rive droite du fleuve, c'est qu'il s'y trouvait une magnifique plage et de grandes facilités pour le transport des marchandises.

Si la richesse et les communautés religieuses se portèrent vers le midi, c'est qu'un coteau difficile à gravir les affranchissait du tumulte de la Ville.

Ces établissements religieux s'agrandirent lentement, mais toujours, et sous le Roi Louis XI, cette marée montante couvrait le quart de tout Paris.

Le commerce et l'industrie, qui donnent naissance au luxe, suivaient, sur la rive droite, la Royauté dans toutes ses migrations. Ainsi Charles V habite l'hôtel Saint-Paul, et bientôt le quartier qui, plus tard, prit le nom de l'Arsenal, compte trente-cinq habitations occupées par les premières familles de France.

L'hôtel Saint-Paul passe de mode ; c'est dans son voisinage, du côté du palais des Tournelles, que se porte la noblesse.

Charles IX fait construire les Tuileries, nouvelle migration. La rue Saint-Honoré devient une des grandes artères de la ville et le rendez-vous du commerce parisien.

En effet, les marchands drapiers étaient tous dans cette rue ou dans ses affluents vers le règne de Henri III. Au-dessus de leurs magasins on pouvait voir se balancer un navire d'argent, à la bannière de France en champ d'azur, un œil en chef, avec cette légende : *Ut cæteros dirigat.*

Les Bonnetiers s'établissaient au coin de la rue des Déchargeurs ; les Orfévres, près des hôtels d'Armagnac et de Rambouillet, que fit abattre Richelieu pour construire ensuite son palais Cardinal.

Les Fourreurs, dans la rue qui porte leur nom; les Merciers, dans les environs de la rue de l'Arbre-Sec. Tous ces corps d'état ne se séparèrent qu'au moment où la Royauté, abandonnant la Capitale, improvisa Versailles.

Les Halles de Paris, qui ne servaient dans l'origine qu'à l'approvisionnement de la Ville, formèrent, par la suite, une espèce de bazar. Chaque corps de métier eut, pour ainsi dire, sa voie spécialement affectée à son commerce. — Telles furent les rues de la *Cordonnerie*, des *Petite* et *Grande Friperies*, de la *Lingerie*, de la *Cossonnerie*, de la *Tonnellerie*, des *Potiers-d'Étain*, etc.

Rappelons aussi, pour mémoire, que la première Halle fut établie dans la rue de la Juiverie (1). La population parisienne, lors de son premier développement, l'attira sur la place de Grève, et plus tard, sous Philippe-Auguste, elle fut établie où nous la voyons aujourd'hui, parce que les débordements du fleuve entraînaient souvent hommes et marchandises.

Ainsi, par un mouvement naturel, irrésistible, la rive droite accaparait tous les établissements importants

(1) Confondue aujourd'hui dans la rue de la Cité.

qui tenaient au commerce, à l'industrie. — La rive gauche conservait tous les monuments religieux, universitaires et hospitaliers. L'une était l'image du mouvement, du commerce, de la vie enfin, l'autre de la solitude, du recueillement et de la science.

Tant que la Ville de Paris eut à sa tête pour administrateurs des hommes ordinaires, cette distinction, ou plutôt cette inégalité, fut en quelque sorte favorisée. Mais le 16 août 1604, au son des fanfares, au bruit de l'artillerie de la Ville, fut proclamé Prévôt des Marchands, messire FRANÇOIS MYRON, seigneur du Tremblay, ancien Conseiller d'État et Lieutenant civil (1).

Avant ce Magistrat, on construisait, on agrandissait Paris au hasard. Le commerce allait où son intérêt le guidait, l'industrie se déplaçait selon son bon plaisir. Les uns construisaient dans une rue une simple cahute, les autres, à côté, bâtissaient une maison de cinq étages. Celui-ci voulait de l'air et laissait en face de sa propriété une largeur considérable ; celui-là, plus avare, construisait mesquinement, étranglait la rue. De là ces voies tortueuses qui subsistent encore de nos jours, et témoignent de l'impuissance des lois et des règlements.

Ces lois existaient pourtant, mais pour mémoire seulement. Le bourgeois était parfois contraint de s'y soumettre ; mais le gentilhomme s'en affranchissait toujours ; il eût fallu batailler pour lui donner de l'air.

____

(1) Consulter à la fin du travail la note A.

Les religieux étaient encore plus tenaces et menaçaient de la colère divine les Prévôts des Marchands qui osaient toucher à leur clos. Aussi les édits des 5 juillet 1420, 8 août 1454, 2 janvier 1521 et 19 novembre 1569, qui prescrivaient certaines limites pour les constructions, fixaient la largeur des rues et défendaient de bâtir en dehors de l'enceinte de Paris, étaient complétement tombés en désuétude.

François Myron vit le mal, comprit les abus et résolut de les détruire. — « *Je me descidai* (dit-il) *après mur examen et certain de l'appui du Roy et du Grand-Voyer, monseigneur de Sully, de réformer hardiment ces deffauts et iniquités.* » François Myron y parvint; les anciens règlements furent remis en vigueur et exécutés à la lettre.

Lors de la construction de la rue du Ponceau, qui fut bâtie des seuls deniers du Prévôt des Marchands, deux bourgeois et un gentilhomme, propriétaires de trois maisons dans la rue Saint-Denis, voulurent s'opposer au percement de la nouvelle rue, sous prétexte, disaient-ils, que cela nuirait à la rue Saint-Denis et diminuerait la valeur de leurs immeubles. Le Prévôt tint bon et envoya des ouvriers pour donner passage à la rue. Les trois récalcitrans ameutèrent alors la populace, qui chassa ou tua les maçons. A cette nouvelle, François Myron se mit à la tête de la compagnie des archers de la Ville, se rendit lui-même à la rue du Ponceau. On s'empara des trois instigateurs de la révolte, les deux bourgeois et le gentilhomme furent pendus à la même corde !...

Savez-vous ce que fit le peuple après cette énergique répression ? il battit des mains et reconduisit chapeau bas le Prévôt des Marchands à l'Hôtel de Ville. Quelques jours après, le Roi Henri IV écrivit ce billet à François Myron

« Compère, je vous savais homme de talent, je vous
» tiens maintenant pour homme de cœur ; si vous avez
» besoin d'un second, pensez à moi. Je vous embrasse.

» HENRI. »

On comprend les difficultés qui arrêtaient le premier Magistrat de la Ville, les obstacles que lui suscitaient la bourgeoisie, toujours avide et mesquine, et la noblesse parfois turbulente et batailleuse. Les religieux étaient encore des adversaires bien autrement dangereux. Puis on n'avait pas la faculté d'agir à leur égard comme on traitait les gentilshommes et les bourgeois récalcitrants. Henri IV craignait bien davantage la robe d'un moine que toutes les forces des Espagnes.

Un jour François Myron, épuisé de fatigue et de dégoût, alla trouver Henri IV. — « *Sire*, lui dit-il, *je ne suis pas de taille à lutter avec les religieux, ils me glissent dans la main : ne pouvant faire le bien, je me retire. — Comment cela, compère ? ne suis-je plus là pour vous aider ? Contez-moi votre affaire.* »

Et le Magistrat lui parla à peu près en ces termes :

« Voulant remplir les intentions de Votre Majesté,
» dit François Myron, j'ai concédé à Nicolas Carrel,
» entrepreneur, le droit d'ouvrir une rue dans la direc-

» tion du Pont-Neuf qui vient d'être achevé sous votre
» règne. Cette rue doit aboutir à peu de distance du
» Pré aux Clercs. Pour réaliser cette amélioration, la
» compagnie dut acheter l'hôtel ou collége de l'abbé de
» Saint-Denis, une ruelle touchant à l'hôtel de Nevers,
» puis l'hôtel de Chappes. L'affaire alla bien d'abord ;
» mais pour compléter la rue, il me fallait prendre une
» partie du jardin des Augustins (20 toises au plus en
» longueur sur 4 environ de largeur). Pour estimer ce
» terrain, des experts ont été nommés qui allouèrent
» 30,000 livres tournois à ces religieux. Cette estima-
» tion fut faite aux conditions que les matériaux pro-
» venant des hôtels démolis seraient abandonnés aux
» Augustins. — Malgré ces brillants avantages, bien
» qu'on leur paye huit fois la valeur du terrain, les reli-
» gieux refusent, et l'amélioration est remise au temps
» où la raison visitera ces bons pères. »

—Nous n'attendrons pas jusque-là, répliqua Henri IV,
ce serait sans doute un peu long. — Capitaine Givri,
dit le Roi à l'officier de service, allez chercher le supérieur des Augustins, et dites-lui que je l'attends au
Louvre.

Quelques minutes après, le religieux entrait dans le
cabinet de Sa Majesté.

— Mon père, dit Henri, voici François Myron qui
prétend que vous vous opposez au percement d'une
rue qui doit être ouverte pour le plus grand bien de la
ville de Paris, et en l'honneur du Dauphin, notre cher
fils.

— Sire, répliqua le religieux avec humilité, notre

bien est celui des pauvres, et nous avons à cœur de l'augmenter ; puis notre jardin potager est bien petit.

— *Ventre saint gris*, répliqua Henri IV en colère, *les maisons que vous ferez construire sur la nouvelle rue vaudront mieux que le produit de vos choux.*

— Que monsieur le Prévôt des Marchands ajoute dix mille livres, et c'est une affaire conclue, poursuivit le supérieur des Augustins.

— Il n'ajoutera rien. Écoutez-moi, mon père : vous êtes Normand, je suis Gascon, ne jouons pas au plus fin. Je vous donne jusqu'à demain ; si votre mur n'est pas abattu, *j'irai moi-même ouvrir la rue Dauphine avec du canon, s'il le faut.*

Ajoutez aux difficultés que ces corporations si puissantes suscitaient au Prévôt, non l'absence, mais l'impossibilité d'appliquer une loi d'expropriation qui permît, au nom de l'intérêt général pour le bien et pour l'amélioration de la Ville, de faire taire des prétentions exorbitantes, absurdes et ridicules. Rendez-vous compte de la *différence des censives* : il y avait celle du Roi, la censive de l'évêque, celle de l'abbé de Saint-Germain-des-Prés, etc. Toutes ces prétentions se disputant, se heurtant, présentaient l'image d'un chaos et rendaient souvent stériles et impuissants le talent et la fermeté de nos Prévôts des Marchands.

François Myron se dévoua aux intérêts de la Ville; il l'aimait comme un enfant sa mère. Il comprit, lui homme d'étude, qu'une grande pensée devait présider à toutes les améliorations. Il comprit qu'il ne fallait rien laisser au hasard, que les embellissements devaient se réaliser dans des vues d'ensemble, et profiter en quelque sorte à la Ville tout entière.

Voici de quelle manière il s'exprimait dans l'assemblée générale du 17 juillet 1605 :

« Messieurs les Échevins et Conseillers, pour res-
» pondre aux nobles intentions du Roy, nostre cher
» syre, qui me disoit au souper de la Royne : Compère,
» entendez bien ceci : je veux absolument que les deux
» partyes de ma bonne ville de Paris, ma capitalle,
» *soyent traictéez comme deux bonnes sœurs jumelles;*
» je crois, Messieurs, qu'*il seroit bon et judicieux* de
» faire tracer plan et dessing qui indiqueroient à l'œil
» les améliorations les plus demandéez sur l'une et
» l'autre rives de Seyne.

» Cette pensée de cœur de notre bien amé Roy, sei-
» gneur et maistre, est mienne aussy, elle sera vostre,
» car vous êtes hommes de sens droict et estudes pro-
» fondes.

» Ceci seroit mauvais si les gros se trouvoient d'un
» côté et les menus de l'aultre, ce seroit beaucoup mieux
» mellangé. Il ne faut pas deux Cités dans Paris, la
» ville du fortuné et la bourgade du pauvre. Or donc,
» faites pour l'une autant que pour l'aultre, c'est mon
» advis. »

Nous avons longuement étudié cette période de notre histoire municipale, et plus nous gagnons en expérience, plus notre vénération augmente pour le Magistrat qui en est pour ainsi dire le résumé le plus complet et le type le plus pur.

La largeur des rues nouvelles et la hauteur des maisons ne furent réglementées d'une manière bien précise que par la déclaration Royale du 10 avril 1783, et par les lettres patentes du 25 août 1784.

« Ordonnons, est-il dit dans la déclaration, art. V,
» qu'à l'avenir il ne puisse être, sous quelque prétexte
» que ce soit, ouvert et formé en la Ville et Faubourg
» de Paris aucune rue nouvelle qu'en vertu de lettres
» patentes que nous avons accordées à cet effet, et que
» lesdites rues nouvelles ne puissent avoir moins de
» trente pieds de largeur. »

Quant à la hauteur des maisons, elle est ainsi fixée dans les lettres patentes du 25 août 1784, savoir : dans les rues de 30 pieds de largeur et au-dessus, à 50 pieds; dans les rues depuis 24 jusques et y compris 29 pieds de largeur, à 45 pieds, et dans toutes celles au-dessous de 23 pieds de largeur, à 36 pieds.

Il ne faut pas croire cependant, en lisant cette déclaration et ces lettres patentes, que les propriétaires eussent la liberté, avant cette époque, d'ouvrir, selon leur caprice, des rues dans Paris, de donner à ces voies une largeur d'après leur volonté et d'arrêter la hauteur des maisons selon leur bon plaisir.

Il suffit de consulter notre *Dictionnaire des Rues de Paris* pour acquérir la preuve que la largeur des voies nouvelles, la hauteur des constructions, étaient déterminées par des arrêts du bureau de la Ville, arrêts sanctionnés par lettres patentes ou édits du Conseil.

Mais il est juste, toutefois, de reconnaître que les décisions du Corps Municipal, et celles qui émanaient de l'autorité Royale, variaient à l'infini; que des règles positives, des limites clairement définies étaient reconnues nécessaires, indispensables.

Mais les actes nouveaux ne s'appliquèrent en réalité qu'aux voies nouvelles, et n'eurent aucune influence sur les ruelles étroites du vieux Paris. On pouvait improviser d'heureuses créations, non réaliser d'utiles améliorations. Il n'y avait aucun système général de classement de nos voies publiques, pas de plan d'ensemble, pas d'alignement fixé pour les rues à élargir. Il en résulta cet inconvénient fâcheux, ce vice radical dont nous souffrons encore aujourd'hui : il fallut absolument bâtir de nouveaux quartiers, dans l'impuissance où l'on se trouvait de transformer les anciens. Voilà ce qui explique pourquoi la Ville s'est développée au nord où le terrain était libre, tandis qu'elle est restée longtemps sans amélioration dans le centre avec sa misère et sa population infime.

Jetons les yeux sur un plan de Paris vers 1730. Tout le terrain au nord-ouest de la Ville, en partant de l'ancien village de Chaillot pour descendre par le rempart, jusqu'à la Courtille, n'était que d'immenses marais où l'on ne voyait çà et là que de chétives habitations. D'abord, le territoire dit de la Ville-l'Évêque, ainsi nommé parce que l'évêque de Paris y possédait une habitation et des prairies ; puis la pépinière du Roi, à côté la Petite Pologne ; ensuite les terrains de la Grange-Batelière, le pré des Porcherons ; les terrains des Filles-Dieu et de Saint-Lazare ; les marais du Temple, appartenant à l'ordre de Malte, jusqu'au territoire de Popincourt ; tout ce vaste emplacement renfermait à peine cent maisons vers 1730. — Soixante ans après, le nombre des habitations dépassait quatre mille et formait la sixième partie de la richesse immobilière de tout Paris. — Aujourd'hui, la seule rue de la Chaussée-d'Antin rapporte plus au fisc que la moitié du 20ᵉ arrondissement.

Pour ceux qui comprennent l'administration, cet agrandissement prodigieux, sans exemple, d'un seul côté de la Ville est regardé comme un agrandissement funeste et contre nature. Le vase débordait sans être plein, car il y avait, du côté du midi, de grands terrains, de vastes emplacements sur lesquels on eût pu construire plus de cinq mille propriétés ; ces emplacements restèrent improductifs et condamnés à l'isolement.

L'industrie et le commerce semèrent sur la rive droite, dans l'espace de soixante années, plus de 200 millions qui en valent au moins 300 aujourd'hui, tandis que les transactions sur la rive gauche étaient à peu près nulles, et se bornaient le plus souvent à servir d'agrandissement aux jardins des communautés religieuses.

Ce qu'il y avait de plus grave, c'est que la Prévôté des Marchands, entraînée par le courant, fut obligée de favoriser un mouvement qu'elle estimait contraire au bien-être de Paris tout entier. La Prévôté dépensa 29 millions à peu près dans la période que nous venons d'indiquer, et comme le centre de la Ville, composé des quartiers les plus malsains, ne participa en rien au mouvement qui s'opérait aux extrémités nord-est, il en résulta cette étrange anomalie : les pauvres payèrent pour les riches.

Telle était la situation de Paris au commencement de la Révolution.

II

Le 2 novembre 1789, l'Assemblée constituante supprimait les ordres monastiques, et déclarait les biens du clergé propriétés nationales et aliénables.

A cette époque, on comptait dans Paris 3 abbayes d'hommes, 6 de femmes, 43 couvents ou communautés d'hommes, 65 couvents ou communautés de femmes, 69 églises dépendant de communautés religieuses, 39 chapelles publiques et 53 colléges. Plusieurs de ces établissements surpassaient en étendue nos villes de quatrième ordre. Il était difficile de trouver des acquéreurs pour des domaines aussi vastes, car alors les grandes fortunes se cachaient ou fuyaient à l'étranger. Pour rendre possible l'aliénation fructueuse de ces anciennes maisons religieuses, il fallut songer à les morceler. Sur cette importante question, un rapport fut rédigé par quatre administrateurs de la municipalité au département des Travaux publics.

Ce Mémoire, rempli d'appréciations très-justes sur les besoins de la circulation dans Paris et sur un grand nombre de projets de percements, fut présenté au corps Municipal le 21 mars 1791, et motiva la délibération suivante :

EXTRAIT DU DEUXIÈME REGISTRE DES DÉLIBÉRATIONS DU CORPS MUNICIPAL DE LA VILLE.

Séance du lundi 21 mars 1791.

N° 385. — « Sur le rapport fait par M. Champion,
» administrateur au département des Travaux publics,
» que la vente des biens nationaux est une occasion
» capable de faciliter l'embellissement de Paris ou la
» commodité des communications ; qu'il peut même
» en résulter de l'avantage pour l'aliénation d'une
» grande partie des biens à vendre, soit en coupant ou
» divisant les grandes masses de ces biens, soit en
» donnant des faces sur des rues à des parties qui sont
» sans débouchés ; que plusieurs projets ont été remis
» au département des Travaux publics, capables de
» remplir ce triple objet de *l'embellissement*, de *l'uti-*
» *lité*, et *d'augmentation* du prix des ventes ;

» Le Corps Municipal, ouï le substitut-adjoint du
» Procureur de la Commune ;

» Pénétré de l'utilité des vues contenues dans ce
» Rapport, a arrêté :

» Qu'il serait envoyé au Directoire, avec les plans
» présentés à la municipalité et au département des
» Travaux publics, en le priant de le prendre en consi-
» dération, etc. »

Nous sommes fondé à croire que ce Mémoire remar-
quable donna naissance à la Commission des Artistes.
Il est utile de transcrire ici la loi qui institua cette
Commission.

CONVENTION NATIONALE.

Séance du mardi 4 juin 1793.

La Convention nationale décrète ce qui suit :

« Art. 1er. L'Administrateur des Domaines natio-
» naux est autorisé à faire graver, au trait seulement,
» et d'après le plan général de la Ville de Paris, dressé
» par le citoyen Verniquet, sur l'échelle d'une demi-
» ligne par toise, les plans particuliers de tous les éta-
» blissements nationaux existant dans l'étendue de cette
» Ville et parties adjacentes, en distinguant les pro-
» priétés particulières qui s'y trouveraient enclavées,
» ou qui les borneraient, et avec indication des rues
» aboutissantes.

» Art. 2. L'Administration des Domaines nationaux
» délivrera des exemplaires de ces plans aux artistes
» qui se soumettront à proposer, dans un délai déter-
» miné, la division et les percées qui peuvent accroître
» la valeur de ces établissements, en faciliter la vente ;
» le tout à la charge, par les dits artistes, de donner
» l'estimation de chacun des lots, et de se conformer
» aux alignements qui seront ordonnés par la Commis-
» sion de la Municipalité, chargée des travaux publics
» dans la Ville de Paris, et autres conditions qui pour-
» raient être déterminées par des motifs d'utilité pu-
» blique.

» Art. 3. Les artistes dont les plans auront été adop-
» tés en suite de l'avis des corps administratifs, rece-
» vront une indemnité qui sera réglée de concert entre

» l'Administrateur des Domaines nationaux, le dépar-
» tement et la Municipalité de Paris.

» Art. 4. La Trésorerie tiendra à la disposition de
» l'Administration des Domaines nationaux une somme
» de 12,000 livres, pour pourvoir aux frais de gra-
» vures et tous autres relatifs à ladite opération.

» Art. 5. L'Administration des Domaines nationaux,
» après s'être concertée à cet effet avec la Municipalité
» et le Département de Paris, mettra sous les yeux de
» la Convention, dans le plus bref délai, l'état des mai-
» sons nationales à la vente desquelles il sera conve-
» nable de supercéder, à raison de leur situation et de
» la nécessité où l'on pourrait être de les démolir pour
» faciliter la division des grandes propriétés. »

Avant de nous arrêter à cette opération qui devait
exercer la plus heureuse influence sur les améliorations de Paris, qu'il nous soit permis de rappeler cette
maxime d'un de nos anciens Magistrats.

Sire Michel de Lallier, élu Prévôt des Marchands, le
23 juillet 1436, pour avoir contribué à chasser les Anglais de Paris, sire Michel de Lallier avait l'habitude
de dire : « Il m'est advenu que le bon Administrateur
ressemble au figurez à l'abeille qui butine n'importe
sur quelle fleur, pourvu qu'elle donne du miel. »

D'après ce sage principe, si gracieusement formulé,
il nous faut écarter avec soin toute préoccupation politique, pour apprécier sagement le fait administratif
que nous allons interpréter.

Pendant neuf années nous avons été chargé de cette
opération qui se rattache à notre histoire municipale,

dont l'étude est une de ces vocations que le temps for-
tifie chaque jour. Employé de la Ville, nous ne voulions pas ressembler au balancier d'une horloge, dont
le mouvement à heure fixe s'arrête et ne bouge plus.
En étudiant les dossiers des ventes nationales, ce qui
nous importait n'était pas seulement l'énoncé de certaines clauses, mais bien davantage la pensée-mère qui
les avait produites. — Cette pensée, la voici.

L'État, en mettant la main sur ces établissements
religieux, voulut tirer bon parti de ces immeubles dans
l'intérêt de sa propre conservation. En les morcelant,
le gouvernement cherchait à identifier, pour ainsi dire,
les acquéreurs au nouvel ordre de choses, car un retour
vers le passé eût compromis leurs intérêts et mis en
doute le bénéfice de leur acquisition.

Telle fut la pensée politique du morcellement. Voyons
maintenant la question financière et le bien-être de la
Ville. Il y avait avantage à fractionner les immeubles,
à les faire traverser par des voies nouvelles, parce
que les habitations qui devaient être construites en
bordure doublaient, triplaient le prix des terrains à
vendre ; cela est facile à concevoir, inutile d'insister.
Maintenant, si l'on veut avoir une idée complète des
améliorations qu'on pouvait obtenir en utilisant avec
sagesse ces clauses de voirie, il faut bien comprendre
ceci :

D'abord l'État possède, a dans sa main la huitième
partie de tout l'emplacement occupé par la Ville de Paris, c'est-à-dire plus de 4,400 immeubles. Disons que
cette partie considérable était généralement celle qui

avait résisté jusqu'alors aux améliorations, où tout était à recréer.

Ajoutez à la nomenclature des couvents supprimés les biens considérables qui provenaient d'émigrés ou de condamnés, des frères du Roi, du domaine de la Ville : avec des ressources aussi puissantes, avec un tel levier, et du génie administratif, on devait produire immensément pour l'amélioration de la Ville de Paris.

Malheureusement, l'exécution fut au-dessous de la pensée. Disons pourquoi. La Ville de Paris, dans cette grande opération, n'eut qu'un rôle secondaire ; elle subit un plan, elle devait le tracer. L'État se préoccupa beaucoup trop de la question d'argent ; la Ville, pas assez de la pensée administrative. L'un dit à ses agents : Tracez-moi cette rue de manière à rendre productive la vente des terrains ; l'autre laissa faire, alors qu'elle pouvait dire à son tour : Vous voulez faire de l'argent, soit ; mais moi j'entends améliorer la Ville. Soumettez donc votre pensée fiscale à ma pensée administrative. — Il n'en fut rien !...

Examinons maintenant le plan de la commission des artistes. — Si l'on cherche à étudier ce travail graphique dans tous ses détails, on y rencontre parfois des défauts, quelques vices même. Mais les uns et les autres tiennent à l'époque.

Ainsi, telle rue doit être percée, telle place ouverte, non pour répandre l'air et la vie, mais pour détruire un monument, pour abattre une croix, pour faire de l'argent.

Des architectes ont bien dressé ce plan. On aperçoit,

on devine certaines idées heureuses, utiles, grandes ;
mais des hommes politiques leur ont dit trop souvent:
Coupez cet hôtel, abattez ce palais, renversez cette
église ; nous ne voulons plus de nobles, nous n'avons
plus de Roi, nous ne croyons pas en Dieu !...

Chaque fois que les architectes ont pris seulement
pour guide l'amélioration de la Ville, chaque fois que
l'imagination des artistes est restée libre, la pensée a
été généreuse et magnifiquement traduite.

Enfin, pour résumer notre opinion, l'exagération
politique a tué l'idée administrative.

A présent, descendons aux détails.

Les projets indiqués sur le plan de la Commission
des artistes sont au nombre de *cent huit*. La rive gauche compte soixante projets, la rive droite n'y figure
que pour quarante-huit.

Les projets exécutés *entièrement* sur la rive gauche
sont au nombre de six. Les voici :

Rues d'Arcole, de Poissy et de Pontoise ; quai de
Montebello et Saint-Michel ; projet de la Commission
remplacé par la rue Pascal ; prolongement de la rue
Soufflot, prolongement de la rue Racine.

Onze projets ont été *réalisés en partie* sur la même
rive, savoir :

Rues de Constantine, du Marché-aux-Fleurs, quais
de l'Archevêché et du Marché-Neuf ; rues d'Ulm, du
Cardinal-Lemoine, du Val-de-Grâce, Julienne.

Passons à la rive droite.

Douze projets ont reçu une complète exécution.

Les voici :

Rues Castex, Neuve-de-Ménilmontant, de Rambuteau, de Montesquieu; prolongement de la rue Vivienne, rues du Marché-Saint-Honoré, de Castiglione, de Mondovi, du 29 Juillet, Neuve-du-Luxembourg, de la Paix, Neuve-Saint-Augustin et de Rivoli.

Trois projets sur la même rive n'ont reçu qu'une exécution partielle : ce sont les rues de la Chaussée-des-Minimes, Molay et du Caire.

Ces résultats paraissent peu importants si l'on envisage le programme.

Toutefois, par le peu qu'on a fait, on devine ce qu'on eût pu faire, et cependant nous n'avons envisagé ici qu'un côté de la question. — Voyons celui qui a rapport aux alignements de nos rues. Supposons d'abord un plan de Paris convenablement étudié, un plan d'ensemble plein d'harmonie dans toutes ses parties, puis le Corps Municipal de Paris chargé, dès le principe, de l'exécution des 1,400 clauses de voirie, imposant les élargissements de rues *sans indemnité*. Le bien réalisable sans frais, sans dépenses, eût été par la suite considérable, car ces immeubles s'étaient fractionnés à l'infini, et par l'effet de ce morcellement, ces 1,400 immeubles, trente années après leur vente, représentaient plus de 3,000 propriétés.

A notre avis, les 4,400 dossiers environ des ventes nationales étaient tous utiles, car beaucoup d'acquéreurs avaient envahi la voie publique, surtout dans les quartiers excentriques, et une administration intelligente et sévère les eût ramenés facilement à la raison.

Ce plan de la Commission des artistes était, comme

nous l'avons vu, un véritable plan d'ensemble, et cette création rappelait, après deux siècles, la pensée de François Myron. Seulement les deux époques offraient des caractères bien différents, des contrastes curieux à étudier. Sous la Prévôté, les moyens d'exécution manquaient à l'intelligence, nous allions dire au génie ; sous le règne de la Commune de Paris, les moyens étaient immenses. Mais nos Magistrats, entraînés par la politique, faisaient souvent défaut à l'administration. Ils copiaient l'idée de François Myron, et faisaient brûler son image en place de Grève.

Toutefois, il fallait un complément à cette création d'un plan d'ensemble, et ce complément le Ministre *Benezech* le trouva.

Rappelons ici les principales dispositions de son arrêté du 25 nivôse an V.

PLAN D'ALIGNEMENT DE PARIS.

« Le Ministre de l'Intérieur s'étant fait représenter les différents avis de l'assemblée du Conseil des Bâtiments civils, réuni à celui des Ponts et Chaussées, concernant les redressements et élargissements qui s'opèrent successivement dans les anciennes rues de Paris, et considérant qu'ils ont essentiellement pour objets *la sûreté publique, la facilité des communications, et l'assainissement des quartiers trop resserrés, et qui renferment des foyers de corruption et d'insalubrité qu'il est instant de détruire par tous les moyens possibles ;* considérant que, sous ces différents points de vue, il importe d'adopter à leur égard *des bases qui puissent se lier avec l'ensemble général, et avec les nouvelles rues proposées pour la division des domaines et l'embellissement de cette Commune ;* considérant enfin que l'élévation des édifices influe trop directement sur leur salubrité pour ne pas être assujettie à des règles constantes et relatives à la largeur des rues où ils sont situés; il a arrêté en principe les dispositions suivantes, d'après lesquelles le Conseil des Bâtiments civils fera incessamment tracer les nouveaux alignements des anciennes et nouvelles rues sur les plans levés à cet effet, et dont un exemplaire doit être remis à l'Administration centrale et départementale de la Seine, qui demeure chargée d'en ordonner et surveiller l'exécution :

» Art. 1er. Toutes les anciennes et nouvelles rues de Paris seront désormais divisées *en cinq classes*, et leur largeur sera dans tous les cas subordonnée à leur importance sous le rapport du commerce et de la circulation publique.

» Art. 2. La première classe sera désignée sous la dénomination de *grandes routes;* elle comprendra toutes les rues qui conduisent d'une extrémité de Paris à l'autre en le traversant ; leur largeur demeurera fixée à *quatorze mètres* équivalant à quarante-trois pieds un pouce des anciennes mesures.

» Art. 3. La seconde classe sera désignée sous le nom de *traverses intérieures ;* elle comprendra toutes les rues qui conduisent d'une grande route à une autre, ou d'une place publique à une autre place, halle ou marché. Leur largeur demeurera fixée à *douze mè-*

tres, répondant à trente-six pieds onze pouces des anciennes mesures.

» Art. 4. La troisième classe sera désignée sous la dénomination de *communications intermédiaires ;* elle comprendra toutes les rues qui s'embrancheront sur célles de première ou de seconde classe, pour aboutir à celles des classes inférieures. Leur largeur demeurera fixée à *dix mètres*, équivalant à trente pieds neuf pouces des anciennes mesures, et cette largeur de dix mètrès sera, conformément aux dispositions de la déclaration du 10 avril 1783, le *minimum* pour toutes les nouvelles rues qui pourront être ouvertes par la suite, à l'exception de celles qui formeraient le prolongement d'anciennes rues d'une classe supérieure, et dont elles auraient alors les mêmes dimensions.

» Art. 5. La quatrième classe sera désignée sous le nom de *communications transversales;* elle comprendra toutes les petites rues, ruelles et passages publics actuellement existants. Leur largeur demeurera fixée à *six mètres*, répondant à dix-huit pieds six pouces des anciennes mesures. »

Cette classification des rues de Paris était l'idée la plus heureuse, et révélait un administrateur de premier ordre.

La réalisation de ce projet, que nous appelons *complémentaire* par rapport au plan de la Commission des artistes, devait présenter dans un avenir peu éloigné les plus grands avantages pour la circulation générale.

Aujourd'hui, sans doute, cette classification, surtout en ce qui concerne les voies publiques que le Ministre

nommait *les grandes routes*, serait tout à fait insuffisante, mais on ne saurait en faire un reproche à l'administrateur.

Il était impossible de prévoir l'envahissement subit
de ces grandes voies de fer et les développements
qu'elles exigeraient au devant *des embarcadères* appelés à devenir les nouvelles et véritables barrières de
Paris.

Aux abords de ces établissements qui vous apportent
tout à coup un flot de population, les rues sont toujours trop étroites ; il faut de vastes places publiques
dont la largeur facilite l'écoulement instantané de la
foule que de grandes rues déversent aussitôt dans tout
Paris.

On peut également aujourd'hui exiger davantage
pour les rues que le Ministre appelait *voies intérieures :* qu'importe tout cela ? ce sont des détails
qu'on peut modifier ; mais ce qu'on doit respecter, ce
qu'il faut approuver, c'est la pensée de l'administrateur, pensée généreuse, large, hardie, qui nous pro-
mettait, à la place d'un désordre, d'un éparpillement
fâcheux, une harmonie parfaite, une distribution heureuse et profitable à tous les quartiers anciens et nouveaux.

Malheureusement, la fermeté, le courage du Ministre
n'étaient pas à la hauteur de son intelligence ; c'était
un esprit ferme, hardi dans son cabinet, mais mou et
vacillant dans un Conseil. On lui fit des objections ;
convaincu du bien qu'il avait fait, il balbutia cependant
pour le défendre, puis la critique, cette rouille qui pé-

nètre et ronge les grandes idées, et plus encore les acquéreurs des domaines nationaux qui refusaient de
livrer, pour les rues projetées, une longueur de 12 à
14 mètres de terrains, ébranlèrent la conviction du Ministre, qui trois mois après désavoua son œuvre.

La création de Benezech fut remplacée par cet arrêté du Directoire exécutif qui est une véritable muti-
lation. Cet acte sans portée, sans valeur, en voici la
reproduction :

ARRÊTÉ DU DIRECTOIRE EXÉCUTIF.

PLAN D'ALIGNEMENT DE PARIS. 13 GERMINAL AN V.

Le Directoire exécutif, sur le rapport du Ministre de
l'Intérieur, vu le règlement du 10 avril 1783, concernant la fixation de l'élargissement et du redressement
de chacune des rues de Paris, a arrêté ce qui suit :

Art. 1er. Le Ministre de l'Intérieur est autorisé à
régler, sur les plans des rues de Paris, les élargissements et redressements qu'exige chacune d'elles.

Art. 2. Il ne sera tracé sur lesdits plans qu'un seul
alignement, lequel sera définitif, et les retranchements
de terrain qui en résulteront ne pourront porter à plus
de *dix mètres* la largeur des rues qui n'ont pas atteint
cette dimension, et qui ne forment pas prolongement
de grandes routes de premier et second ordre ; les redressements seront cependant exécutés en raison de la
largeur actuelle de chaque rue.

Art. 3. Les rues formant prolongemement de grandes routes du premier ordre ne pourront être fixées à
moins de douze mètres de largeur, et celles du second

ordre à *moins de dix mètres;* mais les rues de ces deux classes, dont l'ouverture excède ces dimensions, seront maintenues dans leur largeur actuelle, et les redressements qu'elles pourront exiger seront dirigés en raison de cette dernière largeur.

Art. 4. Les rues dont la largeur correspond à leur fréquentation seront maintenues dans leur état actuel, lorsqu'elles ne présenteront ni pli ni coude; et s'il s'y rencontre des plis et des coudes, il y sera opéré des redressements.

Ces amendements au premier projet du Ministre, en amoindrissant les proportions de son travail, devaient le dénaturer complétement. De restriction en restriction, on arriva bientôt à ce mode d'éparpillement, de semer un peu partout, de ne récolter nulle part, de faire un bien imperceptible dans chaque quartier, sans profit pour l'ensemble de Paris, et d'aboutir enfin à l'impuissance des grandes améliorations par un fractionnement représenté par ce faux et absurde système des QUARANTE HUITIÈMES!...

III

Le 16 septembre 1807, une nouvelle loi est promulguée; elle annule les alignements antérieurs et impose pour leur révision et leur ordonnancement les formalités de l'enquête et du Conseil d'État.

Voici l'article 52 de cette loi :

« Dans les villes, les alignements pour l'ouverture

» des nouvelles rues, pour l'élargissement des ancien-
» nes qui ne font point partie d'une grande route, ou
» pour tout autre objet d'utilité publique, seront don-
» nés par les Maires, conformément au plan dont les
» projets auront été adressés aux Préfets, transmis
» avec leur avis au Ministre de l'Intérieur, et arrêtés
» en Conseil d'État. »

Ce paragraphe offrait certaines garanties pour la propriété ; les Préfets et le Conseil d'État devaient exercer un contrôle salutaire : malheureusement, ces espérances se changèrent en déceptions.

De 1807 à 1822, le plan de Paris demeure sous l'empire de l'ancienne législation ; il est étudié par le Conseil des Bâtiments civils, ensuite approuvé par le Ministre *seul*.

Ce triste résultat indique la situation du Corps Municipal de Paris, qui n'avait pas même voix consultative pour défendre les intérêts de la propriété. Le talent de MM. Frochot et de Chabrol ne pouvait dissimuler cette situation déplorable.

Le 11 mai 1822, le plan de Paris, qui toujours avait été, sous l'ancienne monarchie, dans les attributions de la Prévôté des Marchands, rentre enfin sous la direction du premier Magistrat de la Ville.

Voici, au sujet de cette restitution, la lettre du Ministre :

« Paris, le 11 mai 1822.

» Monsieur le Préfet,

» Le travail relatif à la confection du plan de Paris *a été dirigé jusqu'ici, sous les ordres de M. Gisors, par un géomètre attaché au Conseil des Bâtiments civils.*

» Les réductions déjà opérées sur le crédit destiné aux dépenses de ce Conseil, et celles qu'il doit subir encore pour fournir sa part aux économies que je ne puis me dispenser de faire sur le budget du Ministère de l'Intérieur, *ne me permettront plus de continuer* en 1823 le traitement de 2,400 francs dont jouit ce géomètre, ni l'indemnité de 1,000 francs accordée à l'inspecteur général.

» La formation des plans d'alignements est une dépense essentiellement municipale, et je ne trouve RIEN qui justifie l'exception si longtemps maintenue à l'égard de la Ville de Paris.

» En conséquence, j'ai décidé que cette partie rentrerait dans vos attributions, à compter du 1er janvier prochain.

» Vous avez eu plusieurs fois à vous plaindre de la lenteur des opérations, et j'ai vu moi-même avec regret qu'elles ne fussent pas plus avancées. J'aime à croire que vos soins leur donneront une impulsion nouvelle, et que, s'il est nécessaire, pour les accélérer, d'augmenter pendant quelques années le nombre des employés, vous obtiendrez sans difficulté l'assentiment du Conseil Municipal, qui doit avoir à cœur de faire enfin terminer ce grand et important ouvrage.

» Les frais actuels s'élèvent à 7,400 fr. par an, et déjà la Ville de Paris y contribue pour plus de moitié; mais, dût cette somme être portée à 10,000 fr., l'accroissement de la dépense serait insensible pour la Ville de Paris, et ne saurait balancer les avantages qui résulteront pour les propriétaires de l'adoption d'un plan définitif...

» Le Ministre Secrétaire d'État au département de l'Intérieur,

» *Signé :* Corbière. »

Cette lettre, l'une des pièces les plus curieuses de notre histoire municipale depuis cinquante années, fait naître plusieurs réflexions utiles.

Quelles sont les raisons qui motivent la détermination du Ministre ? La première, la plus importante, *c'est la question d'économie.* Il ne veut plus continuer en 1823 le traitement de 2,400 fr. alloué à un géomètre, ni payer l'indemnité de 1,000 fr. accordée à l'inspecteur général ; voilà pourquoi *il se décide* à restituer le plan de Paris, qu'on avait indûment enlevé au Corps Municipal.

Que nous apprend encore la lettre du Ministre ? Qu'un géomètre, sous les ordres de M. Gisors, était chargé de confectionner, *lui tout seul*, le plan de Paris; c'est-à-dire *qu'un salarié* tenait dans sa main la fortune immobilière de la première ville du royaume... Pour toute garantie, pour tout contrôle, un Conseil des Bâtiments civils, composé d'architectes distingués si l'on veut, mais ignorant certainement les intérêts de la Cité ; des artistes enfin, habiles parfois à construire des palais, mais les juges les moins compétents en fait d'administration. Voilà quels étaient, avant 1823, les seuls tuteurs de la propriété parisienne !...

Enfin, l'Administration Municipale est en possession de son plan, non par l'effet d'une loi, mais par suite d'un accident, pour une raison d'économie de quelques milliers de francs. C'était un avantage immense, obtenu par la Ville à bien peu de frais : voyons maintenant de quelle manière son premier Magistrat utilisa cette précieuse restitution.

PLANS D'ALIGNEMENT DE PARIS.

Organisation d'une Commission chargée de la révision de ces plans.

« Nous, Conseiller d'État, Préfet,

» Vu la décision ministérielle du **11** mai **1822**, en vertu de laquelle le travail relatif à la confection du plan d'alignement de Paris est rentré, depuis le **1er** janvier **1823**, dans les attributions du Préfet de la Seine ;

» Vu la Circulaire que nous avons adressée, *le 14 juin suivant, aux commissaires-voyers de Paris, pour les charger, chacun dans la section qui lui est confiée, de la révision de tous les plans déjà levés, et même approuvés provisoirement par l'autorité ministérielle, de les examiner successivement, et de rechercher de quelles améliorations ils seraient susceptibles, principalement sous le rapport de la largeur à assigner aux rues, de subdiviser, pour cette révision, chacune des huit sections en six parties ; enfin, de rédiger et de nous présenter séparément, pour chaque quarante-huitième, des propositions d'alignement qui seraient discutées en bureau de consultation de la grande Voirie ;*

» Arrêtons ce qui suit :

» Art. 1er. Une Commission, composée du chef de

bureau de la grande Voirie et de deux architectes, sera SÉPARÉMENT chargée de continuer la révision de tous les plans d'alignement de Paris, conformément aux instructions contenues dans la circulaire du 14 juin 1823 ci-dessus visée.

» Art. 2. Sont nommés membres de la Commission de révision MM. *Daubanton*, chef du bureau de la grande Voirie; *Châtillon*, inspecteur général; *Lahure*, commissaire-voyer.

» Art. 3. La Commission s'occupera, avec le plus de célérité possible, du travail pour lequel elle est instituée. Elle se réunira au moins une fois par semaine, et appellera à ses séances le commissaire-voyer de la section, dont les plans seront examinés.

» Signé : CHABROL. »

Cet arrêté du Préfet expose clairement le système que le chef de l'Administration Municipale voulait suivre.

Ce système, nous allons l'interpréter.

Huit commissaires-voyers sont chargés de la révision des alignements. On leur enjoint de diviser chacune de leurs sections en six parties : de là, nécessairement, la création du travail par *quarante-huitièmes*.

Il ne faut pas perdre de vue cette prescription : Ils doivent travailler *séparément;* chacun de ces agents dispose de six quarante-huitièmes ; il peut présenter son travail sans avoir besoin de consulter ses collègues, dans l'ignorance même de leurs dispositions ; c'est-à-dire que chaque commissaire-voyer opère sur une portion de la Capitale.

De ce fractionnement devait résulter de nouveaux abus. Ainsi une grande artère, dépendant de trois quarante-huitièmes, allait être étudiée par trois commissaires-voyers différents, et, chacun d'eux opérant isolément, il devait en résulter trois alignements opposés, trois largeurs différentes, pour une seule et même voie publique.

Pour rassembler tous ces projets sans suite, sans lien, sans harmonie, pour les juger enfin, on improvise un bureau de consultation ; ce bureau est composé du chef de la grande Voirie, de deux architectes chargés, toujours *séparément*, de la révision de tous les plans d'alignements.

Ainsi, les études sont fractionnées, le contrôle l'est également ; les alignements sont arrêtés dans un but d'amélioration locale, sans s'inquiéter de la circulation générale. On redresse une rue, mais on nuit à l'ensemble, et l'on arrive à de petits résultats par des combinaisons étroites et mesquines.

Mais les travaux de bâtiments avaient pris un grand développement, et l'étude du plan de Paris était devenue un véritable travail de Pénélope.

Le Préfet de la Seine dut songer à modifier son système. A cet effet, il présenta, dans le courant du mois de juillet 1826, un rapport au Conseil Municipal : ce rapport amena l'arrêté du 28 septembre.

Cet arrêté, dont nous ne pouvons que rappeler textuellement les principales dispositions, attendu la longueur des développements, créait pour l'inspection générale des plans de Paris à dater du 1er octobre :

1° Deux inspecteurs généraux de la grande Voirie;

2° *Trois commissaires-voyers divisionnaires ;*

3° *Huit commissaires-voyers d'arrondissement ;*

4° *Huit sous-inspecteurs-voyers.*

Les inspecteurs généraux concentrent toute l'autorité, toute l'action.

Ils ont le pas sur les *comissaires-voyers divisionnaires ou d'arrondissement, et les inspecteurs-voyers doivent toujours déférer aux demandes qui leur sont adressées par les inspecteurs généraux pour ce qui est relatif au service intérieur de la Voirie.*

Art. 2. Un inspecteur général est *chargé de la rive droite;* son collègue a *la rive gauche..... Ils peuvent adresser au Préfet les propositions que la salubrité, la sûreté et l'embellissement de la Ville, sous le rapport de la Voirie, peuvent* leur suggérer ; ils exercent, en un mot, une action générale sur l'ensemble de l'opération. (Art. 3.)

..... Ils sont, en outre, spécialement chargés du travail relatif, tant à la révision générale des Plans d'alignement de Paris déjà existants qu'à la confection de ceux qui n'ont pas été dressés.

Le Bureau des géomètres et des dessinateurs est placé sous leur direction particulière. (Art. 4.)

Telles sont les principales dispositions de cet arrêté, qui renfermait plusieurs créations utiles. — D'abord, deux inspecteurs concentrant, dirigeant tout le travail; au-dessous, des instruments utiles, en nombre suffisant.

La mission était belle à remplir pour les deux inspecteurs généraux ; mais l'un était au-dessous de sa tâche ; l'autre, d'une intelligence remarquable, manquait de cet esprit de suite qui garantit le succès. — L'étude du plan de Paris fut donc continuée d'après les anciens errements.

Un arrêté du 14 septembre 1830 supprima l'inspection générale. Dans l'esprit du Magistrat, elle devait être une création importante : elle ne fut qu'un rouage inutile ; on le brisa !

Depuis cette époque jusqu'à la nomination du Préfet actuel, aucune tentative sérieuse n'avait été faite pour ramener le plan de Paris à une étude d'ensemble.

L'achever le plus promptement possible, le terminer quand même, tel est le but qu'on s'était proposé. — A force d'argent, en dépensant plus de sept cent mille francs, on devait y parvenir.

Maintenant, la Ville doit-elle profiter de ce travail ? Nos lecteurs vont en juger.

IV

En étudiant les alignements des rues de Paris par quarante-huitièmes, les agents de l'Administration, au lieu de soumettre leurs opérations à une pensée unique, en appliquant des principes arrêtés, travaillèrent sans se consulter, isolément ; de là des erreurs, des fautes, des contradictions dont nous allons faire ressortir les fâcheuses conséquences.

PREMIER EXEMPLE (1).

Une grande voie de circulation existait depuis long-temps entre les anciennes *barrières Saint-Denis et d'Enfer*. Elle coupait Paris en deux, du nord au sud. C'était bien là une grande artère dont l'alignement devait être étudié dans tout son parcours. Pourtant on opéra pour la même voie par portions, par tronçons, et l'on aboutit à ce triste résultat :

Rue du Faubourg-Saint-Denis, largeur 14^{m}60

Rue Saint-Denis...................... 13　»

Rue de la Barillerie................. 11　60

Rue de la Harpe..................... 13　»

Rue d'Enfer........................ 12　»

Ainsi, il n'y avait pas une seule fraction de cette même voie dont l'alignement fût semblable.

DEUXIÈME EXEMPLE.

Grande artère entre les anciennes *barrières de la Villette et Saint-Jacques*.

La circulation de cette grande voie est desservie par huit rues qui n'ont qu'une même direction ; voyons ce qu'on a fait.

Rue du Faubourg-Saint-Martin, largeur........ 18^m

Rues Saint-Martin, des Arcis, de la Planche-Mibray, 14^m

---

(1) Ces exemples expliquent la situation de nos voies publiques par rapport aux alignements avant 1848 et jusqu'en 1855. Cette manière d'opérer a été complétement changée par l'Administration actuelle, comme on le verra dans le cours de ce travail.

Rue de la Cité............................ 15^m

(La largeur de la rue du Petit-Pont n'était pas encore déterminée.)

Rues Saint-Jacques et du Faubourg-Saint-Jacques 12^m

Cette absence d'alignement pour la rue du Petit-Pont accuse assez haut l'imprévoyance et démontre clairement l'absence d'un système d'ensemble.

TROISIÈME EXEMPLE.

Grande communication entre la *barrière de Belleville* et la *place de l'Hôtel-de-Ville.*

Rue du Faubourg-du-Temple......... 14^m

Rue du Temple.................... 12

Rue Sainte-Avoie (1)............... 13

Rue Barre-du-Bec.................. 13 50

Rue des Coquilles................. 10

C'est bien là une seule et même communication. — Entre toutes les parties de cette grande voie, existe une telle intimité, elles sont si bien de la même famille, qu'en traçant le plan d'une fraction, on est obligé d'indiquer l'*arrachement* de l'autre.

Eh bien, précisément, la portion de rue qui touche au centre de la Ville, portion qui devrait faciliter par une largeur considérable le dégagement des abords du palais Municipal, *est réduite à dix mètres.*

(1) Les rues Sainte-Avoie, Barre-du-Bec et des Coquilles sont confondues aujourd'hui sous la seule et même dénomination de rue du Temple.

QUATRIÈME EXEMPLE.

Grande voie au midi de la Ville, *entre les Invalides et le carrefour de l'Odéon.*

Rue de Grenelle, au delà des Invalides. . . . **12ᵐ**
Rue de Grenelle, en deçà. **10**
Rue du Vieux-Colombier. **12**
Rue du Petit-Bourbon (1). **10**
Rue du Petit-Lion. **10**

Quelles raisons pourrait-on faire valoir au profit de cet alignement à **10** mètres des rues du *Petit-Bourbon* et du *Petit-Lion ?*

Près de là, dans des quartiers voisins, des rues sans importance qui s'appellent *Pierre-Sarrazin, Percée* et *Poupée,* communiquant de la rue Hautefeuille à la rue de la Harpe, des rues qui n'ont que **97, 104, 108** mètres de longueur, qui sont étrangères à la circulation générale, des ruelles de quartiers, de simples traits d'union enfin, ont pourtant une largeur de *dix mètres,* une largeur qui égale celle qu'on a déterminée pour une communication dont le développement est de *deux mille sept cent quatre-vingt-neuf mètres !...*

CINQUIÈME EXEMPLE.

Une grande communication existe par les rues Neuve-Saint-Nicolas, Neuve-Saint-Jean (2), des Petites-Écu-

(1) Les rues du Petit-Bourbon et du Petit-Lion s'appellent aujourd'hui rue Saint-Sulpice.

(2) Les rues Neuve-Saint-Jean et Neuve-Saint-Nicolas sont désignées aujourd'hui sous le nom de rue du Château-d'Eau.

ries, Richer, de Provence et Saint-Nicolas-d'Antin. — Cette grande ligne est parallèle aux boulevards dont elle évite les pentes. C'est pour ainsi dire le trop plein de cette magnifique promenade qui se déverse dans cette grande voie.

Rappelons qu'une ordonnance Royale du 6 mars 1828 autorisa l'expropriation des rues Neuve-Saint-Nicolas et Neuve-Saint-Jean, la première sur une largeur de 13 mètres, la seconde à 12 mètres. Rien n'eût été plus simple que d'étudier simultanément toutes les parties de cette artère, dont deux sections étaient approuvées.

A cette époque, les rues Richer, de Provence, Saint-Nicolas-d'Antin, étaient en grande partie bordées de murs de clôture ou de constructions peu importantes ; mais chacune de ces rues, qui ne forment pourtant qu'une seule et même communication, appartient à un 48e différent. La rue Richer est du 38e, la rue de Provence est du 39e, et la rue Saint-Nicolas du 41e.

Le 23 août 1833, une ordonnance Royale fixe la largeur de la rue Richer à 10 mètres. Seize ans après, au mois de juillet 1849, deux décrets arrêtent l'alignement des rues Saint-Nicolas et de Provence à 12 mètres, frappant ainsi d'une dépréciation énorme des immeubles considérables et d'une construction toute récente.

Beaucoup d'autres faits pourraient être rappelés dans ce travail pour témoigner des fautes résultant de ce mode vicieux d'éparpillement ; mais ces citations n'ajouteraient rien à l'opinion que nos lecteurs ont dû se former déjà.

Citons seulement quelques chiffres officiels qui vont compléter les renseignements qui se rattachent à cette partie de l'histoire du plan de Paris. De 1807 à 1849, c'est-à-dire dans un espace de 41 ans, la Ville a payé, pour terrains livrés et réunis à la voie publique, la somme de...................... 16,088,685 fr. 55

De l'an VI à la même année 1849, c'est-à-dire pendant une période de 51 ans, l'élargissement de la voie publique par mesure d'expropriation ou d'acquisition amiable, a coûté....................... 65,495,585   06

Total général.......... 81,584,270   61

Certes, quelques avantages ont été les résultats de cette dépense; un peu de bien a été fait dans chaque quartier. Toutefois, si l'on avait procédé d'après un système d'ensemble avec un bon plan de Paris sagement étudié, il est juste de reconnaître que la Capitale eût beaucoup plus gagné au point de vue de sa splendeur autant que dans l'intérêt de la salubrité publique.

V

Cette étude du plan de Paris avait été déjà l'objet d'un mémoire soumis par nous au Conseil Général de la Seine dans la session de 1850.

Ce Mémoire motiva la délibération suivante :

Commission départementale faisant fonction de Conseil Général de la Seine.

Séance du 5 Novembre 1850.

PRÉSIDENCE DE M. LANQUETIN.

Sont présents : MM. d'Argout, Bixio, Bonjean, Boulatignier, Bourdon, Chevalier, Delestre (rapporteur), Devinck, Didot (Firmin), Dupérier, Eck, Fleury, Flon, Garnon, Legendre, Lejemptel, Manceaux, Moreau (Auguste), Moreau (de la Seine), Moreau (Ernest), Pelouze, Périer, Peupin, Picard, Possoz, Prélard, Ramond de la Croisette, Riberolles, Riant, Say (Horace), Ségalas, Ternaux (Mortimer), Thayer (Édouard), Thibaut (Germain), Thierry, Tronchon, Vavin.

La Commission, considérant qu'il est dans l'intérêt du département de la Seine de coordonner les voies de circulation dans l'intérieur de Paris avec les grandes voies de communication de l'extérieur, délibère :

M. le Préfet est invité à nommer une Commission à l'effet d'étudier et de proposer un plan d'ensemble d'alignement des rues de Paris, considérées dans leurs rapports avec les abords des chemins de fer, des routes nationales et départementales.

Nous lisons dans le volume ayant pour titre : *Commission départementale faisant fonctions de Conseil Général du département de la Seine* (session 1850) :

« Le même rapporteur (*M. Delestre*) entretient la Commission d'un autre Mémoire particulier coté **B**, dans lequel *M. Louis Lazare* appelle l'attention du

Conseil Général sur la nécessité d'établir, en vue des besoins que peut présenter un avenir assez prochain, *un plan d'ensemble des rues de Paris*, en coordonnant leur direction avec celles des grandes voies de communication situées à l'extérieur de la ville. Cette idée a paru présenter un certain degré d'intérêt au comité, qui propose, en conséquence, à l'approbation de la Commission, la délibération suivante :

» La Commission départementale, considérant qu'il est dans l'intérêt du département de la Seine de coordonner les voies de circulation dans l'intérieur de Paris avec les grandes voies de communication de l'extérieur, délibère :

» M. le Préfet est invité à nommer une Commission à l'effet d'étudier et de proposer un plan d'ensemble d'alignement des rues de Paris, considérées dans leur rapport avec les abords des chemins de fer et des routes nationales et départementales. »

(Pages 111 et 112.)

En composant ce Mémoire concernant le plan d'ensemble de Paris, nous consultâmes non-seulement les Conseillers de 1850, mais encore ceux de leurs prédécesseurs que la révolution de 1848 avait écartés si injustement de l'Hôtel de Ville, nous imposant toujours l'obligation de donner la préférence à ceux de ces Magistrats que leur savoir, leur ancienneté et leur expérience recommandaient plus particulièrement à notre ambition de bien faire.

Voici les principales disposition que nous proposâmes d'arrêter :

1° Aucun percement nouveau dans Paris et JUS-QU'AUX FORTIFICATIONS ne sera autorisé avant l'adoption définitive d'un plan d'ensemble.

2° Emprunter au plan de la Commission des Artistes les projets encore susceptibles d'être réalisés et les reporter ensuite sur le nouveau travail.

3° Réunir les clauses domaniales de nature à favoriser ces percements et porter ces réserves sur le plan d'ensemble de Paris.

4° Étudier de nouveaux projets dans l'intérêt de la circulation générale, en commençant par les voies du centre, pour les faire rayonner ensuite jusqu'aux extrémités.

5° Classer ces voies projetées par dates d'exécution selon leur degré d'utilité.

6° Le classement adopté, prendre trois ou quatre projets des plus importants, faire le devis des dépenses, les publier en provoquant la concurrence des compagnies financières pour leur exécution.

7° Accorder la préférence à celles des Compagnies qui consentiraient le rabais le plus considérable sur le chiffre des subventions offertes par la Ville.

8° Enfin, prescrire aux différentes sociétés soumissionnaires le dépôt d'un cautionnement considérable comme garantie de la bonne et prompte exécution des travaux.

Dans une prochaine livraison nous ferons ressortir les avantages qu'on pouvait espérer de l'application de ce système.

LOUIS LAZARE.

I.16

GRANDS TRAVAUX D'UTILITÉ PUBLIQUE.

LE 20ᵉ ARRONDISSEMENT

Le premier sentiment qui doit dominer dans le cœur des habitants du 20ᵉ arrondissement, est un sentiment de reconnaissance envers l'administration municipale, dont les projets éminemment remarquables sont appelés à transformer cette localité si triste, si malheureusement et conséquemment bien digne d'intérêt.

Avant d'apprécier l'ensemble de ces projets, décrivons la configuration du 20ᵉ arrondissement.

La configuration du 20ᵉ arrondissement est circonscrite par une ligne partant des boulevards de la Chopinette et de Belleville, l'axe des Rues de Paris, du Parc et de la route de Romainville jusqu'à la limite des terrains militaires, — le pied du glacis jusqu'au Cours de Vincennes, — l'axe dudit Cours, — et celui des boulevards de Montreuil, de Charonne, de Fontarabie, d'Aunay, des Amandiers, des Trois-Couronnes et de Belleville, jusqu'au point de départ.

Cet arrondissement se subdivise en quatre quartiers dits de Belleville, Saint-Fargeau, du Père-Lachaise, de Charonne ; nous allons indiquer la délimitation de chacun de ces quartiers.

Le quartier de *Belleville* commence aux boulevards

de la Chopinette et de Belleville, et suit l'axe des rues
de Paris, — de Calais, — de la chaussée de Ménilmontant, — des boulevards des Trois-Couronnes et de Belleville jusqu'au point de départ.

Le quartier *Saint-Fargeau* part de la rue du Parc,
en face de la rue de Calais, suit l'axe de ladite rue du
Parc, de la route de Romainville jusqu'à la limite des
terrains militaires, — le pied du glacis jusqu'à la route
de Bagnolet, — l'axe de ladite route, — de celle de
Pantin à Charonne, de la rue de Charonne, — de la
chaussée de Ménilmontant et de la rue de Calais, — et
vient se rattacher à son point de départ.

Le quartier du *Père-Lachaise* commence aux boulevards des Trois-Couronnes et des Amandiers. Il suit
l'axe de la chaussée de Ménilmontant, — de la rue
de Charonne, de la route de Pantin à Charonne, — de
la route de Bagnolet, des rues de Paris et de Fontarabie, — des boulevards de Fontarabie, d'Aunay et des
Amandiers, et revient à son point de départ.

La ligne de délimitation du *quartier de Charonne*.
part des boulevards de Fontarabie et de Charonne, elle
suit l'axe des rues de Fontarabie et de Paris, de la
route de Bagnolet jusqu'à la limite des terrains militaires, — puis le pied du glacis jusqu'au cours de Vincennes, — l'axe dudit cours, — et enfin l'axe des boulevards de Montreuil et de Charonne, en revenant au
point de départ.

NOMENCLATURE

DES

Voies publiques et particulières du XXe arrondissement (1)

Alma..............	passage de l'
ALMA..............	rue de l'
AMANDIERS.........	boulevard des
Amandiers	impasse des
AMANDIERS.........	rue des
Arts..............	rue des
Asile.............	passage de l'
AUNAY.............	boulevard d'
Avenir............	passage de l'
BAGNOLET..........	chemin de
BAGNOLET..........	rue de
BAS-MONTIBOEUFS....	sentier des
BASSES-GATINES.....	rue des
BASSES-VIGNOLES (entre le passage Papier et la rue Madame....	rue des
BELLEVILLE.........	boulevard de
BELLEVILLE.........	rue de
BOIS..............	rue des
Calais............	impasse de
CALAIS............	rue de

(1) Les voies publiques dont les alignements sont approuvés, sont en caractères droits, les voies particulières en caractères penchés.

Caroline............ rue
Carrières.......... impasse des
CASCADES.......... rue des
Célestin........... impasse
CENDRIERS......... rue des
CENTRE............ rue du
CHAMPS........... rue des
Chanu............ ruelle
CHARONNE......... boulevard de
Charonne......... ancien chemin de
CHARONNE......... rue de
CHATEAU.......... rue du
Chaudron......... rue du
CHEMIN DE FER...... rue du
Chevaliers......... impasse des
CHINE............. rue de la
Cloche........... sentier de la
CLOS............. rue du
CLOS-RASSELIN...... rue du
CLOS-RÉGLISE....... rue du
CONSTANTINE....... rue de
COURAT........... rue
COUR-DES-NOUES..... chemin de la
COUR-DES-NOUES..... rue de la
COURONNES......... boulevard des
Couronnes......... impasse des
COURONNES......... rue des
Crins............ impasse des
Croix Saint-Simon.. rue
DELAITRE.......... rue

PÈRE-LACHAISE...... chemin de ronde du
Perlet............. rue
Petit........... .... passage
Piat.............. rue
PLAINE............ rue de la
Poiriers.......... ... rue des
PORTE DES VACHES.. chemin de la
PRESSOIR.......... rue du
Progrès........... passage du
Pruniers........... impasse des
PY................ sentier de la
QUATRE – JARDINIERS
(partie)........... impasse des
Ranson............ impasse
Rasselin.......... rue
RATRAIT.......... rue du
RATS............. rue des
RÉGLISES.......... rue des
REMPARTS......... rue des
RÉUNION........... place de la
RÉUNION.......... rue de la
RIBLETTE.......... rue
Richer............ rue
Rigoles........... cité des
RIGOLES........... rue des
Rivière.......... .. passage
Rivoli............ rue de
Robineau.......... rue
ROBINSON........ .... rue
Ronce............. impasse

Ronce	passage
RONDEAUX	rue des
RONDONNEAUX	passage des
Rosiers	passage des
Routhy	impasse
SAINT-ANDRÉ	rue
SAINT-FARGEAU	rue
SAINT-GERMAIN	rue
Saint-Louis	passage
SAINT-MARTIN	rue
Sainte-Catherine	impasse
Saints-Simoniens	passage des
Saumon	impasse
Savart	passage
Soupirs	sentier des
Source	rue de la
TÉLÉGRAPHE	rue du
Théâtre	rue du
Théâtre	rue du
TROIS-COMMUNES	place des
TOURELLES	rue des
TOURTILLE	impasse
TOURTILLE	rue de
Touzet	impasse
Vaches	chemin des
Vilin	rue
VINCENNES	cours de
VINCENNES	rue de
VINCENNES	rue de
Violet	impasse

Préfecture du département de la Seine.

Ouverture de Boulevards dans le 20ᵉ arron-- dissement.

LÉGENDE.

« Les seules voies de premier ordre qui traversent les territoires annexés à Paris en vertu de la loi du 16 juin 1859, sont d'anciennes routes le long desquelles les populations sont venues se grouper tout d'abord, parce qu'elles y trouvaient des moyens de communication faciles avec le centre de la ville. Mais ces voies qui aboutissaient nécessairement aux barrières ménagées dans le mur d'octroi, étaient peu nombreuses, et lorsqu'elles furent bordées de constructions, on dut bâtir dans les vastes espaces compris entre elles. Malheureusement on le fit sans plan général et sans nivellement préalable du sol. La multiplicité des administrations locales et la diversité des vues auraient été des obstacles à la rédaction de tout projet d'ensemble, si l'on avait songé à régler d'avance le développement des agglomérations d'habitants ainsi formées.

» Quoi qu'il en soit, depuis que le mur d'octroi est abattu, des localités importantes telles que la Villette, Belleville, Ménilmontant, Charonne, Saint-Mandé et Bercy n'ont avec Paris que des communications insuffisantes et d'une circulation difficile. D'ailleurs ces localités, bien que voisines, ne se trouvent rattachées les unes aux autres que par un très-petit nombre de voies régulières, et souvent leurs rapports directs sont pénibles.

» Aussitôt après l'extension des limites de Paris, l'Administration municipale fit étudier par les ingénieurs de la division suburbaine du service municipal des travaux publics, le profil de plusieurs grandes voies destinées à relier entre eux et aux anciens quartiers de Paris les nouveaux territoires formant les 19ᵉ et 20ᵉ arrondissements, et partie du 12ᵉ.

» Il s'agissait d'un travail important et qui présentait des difficultés sérieuses, à cause des mouvements très-brusques et en sens divers, du sol qu'il fallait étudier, et de la condition imposée aux ingénieurs de maintenir en général les rampes et pentes des nouvelles voies dans les limites d'un maximum d'inclinaison de 3 centimètres par mètre, afin que la circulation des voitures de transport en commun y fût partout possible.

» Ces études ont demandé beaucoup de temps. Elles viennent d'être terminées, et l'Administration est maintenant en mesure d'en soumettre le résultat au public.

» Le travail d'ensemble préparé jusqu'à ce jour par les ingénieurs, comprend les percements suivants, savoir :

20ᵉ ARRONDISSEMENT.

Rue B partant de la barrière de Pantin (19ᵉ arron-dissement), traversant la rue de Paris (Belleville), et finissant à l'avenue de Vincennes avec un embran-chement B sur la nouvelle église de Belleville.

« Dans le 20ᵉ arrondissement, cette rue aurait son origine à la rue de Paris (Belleville), couperait la rue de la Mare, puis se retournerait suivant une courbe, d'où se détacherait un embranchement B dirigé sur l'église de Belleville; ensuite le tracé passerait entre les rues des Cascades et des Rigoles pour venir aboutir au n° 119 de la chaussée de Ménilmontant, point rendu obligé par les nécessités de nivellement.

» Au delà de cette grande voie et jusqu'à la rue de Paris (Charonne), le tracé traverserait par un seul alignement droit la vaste plaine située derrière le ci-metière du Père-Lachaise, en coupant le chemin des Partants et les rues des hautes et basses Gatines, à peu de distance de cette dernière voie; entre la sente du Ratrait et le chemin des Champs, serait ménagé un rond-point, d'où rayonnerait les rues C, D, E dont il va être parlé, ainsi qu'une voie projetée vers le cime-tière.

» De ce rond-point, le tracé se continuerait vers la rue de Paris (Charonne), il traverserait cette rue à la rencontre du chemin de fer de ceinture, pour se diriger en ligne droite sur la rue de Montreuil ; enfin, après une légère déviation, il viendrait déboucher sur la rue de Lagny, limite du 20e arrondissement.

» La longueur de cette portion de la rue B serait de 3,335 mètres, on maintiendrait sa largeur à 20 mètres.

» *Nivellement.*—Le profil à partir de la rue de Paris (Belleville), présenterait d'abord deux versants inclinés à 0m006 avec un point bas pour l'absorption des eaux, puis on remonterait par une rampe de 0m01 jusqu'à la chaussée de Ménilmontant, qui serait traversée à son niveau actuel; on descendrait de ce point par une pente de 0,0285 jusqu'au rond-point projeté derrière le Père-Lachaise; une pente de 0m027 conduirait jusqu'à la rue de Paris (Charonne); après la rue de Paris et jusqu'à la rue de Lagny, les pentes seraient de 0m022, 0m020, 0m017 et de 0m0158.

» L'embranchement B, destiné à donner un accès facile à la nouvelle église de Belleville, pour les nombreux habitants de la partie sud de la rue de Paris, aurait une longueur de 170 mètres et une largeur de 20 mètres qui irait en s'évasant vers la rue de Paris, afin de dégager le portail de l'église.

» *Nivellement.*—Le profil de cet embranchement présenterait une pente exceptionnelle de 0m0345 en le dirigeant vers l'église, le sens de cette inclinaison serait d'ailleurs favorable à l'aspect général de l'édifice.

Utilité générale de la rue B.

»Les agglomérations de Belleville, Charonne et Saint-Mandé sont à peu près dépourvues de communications entre elles; en l'état actuel, elles ne communiquent avec le centre de Paris qu'au moyen de rues présentant des pentes excessives.

» La rue B réunirait ces centres de population ; elle donnerait aux habitants des voies à pentes douces pour descendre dans l'ancien Paris, soit par la barrière de Pantin, soit par l'avenue de Vincennes et le faubourg Saint-Antoine ; enfin, traversant les parties les moins habitées des quartiers du Combat, de Belleville, du Père-Lachaise et de Charonne, elle donnerait à l'industrie des constructions un accès facile vers des régions aujourd'hui presque désertes.

Rue C de la plaine Ménilmontant au rond-point projeté derrière le cimetière du Père-Lachaise.

»Cette rue partirait de la chaussée de Ménilmontant, vis-à-vis la place de ce nom ; elle longerait la tranchée du chemin de fer de ceinture, puis s'infléchirait dans la rue Gasnier-Guy, et viendrait aboutir au rond-point ménagé derrière le cimetière du Père-Lachaise.

» Le quartier qu'elle traverserait comprend un grand nombre d'impasses et est fort peu salubre ; elle assurerait un débouché à tous les impasses, et leur donnerait l'air et le jour qui leur manquent ; continuant la rue E ci-après décrite, elle ouvrirait d'ailleurs une communication importante du côté de Bagnolet par la porte de ce nom.

» Cette voie aurait une longueur de 860 mètres et une largeur de 20 mètres.

» *Nivellement.*—Le profil s'élèverait d'abord avec l'in-

clinaison de 0^m012, puis il remonterait avec une rampe
de 0^m03 jusqu'au point culminant du tracé, et il at-
teindrait le rond-point derrière le cimetière avec des
inclinaisons de 0^m02 et de 0,0116.

*Rue D du rond-point projeté derrière le cimetière du
Père-Lachaise, à la porte de Romainville.*

» Cette rue serait tracée suivant deux alignements
droits entre le rond-point projeté derrière le Père-Lachaise, à la porte de Rambouillet. Sa brisure prévue
au carrefour des rues Saint-Fargeau et de Vincennes,
est justifiée par la convenance de faire passer la rue au
croisement de ces deux voies et par des considérations
de nivellement; la chaussée nouvelle devant nécessairement présenter un profil convexe, il n'y aurait aucun avantage, eu égard à l'aspect qu'elle peut offrir, à
l'établir en ligne droite.

» La rue D permettra d'élever des constructions dans
une des régions les plus désertes de la ville agrandie,
et comme voie de communication, elle aura une véritable importance en rattachant à Paris les forts de
Romainville et de Noisy-le-Sec.

» La longueur de cette voie serait de 1,484 mètres et
sa largeur de 20 mètres.

» *Nivellement.* — Le profil en long s'élèverait avec
une inclinaison de 0^m027 jusqu'à la rue de Charonne,
puis descendrait avec une inclinaison de 0^m023 jusqu'aux rues de Vincennes et Saint-Fargeau ; au delà
de ce carrefour, on adopterait une rampe de 0^m028

jusqu'à la rue des Tournelles, d'où l'on redescendrait vers la rue Militaire avec une pente de 0^m1023.

Rue E du rond-point projeté derrière le cimetière du Père-Lachaise, à la porte de Bagnolet.

Cette rue partirait également du rond-point projeté derrière le cimetière du Père-Lachaise, et viendrait aboutir en ligne droite à la porte de Bagnolet.

En se rattachant à celles déjà projetées vers Ménilmontant et Belleville, elle établirait une communication entre ces quartiers du nouveau Paris et les communes rurales de Bagnolet et Montreuil. Traversant des terrains encore non bâtis, elle y faciliterait l'édification de nombreuses maisons dans les meilleures conditions d'économie.

La longueur de cette voie serait de **775** mètres et sa largeur de **20** mètres.

Nivellement. — Le profil en long descendrait d'une manière contenue du rond-point à la porte de Bagnolet. Le maximum d'inclinaison serait de 0^m026.

Paris, le **8 mars 1862**.

Le Sénateur, Préfet de la Seine,

HAUSSMANN.

Dans une de nos prochaines livraisons nous apprécierons ces études, et nous publierons un plan reproduisant les tracés des voies projetées.

LOUIS LAZARE.

LE BOULEVARD DE MAGENTA

Si nous sommes exactement renseignés, une Compagnie se chargerait de l'achèvement du boulevard de Magenta, de la place du Château-d'Eau au boulevard de Strasbourg.

Dans une direction opposée au boulevard du Prince-Eugène, celui de Magenta est d'une utilité tout aussi incontestable. Ce dernier est appelé à servir de déversoir à deux chemins de fer, en leur ouvrant à droite et à gauche un passage ; il complétera les abords de la caserne du Prince-Eugène en se rattachant à ce système d'ensemble qui a si heureusement prévalu dans l'exécution des grands travaux de Paris.

On sait que cette voie éminemment stratégique doit commencer à la place du Château-d'Eau pour aboutir d'abord à l'emplacement de l'ancienne barrière Poissonnière et se continuer plus tard dans l'ancien Montmartre.

La partie entre le boulevard de Strasbourg et la barrière étant exécutée, nous allons nous occuper d'abord de la section qui doit compléter le boulevard dans l'ancien Paris.

RUE DE BONDY.

En partant du Château-d'Eau, le boulevard de Magenta enlève à la rue de Bondy les maisons n°° 20 et 22. — Sur le plan de Turgot, la rue de Bondy est indiquée sous le nom de rue des Fossés-Saint-Martin, parce qu'elle formait anciennement les fossés près de la porte Saint-Martin. En vertu d'un arrêt du Conseil du mois de décembre 1771, elle reçut le nom de rue de Bondy. Une décision ministérielle du 2 thermidor an V, a fixé la moindre largeur de cette voie publique à 10 mètres ; cette moindre largeur a été portée à 12^m en vertu d'une ordonnance Royale du 31 mars 1847.

RUE DE LA DOUANE.

Les n°° 1, 3, 5, seront expropriés également pour le boulevard de Magenta.

Voici l'origine de la rue de la Douane :

« A la Muette, le 25 octobre 1782.

» Louis, etc... Voulons et nous plaît ce qui suit :

» Art. 1er. Il sera établi une nouvelle rue à prendre du débouché de la rue Saint-Nicolas (aujourd'hui du Château-d'Eau, se dirigeant parallèlement à celle du Faubourg-du-Temple, à travers les jardins du sieur Sanson. »

A cette occasion, la nouvelle rue prit le nom du propriétaire de ces terrains. Philippe-Robert *Sanson* était maître de la chambre aux deniers.

En vertu d'une décision ministérielle du 21 juin

1845, cette voie publique reçut le nom de rue de la Douane, ainsi que la partie ouverte en 1825, et qui est située entre la rue des Marais et le quai de Valmy.

RUE DU CHATEAU-D'EAU.

C'était anciennement un chemin qui longeait le grand égout découvert. Le plan de Verniquet (1785) l'indique sous le nom de *rue Neuve-Saint-Nicolas* qu'elle devait à une enseigne. Une décision ministérielle du 25 messidor an X, signée Chaptal, fixa la largeur de cette voie voie publique à 10 mètres. En vertu d'une ordonnance Royale du 6 mars 1828, cette largeur a été portée à 13 mètres. Une autre ordonnance du 21 novembre 1837 porte :

« Art. 1er. Est déclarée d'utilité publique l'exécution immédiate de l'alignement du côté droit, numéros pairs de la rue Neuve-Saint-Nicolas, tel qu'il a été arrêté par l'ordonnance Royale du 6 mars 1828. En conséquence, la Ville de Paris est autorisée à acquérir à l'amiable, au prix qui sera fixé par une expertise contradictoire, et s'il y a lieu par l'application de la loi du 7 juillet 1833, les bâtiments et terrains qui excèdent l'alignement ci-dessus mentionné. »

En vertu d'une décision ministérielle du 11 juin 1851, les rues Neuve-Saint-Nicolas et Neuve-Saint-Jean ont été réunies sous la seule et même dénomination de *rue du Château-d'Eau*. Voici, par rapport au boulevard de Magenta, la situation de la rue du Château-d'Eau : Seront expropriés les immeubles n°s 1, 3 (l'un porte aussi le n° 1 de la rue de la Douane, l'autre le n° 20 de la rue de Bondy), n°ˢ 5, 6, 8, 12. Ce dernier est commun avec le n° 1 de la cité du Waux-Hall; 14, 16, qui est aussi l'immeuble 33 de la rue des Marais; 18, 20, 22, 24, 26, 28 (ces trois derniers communs avec les n°ˢ 43 et 45 de la rue des Marais), et 50, qui s'applique également au n° 79 de la rue des Marais.

RUE DES MARAIS.

Ouverte sur des terrains en marais, elle en a pris la dénomination. En 1760 elle n'était bordée que d'un très-petit nombre d'habitations. Une décision ministérielle du 4 ventôse an XI et un arrêté du président du Conseil des Ministres, chargé du Pouvoir exécutif, E. Cavaignac, arrêté à la date du 4 décembre 1848, ont fixé la largeur de la rue des Marais à 9 mètres 74.

Seront expropriés les immeubles portant les numéros ci-après : 33, 35, 37, 39, 41, 43, 45, 47, 49, 51 (ces deux derniers correspondent avec les n°ˢ 24, 26 et 28 de la rue du Château-d'Eau) ; les n°ˢ 53, 55, 57, 63, 65, 69, 71, 73, 75, 77, 79, 81, 83, 85, 72, 74, 76, 78, 80, 82, 84 et 86.

CITÉ DU WAUX-HALL.

Elle a été construite en 1841 sur l'emplacement du *Waux-Hall d'Été.* Cette cité a été autorisée sous certaines clauses et conditions par une ordonnance de police du 16 décembre 1847. Sa largeur est de 6 m. 50. Le boulevard de Magenta enlève à la cité du Waux-Hall les immeubles 1, 3, 2 et 4.

RUE LANCRY.

Voici l'origine de la partie de la rue Lancry située entre la rue de Bondy et celle des Marais :

« Louis, etc... Avons ordonné par ces présentes signées de notre main, ordonnons qu'il sera ouvert une rue dans la masse du terrain appartenant aux sieurs Lancry et Lollot, enfermée par la rue de Bondy et la ruelle Saint-Nicolas, à commencer du boulevard, vers le milieu de cette masse entre la porte Saint-Martin et la rue du Temple, allant en ligne droite dans ladite ruelle Saint-Nicolas ; le tout, aux frais desdits sieurs Lancry et Lollot ou de leurs représentants, lesquels seront tenus à cet effet de fournir tout le pavé et terrasse nécessaires ; voulons que la nouvelle rue soit fixée à 30 pieds, conformément à la déclaration du 16 mai 1765... Donné à Versailles, le 22e jour de novembre, l'an de grâce 1776, et de notre règne le 3e, signé Louis, et scellées du grand sceau de cire jaune. »

Ces lettres patentes, registrées le 12 mars 1777, furent immédiatement exécutées. A la fin de cette année, le sieur Lancry s'étant rendu acquéreur des terrains situés entre la ruelle Saint-Nicolas (aujourd'hui rue du Château-d'Eau) et la rue des Marais, prolongea sur cet emplacement la nouvelle rue autorisée par les lettres patentes précitées. Une décision ministérielle du 25 floréal an X, signée Chaptal, et une ordonnance Royale du 31 mars 1847, ont fixé la largeur de cette voie publique à 10 mètres.

Voici, par rapport à l'exécution du boulevard de Magenta, la situation de la rue Lancry : seront expropriés les immeubles portant les n°ˢ 31, 33, 35, 37, 22, 24, 26, 28 (ce dernier correspond avec le n° 55 de la rue des Marais), et 30, qui est commun avec le n° 57 de la rue des Marais.

PASSAGE CHAUSSON.

Formé en 1835 par M. *Chausson*, il a été autorisé comme passage public par deux ordonnances de police des 22 novembre 1847 et 9 mai 1848. Sa largeur est de 7 mètres 80.

Seront expropriés les n°ˢ 11, 13, 15 (ce dernier correspond avec le n° 69 de la rue des Marais) ; n°ˢ 8, 10, 12. Ce dernier est commun avec le n° 65 de la rue des Marais.

RUE ALBOUY.

Une ordonnance Royale du 31 mars 1824, porte : « Le sieur *Albouy* est autorisé à ouvrir sur un terrain à lui appartenant, entre la rue des Marais et celle des Vinaigriers, une rue de 10 mètres de largeur. Cette autorisation est accordée à la charge par l'impétrant de supporter les frais du premier pavage et du premier établissement de l'éclairage de la nouvelle rue, et en outre de se soumettre aux lois et règlements sur la voirie. *Signé :* LOUIS.

» Le Ministre de l'Intérieur, *signé : Corbière.* »

Ce percement a été immédiatement réalisé ; les constructions riveraines sont toutes à l'alignement.

Le boulevard de Magenta n'enlève à la rue Albouy

que le n° 1, correspondant avec le n° 72 de la rue des Marais.

CITÉ SAINT-MARTIN.

Cette cité, dont l'entrée se trouve au n° 94 de la rue du Faubourg-Saint-Martin, se verra enlever par le boulevard de Magenta les immeubles 5, 7, 9, 11, 6, 8.

RUE DES VINAIGRIERS.

En 1654 on la trouve désignée sous le nom de *ruelle de l'Héritier*. En 1780, elle portait la dénomination de rue des Vinaigriers, en raison du champ des vinaigriers auquel cette voie servait de limite. Deux décisions ministérielles, l'une du 16 floréal an X, signée Chaptal, l'autre du 2 avril 1811, signée Montalivet, ont fixé la moindre largeur de cette voie publique à 10 m. En 1813, ce n'était encore qu'une ruelle étroite et tortueuse. A cette époque on commença des constructions importantes d'après les alignements ministériels maintenus par une ordonnance Royale du 31 mars 1847.

Les immeubles 51, 53, 61, 63, 65 et 67 seront expropriés.

RUE DU FAUBOURG-SAINT-MARTIN.

La rue du Faubourg-Saint-Martin n'a cessé d'être un chemin pour devenir une véritable voie publique, qu'en 1710, après la transformation complète des remparts en boulevards de Paris. De l'église Saint-Laurent à la barrière, cette rue était encore indiquée, à la fin du siècle dernier, sous la dénomination de *Faubourg-Saint-Laurent*, parce qu'elle conduisait à la foire Saint-Laurent, qui se tenait à l'endroit où nous voyons aujourd'hui la rue Chabrol, voisine de celle Saint-Laurent.

Une décision ministérielle du **28** messidor an V, et une ordonnance Royale du **4** novembre **1829**, ont fixé la moindre largeur de cette voie publique à **18** mètres, et la plus grande à **36**.

Au n° **59** est situé l'ancien *hôtel du Tillet*, appartenant autrefois au président de ce nom, puis occupé quelque temps par l'administration des pompes funèbres, ensuite par l'église catholique française.

Au n° **86** demeurait, en **1831**, le célèbre économiste *Jean-Baptiste Say*.

La propriété n° **162** était habitée par le compositeur de musique *Monsigny*, qui mourut dans cette maison le **14** janvier **1817**.

Voici, par rapport au boulevard de Magenta, la situation de la rue du Faubourg-Saint-Martin :

Les immeubles portant les n°s **103**, **105**, **107**, **109**, **111**, **113**, **115**, **117**, **102**, **104** (ces deux derniers correspondent avec les n°s **62**, **64**, **66** et **68** de la rue des Vinaigriers), **106**, **108**, **110**, **112** et **114** seront expropriés.

Tels sont les renseignements qui intéressent les rues et les propriétés comprises dans la section du boulevard de Magenta, dont l'exécution complétera cette voie si précieuse d'utilité publique.

Il nous a paru nécessaire de continuer le tracé du boulevard de Magenta dans sa partie exécutée, en indiquant l'origine des voies ou établissements qui ont livré passage à cette grande artère. — En suivant cette idée, notre rédaction sera conforme au plan que nous publierons et que nos lecteurs annexeront à la 2ᵉ livraison.

Après avoir dépassé le faubourg Saint-Martin, le boulevard de Magenta atteint la place qui se trouve devant l'église Saint-Laurent, et qui se confond si heureusement avec le boulevard de Strasbourg.

ÉGLISE SAINT-LAURENT.

Un édifice religieux existait en cet endroit au sixième siècle ; Grégoire de Tours en parle dans un récit qu'il a laissé d'un débordement de la Seine et de la Marne, arrivé en 583. Les historiens conviennent assez généralement que l'église Saint-Laurent était située dans le faubourg Saint-Denis, et qu'elle occupait dans les premiers temps l'emplacement actuel de la maison Saint-Lazare. Les historiens affirment également que le cimetière de cette église se trouvait à droite de la route de Saint-Denis, et que dans la suite on y éleva une seconde église dédiée aussi à Saint-Laurent.

Cette opinion se fortifia par une découverte qui eut lieu au commencement du dix-huitième siècle. Nicolas Gobillon, faisant exécuter des réparations derrière la seconde église, les ouvriers déterrèrent plusieurs cercueils dans lesquels on trouva des corps dont les vêtements noirs étaient semblables à ceux des moines ; ces corps tombèrent en poussière dès qu'on les exposa au grand air. On pensa que ces tombeaux pouvaient avoir neuf cents ans d'antiquité.

L'église Saint-Laurent, érigée en paroisse vers l'année 1180, fut rebâtie et dédiée, le 19 juin 1429, par Jacques de Chastellier, évêque de Paris.

On l'augmenta encore en 1548 ; enfin, on la rebâtit presque entièrement en 1595, au moyen des aumônes et charités des bourgeois de Paris. La construction du grand portail ne date que de 1622. Le plan de cette église est régulier ; il se compose d'une nef principale et de deux nefs latérales avec chapelles. Le chœur a été décoré par Blondel.

Saint-Laurent portait en 1793 le nom de *Temple de l'Hymen et de la Fidélité.* La superficie de l'église est de 1,572 mètres, celle du presbytère et autres dépendances de 1,856 mètres.

L'Administration municipale, sagement inspirée, va s'occuper très-prochainement de l'achèvement du portail de l'église Saint-Laurent.

Après avoir débouché sur la place Saint-Laurent, le boulevard de Magenta traverse le *boulevard de Strasbourg*, ainsi dénommé parce qu'il se dirige vers la gare d'embarcadère du chemin de fer de Strasbourg.

Cette première partie de la grande artère par excellence et perpendiculaire au fleuve, a été ouverte en vertu du décret du 10 mars 1852. Le traité passé entre la Ville de Paris et MM. Ardouin est du 27 septembre de la même année. Une somme de 7,750,000 fr. a été payée en quatre annuités aux concessionnaires. Les expropriations, commencées en février 1853, ont été terminées en mars suivant. La longueur de la première partie exécutée du boulevard de Strasbourg, entre le boulevard Saint-Denis et la gare d'embarcadère de Strasbourg, est de 775 mètres.

Après avoir dépassé le boulevard de Strasbourg, le boulevard de Mage..ta a supprimé la partie de la *rue Saint Laurent*, située entre le boulevard de Strasbourg et la rue du Faubourg-Saint-Denis, sauf les n°s 18, 20.

La rue Saint-Laurent n'était qu'une ruelle en 1652. Au commencement du dix-huitième siècle, des habitations s'élevèrent dans cette rue, qui tire son nom de l'église Saint-Laurent, dont nous venons de parler.

Une décision ministérielle du 7 juin 1808 avait fixé la largeur de cette voie publique à 10 mètres. Cette largeur est portée à 12 mètres, par décret du 22 mars 1850.

Après avoir absorbé cette partie de la rue Saint-Laurent, le *boulevard de Magenta* a pris en écharpe la *rue du Faubourg-Saint-Denis*, à l'endroit où viennent se réunir les rues Chabrol et de Strasbourg.

Là, nous nous trouvons en face de la prison Saint-Lazare, dont voici l'origine :

Le plus ancien titre qui mentionne cet établissement est de l'année 1110. C'était un hôpital de pauvres lépreux, sous l'invocation de saint Ladre ou saint Lazare. Pour soutenir cette maladrerie, le roi Louis le Gros établit en sa faveur une foire dont elle touchait les revenus. Louis VII, avant son départ pour la croisade, visita cette léproserie et y laissa des marques de sa royale libéralité. La foire Saint-Lazare, qui avait été donnée à cet hôpital, durait huit jours et se tenait sur le chemin qui de Saint-Denis conduit à Paris.

Philippe-Auguste l'acheta en 1183, et la transféra dans Paris, au lieu dit des Champeaux. Plusieurs historiens ont pensé que l'abbaye Saint-Laurent ayant été abandonnée, l'évêque de Paris y établit plus tard une léproserie.

On sait que, dans le moyen âge, tous les établissements avaient un caractère religieux ; dans la suite cette léproserie, qui avait une chapelle particulière dédiée à saint Ladre, prit le nom de ce patron. Ainsi que nous l'apprend le savant historien Jaillot, cette maison n'était point une communauté religieuse. Dans deux arrêts du Parlement, le maître de Saint-Lazare n'est appelé *que le prétendu prieur du soi-disant prieuré Saint-Lazare.* L'évêque avait seul le droit de nommer le prieur ou plutôt le régisseur de la maison. Le prélat avait en outre la faculté de le suspendre, de visiter la maison, et d'en modifier les règlements.

L'évêque de Paris, vers 1515, introduisit les chanoines réguliers de Saint-Victor dans la maison Saint-Lazare ; l'administration de ces chanoines ne fut pas, à ce qu'il paraît, exempte de reproches.

Un arrêt du Parlement du 9 février 1566, ordonna que le tiers des revenus de Saint-Lazare serait employé *à la nourriture et entretènement* des pauvres lépreux. Les désordres continuèrent dans la gestion de cet établissement.

En 1632, Adrien Lebon, principal, offrit sa maison à l'illustre Vincent de Paul, instituteur des prêtres de la Mission ; ces religieux s'installèrent à Saint-Lazare, en vertu d'un traité d'union rédigé par l'archevêque de

Paris. Le principal emploi de cette congrégation était de travailler à l'instruction des pauvres habitants des campagnes qui n'avaient ni évêché ni présidial.

Dans l'enclos Saint-Lazare, le plus vaste qu'il y eût dans Paris, se trouvait un bâtiment appelé le *logis du Roi*. Ordinairement les Rois et les Reines s'y rendaient pour recevoir le serment de fidélité des habitants de Paris, avant de faire leur entrée dans cette ville. Les dépouilles mortelles des Rois de France étaient déposées pendant quelques heures dans la maison Saint-Lazare, et tous les prélats du royaume allaient jeter de l'eau bénite sur ces restes, que les caveaux de Saint-Denis allaient renfermer.

Vers la fin du dix-septième siècle, cet établissement tombait en ruines ; les prêtres de la Mission songèrent à le reconstruire. Ils firent élever, de 1681 à 1684, les vastes bâtiments qui existent encore aujourd'hui ; l'église, qui avait été réparée au commencement du dix-septième siècle, fut conservée.

Le 14 juillet 1789, Saint-Lazare fut pillé, incendié par une troupe de malfaiteurs; la milice parisienne, instituée le même jour, vint heureusement arrêter les progrès de la dévastation.

En 1793, cet établissement fut converti en prison, l'on y enferma plus de douze cents personnes. Nougaret, qui écrivait pendant la Révolution, nous donne quelques détails sur cette prison. « Une chose assez comique, dit-il, c'était les écrous. Ici on lisait : Vivian, perruquier, prévenu d'imbécillité et de peu de civisme.» (Ce malheureux est resté un an au secret.) Dans les derniers temps Hermeau, président des commissions populaires, venait faire un travail sur les listes qui lui étaient présentées. C'était Verner qui était directeur général des interrogatoires qu'on faisait subir aux prisonniers. On leur demandait : « As-tu voté pour Raffet ou pour Henrion? As-tu dit du mal de Robespierre ou du tribunal révolutionnaire? Combien as-tu dénoncé de modérés, de nobles ou de prêtres dans ta section? » Voilà quel était le cercle ordinaire des demandes qui, au surplus, ne se faisaient que pour la forme ; car une fois les listes arrêtées, ceux qui y étaient signalés avec la croix fatale, étaient bien sûrs d'être égorgés. »

Un des prisonniers qui ont excité le plus d'intérêt est Roucher, l'auteur des *Mois ;* il passait le temps à former la jeunesse d'un de ses enfants nommé Émile, et cette occupation charmait les ennuis de sa captivité. Le jour qu'il reçut son acte d'accusation, il prévit le triste sort qui l'attendait ; il renvoya son fils, à qui il donna son portrait pour le remettre à sa femme. Cet envoi était accompagné du quatrain suivant adressé à sa compagne et à ses enfants :

> Ne vous étonnez pas, objets charmants et doux,
> Si quelqu'air de tristesse obscurcit mon visage;
> Lorsqu'un savant crayon dessinait cette image,
> On dressait l'échafaud, et je pensais à vous.

André Chénier fut également enfermé à Saint-Lazare, et n'en sortit que pour monter sur l'échafaud.

« André Chénier, dit M. de Lamartine, âme romaine, » imagination attique, que son courageux patriotisme » avait enlevé à la poésie, pour le jeter dans la politi-

» que, avait été emprisonné comme Girondin. Les rêves
» de sa belle imagination avaient trouvé leur réalité
» dans mademoiselle de Coigny, enfermée dans la même
» prison. André Chénier rendait à cette jeune captive
» un culte d'enthousiasme et de respect, attendri en-
» core par l'ombre sinistre de la mort précoce qui cou-
» vrait déjà ces demeures. Il lui adressait ces vers im-
» mortels, le plus mélodieux soupir qui soit jamais
» sorti des fentes d'un cachot. C'est la jeune fille qui
» parle et qui se plaint dans la langue de Jephté :

LA JEUNE CAPTIVE

Saint-Lazare.

L'épi naissant mûrit, de la faux respecté ;
Sans crainte du pressoir, le pampre, tout l'été,
   Boit les doux présents de l'aurore ;
Et moi, comme lui belle, et jeune comme lui,
Quoi que l'heure présente ait de trouble et d'ennui,
   Je ne veux pas mourir encore !...

Qu'un stoïque aux yeux secs veuille embrasser la mort,
Moi je pleure et j'espère. Au noir souffle du nord,
   Je plie et relève la tête.
S'il est des jours amers, il en est de si doux !
Hélas ! quel miel jamais n'a laissé de dégoûts ?
   Quelle mer n'a point de tempête ?

L'illusion féconde habite dans mon sein ;
D'une prison sur moi les murs pèsent en vain,
   J'ai les ailes de l'espérance.
Échappée au réseau de l'oiseleur cruel,
Plus vive, plus heureuse aux campagnes du ciel,
   Philomèle chante et s'élance !

Est-ce à moi de mourir? tranquille je m'endors
Et tranquille je veille, et ma veille aux remords
   Ni mon sommeil ne sont en proie.
Ma bienvenue au jour me rit dans tous les yeux.
Sur des fronts abattus, mon aspect dans ces lieux
   Ranime presque de la joie.

Mon beau voyage enfin est si loin de sa fin!
Je pars, et des ormeaux qui bordent le chemin,
   J'ai passé les premiers à peine.
Au banquet de la vie, à peine commencé,
Un instant seulement mes lèvres ont pressé
   La coupe, en mes mains encor pleine.

Je ne suis qu'au printemps, je veux voir la moisson ;
Et comme le soleil, de saison en saison,
   Je veux achever mon année.
Brillante sur ma tige, et l'honneur du jardin,
Je n'ai vu luire encor que les feux du matin ;
   Je veux achever ma journée.

O mort, tu peux attendre ; éloigne, éloigne-toi :
Va consoler les cœurs que la honte, l'effroi,
   Le pâle désespoir dévore.
Pour moi Palès encore a des asiles verts,
Les amours des baisers, les muses des concerts :
   Je ne veux pas mourir encore.

Ainsi, triste et captif, ma lyre toutefois
S'éveillait, écoutant ces plaintes, cette voix,
   Ces vœux d'une jeune captive ;
Et secouant le joug de mes jours languissants,
Aux douces lois des vers je pliais les accents
   De sa bouche aimable et naïve.

La prison Saint-Lazare est aujourd'hui affectée aux
femmes prévenues de délits ou de crimes, ainsi qu'aux

filles publiques. La population annuelle de cette prison s'élève à huit ou neuf cents.

L'ancienne église Saint-Lazare, qui depuis la Révolution servait de succursale à la paroisse Saint-Laurent, a été démolie en 1823 ; on a construit ensuite une chapelle et une infirmerie. Dans ces dernières années, cet établissement a été augmenté au moyen de plusieurs acquisitions, entre autres d'une propriété portant le n° 113 sur la rue du Faubourg-Saint-Denis, et appartenant aux hospices, et de terrains provenant du comte Charpentier.

Ordinairement la dépense concernant les prisons est acquittée sur les fonds départementaux, mais ces fonds s'étant trouvés insuffisants, la Ville de Paris a contribué aux travaux des bâtiments Saint-Lazare pour une somme de 283,199 fr. 18 c.

Poursuivons la description du tracé du boulevard de Magenta.

Arrivée à la *rue du Faubourg-Saint-Denis*, la nouvelle artère lui a enlevé les maisons n°s 109, 111, 113 et partie du 115 ; du côté des numéros pairs, les immeubles 112, 114, 116, 118 et 120.

La maison n° 110 devra avancer pour se mettre en bordure de la partie de la voie rectifiée en cet endroit.

La rue du Faubourg-Saint-Denis n'était dans l'origine qu'un simple chemin qui conduisait à l'abbaye Royale de Saint-Denis. De la maison Saint-Lazare à la barrière, cette voie publique porta les noms de *rue du Faubourg-Saint-Lazare* et *du Faubourg-de-Gloire*. En

1793, on le nomma *Franciade,* ainsi que la ville de Saint-Denis. Une ordonnance Royale du 22 août **1837** a fixé à 14 mètres 60 la moindre largeur de la rue du Faubourg-Saint-Denis à laquelle le boulevard de Strasbourg a procuré un utile dégagement, en s'appropriant une partie de l'activité et du mouvement trop considérables dans l'ancienne artère.

La *rue Chabrol* a livré au boulevard de Magenta les maisons nᵒˢ 1 et 3. Voici l'origine de cette voie publique décorée du nom d'un de nos plus illustres Magistrats : Une ordonnance Royale du 29 mai 1822 autorisa M. le comte Charpentier à ouvrir sur ses terrains une rue de 12 mètres de largeur, communiquant de la rue du Faubourg-Saint-Denis à la rue de La Fayette. En vertu d'une décision ministérielle du 1ᵉʳ juillet 1822, la nouvelle voie reçut le nom de *rue Chabrol,* en l'honneur du Préfet de la Seine alors en exercice. Peu de temps après la révolution de 1830, quelques habitants du quartier se permirent d'effacer le nom de Chabrol pour lui substituer celui de M. de Laborde, alors chargé provisoirement de la Préfecture de la Seine.

Le 12 août 1835, une décision ministérielle, corrigeant l'ingratitude révolutionnaire, rétablit sur les plaques municipales le nom glorieux indignement effacé. Cette décision réparatrice est signée Gasparin.— Honneur à lui !...

Consacrons maintenant quelques lignes à la mémoire du grand Magistrat, du Préfet de la Seine qui a le mieux compris les hautes et brillantes destinées que Dieu réserve à la Ville de Paris.

Quelques jours après la destitution du comte Frochot, destitution motivée, un jeune homme se présente à l'audience de l'Empereur.

— Votre nom, monsieur ? demande Napoléon.

— Chabrol de Volvic, Préfet de Montenotte, grâce aux bontés de Votre Majesté !

—Pourquoi n'êtes-vous pas à votre poste ? Je n'aime pas les Préfets voyageurs.

— Sire, j'ai obtenu un congé et j'en profite pour aller en Hollande rendre visite à mon beau-père, le prince Lebrun.

— C'est différent ; savez-vous, jeune homme, que vous avez fait un beau mariage?

— Cela est vrai, Sire, mais j'espère m'en rendre digne.

Puis Napoléon interrogea le Magistrat sur ses goûts, ses études et ses projets.

L'entretien dura plus d'une demi-heure, puis l'Empereur termina l'audience en disant :

— Monsieur Chabrol, vous resterez à Paris quarante-huit heures de plus ; quand vous aurez reçu de mes nouvelles, vous partirez, si bon vous semble.

Le lendemain, le Ministre de l'Intérieur présentait à Napoléon une longue liste de candidats aux fonctions de Préfet de la Seine. L'Empereur examina, s'arrêtant à chaque nom en faisant un signe négatif.

La lecture terminée, Sa Majesté remit la note au Ministre en lui disant :

— J'ai mieux que tout cela.

— Sire, daignez me faire connaître le nom de l'heureux candidat de Votre Majesté ?

— Gilbert-Joseph-Gaspard Chabrol de Volvic, dit l'Empereur en lisant une petite note qu'il venait de tirer de sa poche, aujourd'hui Préfet de Montenotte, demain Préfet de la Seine.

— Sire, je suis désolé d'avoir omis le nom de M. Chabrol ; mais son âge, il n'a pas trente ans, j'avais cru...

— Monsieur, ne faites pas de procès à la jeunesse ; j'étais plus jeune que mon nouveau Préfet de la Seine aux batailles d'Arcole et de Rivoli... Que le décret me soit présenté ce soir à ma signature. — Allez, c'est une affaire conclue, et une bonne.

Les antécédents du nouveau Préfet complimentaient déjà le choix de Napoléon. M. Chabrol, admis le premier à l'école Polytechnique, en était sorti également le premier. Attaché ensuite à l'expédition d'Égypte, il avait su fixer l'attention du général en chef, par un mémoire qui fut inséré plus tard dans le grand ouvrage sur cette contrée célèbre. Le 18 brumaire an VIII, M. Chabrol était nommé Sous-Préfet à Pontivy ; en 1806, Préfet de Montenotte. Pendant son administration et sous sa direction, fut étudiée et commencée cette magnifique route de la Corniche qui fait l'admiration du monde. On confia plus tard à M. Chabrol la garde du Pape Pie VII, mission bien délicate que le Magistrat sut remplir de manière à mériter l'estime du Saint-Père et la haute approbation de l'Empereur.

Napoléon avait bien jugé M. Chabrol : le nouveau Préfet de la Seine, qui avait à peine trente ans accomplis, administra la Ville de Paris comme doit être administrée la Capitale d'un grand Empire, c'est-à-dire avec talent, noblesse et courtoisie.

Aussi l'estime générale fut-elle bientôt acquise au Magistrat. Cette estime des Parisiens devint plus tard une affection si vive, que le Roi Louis XVIII se crut obligé de conserver à la tête des affaires de la Ville le Préfet nommé par son prédécesseur.

Un jour, un Ministre plus royaliste que le Roi voulut inspirer à Louis XVIII des doutes sur la fidélité du Préfet de la Seine, auquel Son Excellence faisait un crime d'avoir été nommé par Napoléon. Impatienté de ces misérables attaques, Sa Majesté les fit taire par cette repartie, dans laquelle le cœur du Roi se dévoila par l'esprit : *M. Chabrol a épousé la ville de Paris, et j'ai aboli le divorce!*

La statue du comte Chabrol ne figure pas sur la façade de l'Hôtel de Ville de Paris, où cette grande illustration municipale serait si bien placée ; en revanche, nos Édiles ont donné, dans les niches de pierre, l'hospitalité à des célébrités politiques ou autres qui seraient fort étonnées, si elles revenaient à la vie, de se voir occuper indûment la place de nos grands Magistrats.

Après avoir traversé la rue Chabrol à l'angle de la rue de Strasbourg, le boulevard de Magenta est venu couper presque à son extrémité la *rue de Saint-Quentin,* dont nous allons rappeler l'origine toute moderne.

La première partie, comprise entre les rues Chabrol et de La Fayette, a été ouverte conformément à une ordonnance Royale du 31 janvier 1827, sur les terrains appartenant à MM. André et Cottier ; elle porta le nom de rue des Magasins, en raison des ateliers et *magasins* qu'on y établit ; sa largeur est de 10 mètres.

La deuxième partie, entre la rue de La Fayette et la place de Roubaix, a été ouverte, en 1845, par la Compagnie du chemin de fer du Nord ; elle fut dénommée ainsi que la première partie, en vertu de la décision ministérielle du 26 mai 1847. Sa largeur, qui est de 20 mètres, sera celle de toute la rue dont la longueur est de 335 mètres. Son nom rappelle une des principales villes du Nord, vers laquelle on se dirige en prenant le chemin de fer dont l'embarcadère est établi en face de la rue de Saint-Quentin.

Après avoir enlevé à cette voie publique les propriétés 6, 8, 10, 12, et celles portant les nos 7, 9 et 11, le boulevard de Magenta a épousé la *rue du Nord* et l'a transformée en un tronçon de la grande artère en lui donnant une largeur uniforme de 30 mètres. La rue du Nord, dont la longueur est de 393 mètres, a été ouverte en 1827 sur les terrains appartenant à MM. André et Cottier. L'ordonnance Royale est du 31 janvier 1827.

Telle est la description aussi exacte que possible du tracé du boulevard de Magenta, dont le développement est de 1915 mètres. Percée en ligne droite dans toute son étendue, c'est-à-dire de la rue de Bondy à la barrière Poissonnière, cette voie magistrale reliera deux chemins de fer et complétera les abords de la caserne du Prince-Eugène. — Ce sera une grande et splendide création.　　　　　　　　　Louis Lazare.

LES LOCATAIRES

ET

LA LOI·DU 3 MAI 1841

§ I

Parmi les questions de droit qu'ont soulevées les expropriations nombreuses opérées dans Paris depuis les dernières années, une surtout, présente un caractère de gravité tout particulier, tant à cause des intérêts qu'elle met en jeu, qu'à raison des divergences qu'elle a occasionnées dans la jurisprudence.

Il s'agit de savoir si un locataire à bail, dans une maison dont la Ville de Paris s'est rendue acquéreur par jugement d'expropriation, a le droit de quitter les lieux, et de réclamer une indemnité d'éviction, alors même que la Ville offrirait de lui laisser finir son bail.

En d'autres termes, la question peut se formuler ainsi : Le jugement qui déclare une maison expropriée pour cause d'utilité publique, résilie-t-il les baux en cours d'exécution ?

Une courte explication est nécessaire pour bien fixer les limites dans lesquelles s'agite le débat.

Lorsque la Ville est autorisée par un décret à exécuter un travail de viabilité et à exproprier dans ce but les immeubles nécessaires, elle remplit les formalités administratives, prend un jugement qui déclare les maisons expropriées, appelle les propriétaires et locataires devant le jury, et fait fixer les indemnités qui leur sont dues. Voilà ce qui se passe le plus ordinairement. Quelquefois les propriétaires dispensent la Ville de remplir les formalités administratives, et dans ce cas le jugement, au lieu de constater qu'elles ont été remplies, se contente de donner acte à l'expropriant du consentement de l'exproprié; c'est ce qu'on appelle un jugement de donner acte.

Dans certains quartiers où la Ville avait commencé des opérations d'expropriation, puis les avait abandonnées momentanément, des propriétaires auxquels cet état de choses causait un grave préjudice, ont obtenu de se faire exproprier isolément, et, dans ce cas, il est intervenu soit des jugements d'expropriation dans les termes ordinaires, soit des jugements de donner acte, ou bien enfin la Ville s'est rendue acquéreur à l'amiable, par contrats notariés. Ces différentes sortes d'acquisitions imposées à la Ville contre son gré et à une époque éloignée de celle qu'elle avait cru prévoir, n'ont pas eu le sort des expropriations normales et régulières.

M. le Préfet de la Seine a pensé que dans cette hypothèse, s'il était contraint de déposséder les propriétaires, il n'était pas obligé de même à déposséder les locataires ; qu'il pouvait donc se dispenser de traiter avec eux, à la condition de les laisser jouir de leurs baux. Les locataires n'ont pas jugé de même ; ils ont vu dans cet état de choses un fait très-préjudiciable à leurs intérêts, ils ont protesté ; de là procès.

On comprendra tout l'intérêt que présente le litige, quand on saura que la Ville de Paris possède en ce moment de son aveu même, 300 maisons qui sont dans ce cas. Voici, du reste, à quelle occasion est née la contestation et les premières décisions intervenues.

Au mois de novembre 1853, un décret a déclaré d'utilité publique le dégagement des abords du Théâtre-Français. Sur le consentement de plusieurs des propriétaires, il intervint un jugement de donner acte ; le jury fut convoqué, les indemnités fixées et payées, soit après décision du jury, soit à l'amiable.

Les propriétaires seuls avaient été indemnisés, les locataires avaient été oubliés à dessein. La Ville pensait qu'une fois propriétaire de la maison, elle était libre de la garder tant qu'il lui plairait, et notamment, jusqu'à l'entière expiration des baux pouvant donner matière à indemnité. De cette sorte elle économisait, d'un seul coup, toutes les indemnités locatives.

Les locataires, de leur côté, protestèrent et se dirent lésés de la manière la plus grave. On tuait leur industrie, en frappant le quartier de mort anticipée, on annihilait leurs fonds de commerce. Autre chose est un fonds à fin de bail dans une maison appartenant à un particulier, où l'on n'a à craindre qu'une augmentation possible à la fin du bail ; — autre chose est avoir un fonds dans une maison où l'on a la certitude de ne pouvoir le conserver. De ce jour, le fonds est invendable, il est sans valeur. A la vérité, il peut se faire qu'un propriétaire ne veuille plus renouveler le bail ; mais dans ce cas, il est facile de trouver à se replacer dans le voisinage, et on ne perd pas sa clientèle, tandis que, dans l'hypothèse d'une expropriation qui englobe tout un quartier, le replacement est impossible.

Un procès s'engagea donc entre deux locataires, les sieurs Crest et Bernardin d'une part, et la Ville de l'autre. Les sieurs Crest et Bernardin se pourvurent auprès de la Cour de Paris, afin de se faire nommer un jury. La Cour refusa, alléguant qu'ils n'y avaient aucun droit. Cet arrêt, déféré à la Cour suprême, fut cassé, et la Cour de Rouen saisie par l'arrêt de renvoi, nomma un jury. Lors de la comparution devant ce jury, la Ville, prit des conclusions tendantes à ce que l'indemnité ne soit fixée qu'hypothétiquement et pour le cas seulement où il serait jugé par les tribunaux compétents que les demandeurs y avaient droit.

Le jury n'étant pas juge de droit, les conclusions furent admises. On revint alors, pour faire juger le fond du droit, devant le le Tribunal de la Seine, et le 25 août 1860, la 1re chambre rendait le jugement suivant :

« Le Tribunal, etc.

» En ce qui touche les conclusions du Préfet de la Seine, tendantes à ce qu'il soit déclaré que Bernardin et Crest n'ont aucun droit de faire commettre un jury par la Cour Impériale dans les termes de l'art. 55 de la loi du 3 mai 1841 ;

» Attendu que cette question n'a plus d'objet, et qu'une décision est intervenue à cet égard, par arrêt de la Cour Impériale de Rouen, après renvoi de la Cour de Cassation ;

» Attendu qu'il en est de même des conclusions prises devant la Cour de Paris, tendantes à ce qu'il soit déclaré n'y avoir lieu à la fixation d'aucune indemnité;

» En ce qui touche les conclusions de la Ville de Paris, tendantes à ce qu'il soit déclaré que Bernardin et Crest n'ont aucun droit à l'indemnité hypothétique à eux allouée par le jugement d'expropriation ;

» Attendu en fait, qu'un décret du 15 novembre 1853, ayant déclaré d'utilité publique le dégagement des abords du Théâtre-Français, il a été procédé, par le Préfet de la Seine, conformément à la loi du 3 mai 1841, à l'accomplissement des formalités nécessaires pour l'expropriation, notamment de la maison rue Saint-Honoré, n° 242, appartenant à M. Mariton;

» Attendu que ce dernier a accepté l'expropriation, et qu'à la date du 10 octobre 1857, un jugement est intervenu qui a donné acte au Préfet de la Seine du consentement par Mariton à l'expropriation dont il était l'objet, et a renvoyé devant le jury pour la fixation de l'indemnité ;

» Attendu que pour la transmission de la propriété et pour les conséquences qui en résultent, il ne peut exister aucune différence entre un jugement d'expropriation et un jugement de donner acte ; que le jugement de donner acte ne peut évidemment assimiler cette vente à une vente volontaire; qu'en effet, s'il en était ainsi, la Ville serait aux droits du propriétaire, mais elle serait tenue d'accepter les charges, les servitudes et les obligations qui grèvent sa propriété, et notamment de respecter les baux qui auraient été consentis ;

» Attendu que le jugement de donner acte ne peut changer le caractère de la transmission de propriété ; que, dans un cas comme dans l'autre, le propriétaire subit l'expropriation ; que la Ville de Paris se trouve d'abord saisie de l'immeuble, non comme un acquéreur ordinaire, mais conformément aux dispositions de la loi du 3 mai 1841, qui fait passer les immeubles entre ses mains libres de toutes les charges et servitudes qui pourraient la grever;

» Attendu que s'il pouvait exister un doute sur l'interprétation et la portée que le Préfet entendait lui-même donner à ce jugement, le doute disparaîtrait en face de la sommation par lui faite au propriétaire à la date du 4 novembre 1857 ;

» Attendu, en effet, que le propriétaire a été mis en demeure, conformément aux dispositions de l'art. 21, de faire connaître la liste complète des baux des locataires avec déclaration que, faute par lui de ce faire, il demeurerait seul chargé envers les locataires et autres intéressés des indemnités qui pourraient être réclamées;

» Attendu que si l'on doit reconnaître que cet immeuble est passé aux mains de la Ville comme frappée d'expropriation pour cause d'utilité publique, on doit reconnaître en même temps que le jugement d'expropriation a eu pour effet d'anéantir et d'annuler tous les baux, et de substituer au droit de bail un simple droit à l'indemnité ;

» Attendu que si du consentement de toutes les parties contractantes, une convention synallagmatique avait été annulée, elle ne pourrait revivre que d'un consentement réciproque ;

» Attendu, qu'au cas d'expropriation les baux se trouvent annulés de plein droit par une disposition formelle de la loi et comme conséquence nécessaire et légale de l'expropriation ; qu'il ne peut donc appartenir à l'une des parties de faire revivre ce qui n'a plus d'existence, et que si des baux peuvent être maintenus, ce ne peut être que comme conséquence d'une convention nouvelle qui ne peut se former que par le consentement réciproque des parties contractantes ; que l'on ne peut soutenir que cette disposition qui annule les baux n'est édictée qu'en faveur de la partie expropriante, et qu'il est loisible à cette dernière de ne pas en user ;

» Attendu, en effet, que la loi ne peut être interprétée lorsque le sens en est clair, précis et formel ; qu'il ne s'agit pas d'un droit de résiliation facultatif, mais d'une annulation de plein droit, qu'il ne peut appartenir à aucune des parties de ne pas accepter ;

» Attendu, en outre, que la position du locataire, même en cas où il serait laissé dans les lieux pendant tout le temps que son bail aurait encore à courir, peut se trouver modifiée par certaines circonstances, et notamment par l'impossibilité dans laquelle il se trouve de trouver un acquéreur pour son fonds de commerce;

» Attendu, en effet, qu'une vente de fonds de commerce ne peut se faire avantageusement que dans le cas où l'acquéreur peut espérer une prolongation de bail de la part du propriétaire, et que dans le cas d'expropriation, cette espérance n'est plus possible;

» Attendu, en tous cas, que chacun est seul juge de son intérêt, et qu'un locataire ne peut être tenu de conserver une location qui se trouve annulée, et dont conséquemment on n'a plus le droit de lui imposer la continuation;

» En ce qui touche les conclusions subsidiaires de la Ville de Paris, tendantes à ce qu'il soit fait application à Bernardin et Crest de la clause de leur bail, aux termes de laquelle, en cas de démolition, ils ne peuvent avoir droit à aucune indemnité.

(Suit un attendu qui déclare, en fait, que la clause ne prévoit que le cas de démolition pour reculement seulement.)

» Attendu que l'on doit reconnaître que comme conséquence de l'expropriation, les baux de Bernardin et Crest se sont trouvés annulés de plein droit; que la continuation de ces baux ne peut leur être imposée, et qu'ils sont fondés à réclamer le payement des indemnités hypothétiques fixées par le jury d'expropriation, savoir, à Bernardin 20,000 fr. et à Crest 25,000 fr.

» En ce qui touche la demande de la Ville de Paris en validité des saisies gageries par elle pratiquées;

» Attendu, etc.

(Les locataires avaient refusé de payer leurs loyers, la Ville avait fait saisir, le tribunal décide que, bien que les baux fussent annulés, l'occupation les rend

*passibles, dans de certaines proportions, de payement
de loyers qu'il fixe.)*

» Dit que par suite de l'expropriation de l'immeuble,
dont s'agit, Bernardin et Crest étaient fondés à considérer leur bail comme étant annulé, et ont droit de
toucher l'indemnité à eux allouée par le jury ;

» Condamne, en conséquence, la Ville de Paris à
payer à Bernardin et Crest, etc. »

Ce jugement froissait trop ouvertement les idées et
les intérêts de la Ville pour être accepté par elle.
Appel fut interjeté, et le 7 mai 1861, la 1re Chambre
de la Cour de Paris, présidée par M. Devienne, rendait l'arrêt suivant :

« La Cour,

» Considérant que le jugement qui, dans les termes
de l'art. 14 de la loi du 3 mai 1841, donne acte au
propriétaire à exproprier de son consentement à la
cession, sauf fixation de l'indemnité par le jury, remplace le jugement d'expropriation, et produit les mêmes effets ; que l'un comme l'autre transmet la propriété tout entière à l'expropriant, dans les conditions
spéciales de la dépossession pour cause d'utilité publique ;

» Considérant que tous les droits sur l'immeuble
exproprié se trouvent résolus ;

» Que le locataire, notamment, ne peut plus se prévaloir de son bail, et n'a plus, comme tous les autres
intéressés, qu'une indemnité à réclamer ;

» Considérant que le contrat résolu à l'égard du lo-

cataire ne peut être maintenu au profit de l'expropriant, que la faculté pour celui-ci de résoudre ou de
maintenir à son gré les baux existants constituerait
une condition potestative contraire à l'essence des
contrats synallagmatiques;

» Considérant que si en cas d'aliénation volontaire
l'acquéreur a le droit de continuer l'exécution du bail,
c'est par cette juste raison de réciprocité que, de son
côté, le locataire peut se prévaloir de son bail contre
l'acquéreur; qu'ainsi l'analogie invoquée par l'appelant n'est pas admissible;

. . . .

» Sur l'appel incident, et sur les conclusions inci-
dentes du Préfet de la Seine, adoptant les motifs des
premiers juges, etc.;

. . . . . . Le jugement, au résidu, et par les
motifs y exprimés sortissant effet,

» Déboute, etc. »

Aussitôt cet arrêt rendu, le Préfet de la Seine se
pourvut en cassation.

Pendant que le procès s'instruisait devant la Cour
suprême, où il devait recevoir une solution définitive,
la même contestation s'éleva entre la Ville et d'autres
locataires, dans des conditions semblables; voici à quel
propos :

Depuis longtemps on réclamait l'expropriation d'une
maison, en saillie sur le boulevard Bonne-Nouvelle,
connue sous le nom de Maison Jouvin. Un décret fut
rendu, et l'expropriation décidée en principe. Dans le

1.

courant de l'année 1860, les héritiers Briant, propriétaires de cet immeuble, firent savoir à la Ville qu'une grande partie des baux consentis dans la maison allaient expirer ; qu'en conséquence, il y avait intérêt pour la Ville à choisir ce moment pour exproprier la maison, plutôt que d'attendre des renouvellements qui lui deviendraient onéreux. La Ville prit alors un jugement de donner acte, appela les héritiers Briant devant le jury, et fit régler leur indemnité.

Quant aux locataires, on se contenta de leur signifier que la Ville entendait les conserver jusqu'à la fin de leur bail.

MM. Ketterer, Lempereur et autres, protestèrent contre cette prétention qui se reproduisait comme la première fois, lors de l'affaire Crest et Bernardin.

M. Pestel, locataire dans une maison rue des Frondeurs et rue Saint-Honoré, près de la maison habitée par Bernardin, se joignit à l'instance ainsi que douze de ses sous-locataires, et le procès recommença.

Après des plaidoiries qui durèrent plusieurs audiences, le tribunal rendit un jugement qui déclara partage. Un nouveau juge fut adjoint au tribunal, les plaidoiries recommencèrent, et le 9 avril, contrairement au jugement du mois d'août 1860, adoptant une jurisprudence complétement opposée à celle de la Cour de Paris, le tribunal de la Seine rendit une décision entièrement contraire aux prétentions des locataires, et dont les termes sont intéressants à connaître, surtout, en les rapprochant de l'arrêt Crest et Bernardin.

« Le tribunal, etc.;

» Attendu que, par jugement rendu dans les termes de la loi du 3 mai 1841, le tribunal a donné acte du consentement des propriétaires à la cession de la maison dont les époux Ketterer occupaient une partie comme locataires;

» Attendu qu'un tel jugement a, vis-à-vis de tous les intéressés prétendant droit à une indemnité, les effets d'un jugement d'expropriation;

» Attendu que, devenue propriétaire, la Ville de Paris a fait connaître aux époux Ketterer qu'elle entendait respecter les baux jusqu'à leur expiration; que le jury a alloué audit locataire 30,000 francs pour le cas où son droit de réunir le jury et de faire fixer une indemnité serait ultérieurement reconnu par justice;

» Attendu que s'il n'y a pas expropriation sans indemnité, il ne doit pas y avoir d'indemnité sans éviction;

» Qu'aucune éviction n'a lieu au préjudice du locataire quand l'Administration lui a, en temps utile, notifié son engagement de respecter les baux jusqu'à leur expiration;

» Que de la loi du 3 mai 1841 il ne résulte pas que le jugement d'expropriation ait opéré de plein droit la résolution de ces baux;

» Que ni ce jugement, ni l'ordonnance du magistrat directeur du jury, envoyant l'Administration en possession, ne s'oppose à ce qu'elle use de cette possession au moyen de la perception des fruits civils,

si le moment d'exécuter les travaux projetés n'est pas
arrivé pour elle, ce dont elle est juge ;

» Que mise au lieu et place de l'ancien propriétaire,
elle a entre les mains, dans le bail souscrit par le locataire, un titre qui entre elle et lui tient lieu de loi
jusqu'à résiliation ; que c'est donc à lui, demandeur
en indemnité pour cause de résiliation, de faire à son
tour tomber le titre devant une disposition qui l'a-
néantisse ; qu'une telle disposition ne se rencontre ni
textuellement, ni virtuellement, soit dans la loi de
1841, soit dans celles qui en peuvent révéler l'esprit,
rendues sur la même matière en 1833, en 1810, en
1807 ;

» Que, sans doute, dans celle du 3 mai 1841, domine la pensée qu'en fait il y aura, à l'époque indiquée par l'arrêté préfectoral de cessibilité, prise réelle
de possession pour le commencement des travaux dé-
crétés, et conséquemment éviction de tous détenteurs ;
qu'en prévision de ce fait qui sera le cas normal, elle
détermine la forme du règlement de leur indemnité
de dépossession, mais qu'au propriétaire seul elle
concède par l'art. 14 l'autorisation, si l'Administration,
dans un délai déterminé, n'a pas poursuivi l'expropriation, d'en requérir lui-même la réalisation à son
égard ; qu'elle n'implique pas la dépossession du locataire comme effet légal, absolu, inévitable, s'il convient à celui-ci d'exiger sa propre expulsion moyennant indemnité, bien que l'engagement soit pris envers
lui de n'apporter à sa jouissance aucune modification ;

» Que cette loi ne renferme rien qui interdise à

l'expropriant de s'en tenir au maintien des baux, cas exceptionnel non prévu peut-être, certainement non exclu par un texte quelconque;

» Attendu que le locataire appelé par le propriétaire ou intervenant, pourra bien sommer l'Administration de déclarer si elle entend respecter son bail; que cette interpellation lui appartient, puisque de la réponse faite ou qui serait tenue pour faite, dépendrait le point de savoir s'il sera ou non partie intéressée, mais que, averti qué sa jouissance ne sera pas troublée, il est sans droit à indemnité;

» Attendu que de la faculté donnée à l'expropriant, au nom de l'utilité publique, d'évincer les locataires, conclure que ces derniers peuvent, par contre, revendiquer leur propre éviction à laquelle l'utilité publique n'est pas attachée, ce serait retourner les résultats de l'expropriation en sens inverse de son but;

» Attendu que le défaut de réciprocité ne crée pas la condition potestative réprouvée par le droit civil;

» Que la condition ainsi proscrite est celle qui, écrite dans la convention, en subordonne l'exécution à la volonté de celui qui s'oblige, de telle sorte qu'il n'y a jamais eu de lien;

» Qu'ici le lien subsiste, et que c'est en dehors de la convention, la loi qui met la faculté de le rompre aux mains de l'expropriant contre le locataire;

» Que cette inégalité de situation ne répugne pas plus aux principes du droit et de l'équité, que la situation analogue dont l'art. 1978 (1) du Code Napoléon

(1) Erreur du texte, c'est l'art. 1744.

offre l'exemple dans l'hypothèse d'un acquéreur pouvant user à son gré, ou ne pas user de la faculté réservée par le bail d'expulser, en cas de vente, le fermier ou locataire, sans que celui-ci ait de son côté le droit de se dégager du bail;

» Que seulement, la non réciprocité procède du consentement contractuel du preneur dans ce cas, et que, dans celui de l'expropriation, elle dérive d'une puissance encore supérieure au consentement, celle de la loi;

Attendu que si l'Administration est ainsi libre vis-à-vis des locataires de ne pas supporter d'indemnité de dépossession en ne les dépossédant pas, tandis qu'elle n'aurait pas la même liberté vis-à-vis du propriétaire après le jugement d'expropriation, la différence a sa raison d'être que le propriétaire a été partie au jugement, que les locataires ne l'ont point été et n'ont pas pu l'être, qu'ils ne peuvent, comme lui, invoquer l'autorité de la chose jugée;

» Que d'ailleurs, relativement à lui, le jugement a emporté l'extinction immédiate et définitive de son droit de propriété désormais indisponible pour lui, ce qui resterait irréparable si la renonciation ultérieure au jugement était admissible; qu'au contraire, au regard des locataires laissés en possession, les choses sont ce que le contrat a dit qu'elles seraient, durée maintenue jusqu'aux termes stipulés, jouissance intacte;

» Attendu sur ce point que si l'Administration, en tant qu'elle représente le bailleur primitif, manque aux obligations imposées par l'art. 1719 du Code Napoléon d'entretenir la chose en état de servir à l'usage pour lequel elle a été louée, et d'en faire jouir paisiblement le preneur pendant le bail, alors naîtra pour le locataire une action, non plus en règlement d'indemnité d'expropriation par le jury, mais devant les tribunaux civils pour l'application du droit commun relatif au contrat de louage, indépendamment du recours aux tribunaux administratifs, s'il y a lieu, pour dommages résultant de travaux publics ;

» Attendu que quant au préjudice qu'il fonderait sur l'impossibilité de céder son droit au bail ou d'espérer un renouvellement, ces deux chances étaient compromises dès le décret d'utilité publique et l'arrêté de cessibilité ;

» Que cependant la prétention dont il s'agit ne saurait se placer avant la date du jugement d'expropriation, qu'en outre de ces chances, l'une, celle du renouvellement éventuel, n'était pas un droit inhérent à la location stipulée pour un temps limité ; l'autre, celle de la cession de bail, en la supposant permise par la convention, demeure dans la mesure du temps au delà duquel cette convention n'assurait rien ;

» Attendu que la question soulevée ne doit pas être considérée au point de vue unique des locataires de maisons et de maisons à Paris, que la loi du 3 mai 1841 faite pour toute la France, pour tous les divers travaux d'utilité publique, met dans sa généralité, sur la même ligne que les locataires, d'autres détenteurs d'immeubles expropriés, les fermiers, ceux qui ont des droits d'usufruit, d'habitation, ceux qui peuvent réclamer des servitudes, qu'on ne concevrait pas de la part de ceux-ci, le système de résolution *ipso jure* de chacun de ces droits, et de l'indemnité acquise nonobstant l'engagement formel de l'expropriant de laisser, par exemple, au fermier sa culture, à l'autre le complet exercice de sa servitude active;

» Qu'on le comprendrait aussi peu si le propriétaire, faute de les avoir révélés, se trouvait, dans les termes de l'art. 21, chargé vis-à-vis d'eux, locataires ou autres, des indemnités auxquelles ils pourraient prétendre, et s'il opposait à leur recours un pareil engagement souscrit par l'Administration.

» Attendu enfin que si le mot *détenteur exproprié* se lit dans l'art. 49 de la loi relativement à tous les intéressés, propriétaires comme locataires et autres, le droit du locataire n'en a pas moins été en dehors de l'expropriation, dans le sens réel du mot;

» Qu'il est resté étranger aux formalités préalables à l'expropriation qui frappe sur l'immeuble seul, et que si la dépossession réelle ne l'atteint pas, l'indemnité serait un effet sans cause;

» Pour ces motifs :

» Donne acte à Ketterer de ce que le Préfet ès noms déclare respecter son bail; le déclare sans droit à l'indemnité, mal fondé dans sa demande, l'en déboute et le condamne aux dépens. »

Cette nouvelle décision a été, de la part des locataires, frappé d'appel, et la cour de Paris aura bientôt à statuer soit pour confirmer, soit pour répudier sa jurisprudence.

A peine le jugement Ketterer était-il rendu qu'un nouvel élément de discussion a été ajouté au débat, et est venu rassurer les locataires, un peu effrayés du changement radical opéré dans les vues du tribunal de Paris.

On n'a pas oublié que l'arrêt Crest et Bernardin avait été, de la part de M. le Préfet de la Seine, l'objet d'un pourvoi en Cassation ; la Cour suprême rendit son arrêt le 16 avril 1862, neuf jours après le jugement Ketterer, et cet arrêt, longuement et savamment motivé, rejette le pourvoi en consacrant tous les moyens des locataires, et en adoptant les considérants de l'arrêt de la Cour de Paris.

Les termes en sont indispensables à connaître, et bien que nous ayons déjà fait de longues citations, nous demandons la permission de faire cette dernière, parce qu'elle résume parfaitement le dernier état de la question que nous nous proposons d'examiner.

« La Cour,

» Sur le premier moyen tiré de la fausse application de la loi du 3 mai 1841, et spécialement de l'art. 14 de cette loi, de la fausse application de l'art. 545 du Code Napoléon et de la violation des art. 1184, 1738, 1741 et 1722 du même Code, en ce que l'arrêt attaqué aurait à tort déclaré acquis à des locataires, par le seul effet du jugement d'expropriation pour cause d'utilité publique, le droit à une indemnité d'éviction, avant qu'aucun acte émané de l'expropriant les ait troublés dans leur possession, et quoique le préfet de la Seine, agissant au nom et comme représentant de la Ville de Paris, leur ait fait notifier qu'il respecterait leurs baux et entendait les laisser jouir des lieux par eux occupés jusqu'à leur expiration ;

» Attendu que le jugement qui prononce l'expropriation pour cause d'utilité publique a pour effet immédiat et nécessaire de *résoudre tous les droits* dont peut être grevé l'immeuble exproprié et de le faire passer entre les mains de l'expropriant, affranchi de toute charge de nature à en entraver la disposition ; que la loi du 3 mai 1841 le dit expressément des droits réels dans son art. 18, qui porte que les actions en résolution ou revendication et toutes autres actions réelles ne pourront arrêter l'expropriation ni en empêcher l'effet, et que le droit des réclamants sera transporté sur le prix, l'immeuble en demeurant affranchi.

» Que telle est également la conséquence de l'art. 17, en ce qui concerne les droits de privilége et d'hypothèque qui se trouvent purgés par le seul effet de l'expropriation, sans que les créanciers inscrits puissent exiger autre chose que la fixation de l'indemnité sur laquelle seule désormais ils ont à exercer leur action.

» Attendu qu'il ne saurait en être autrement des droits des locataires qui, s'ils survivaient au jugement d'expropriation, en paralyseraient momentanément l'effet et feraient obstacle à l'exécution des travaux dont l'urgence et la nécessité, dans l'intérêt général, pouvaient seules justifier une aussi grave atteinte à la propriété.

» Que vainement on objecte que l'indemnité ne pouvant jamais être que la représentation d'un dommage éprouvé, le droit à une indemnité ne s'ouvre pour le locataire, que du jour où, troublé dans sa jouissance par l'expropriant qui prétend l'expulser des lieux loués, il est réellement évincé du bénéfice de son bail ; qu'une pareille doctrine est inconciliable avec l'art. 55 de la loi du 3 mai 1841 qui suppose le droit à une indemnité acquise à toutes les parties intéressées, dès l'instant où est intervenu le jugement d'expropriation ; qu'en effet, la disposition de cet article est absolue, qu'elle ne comporte aucune distinction et s'applique dans sa généralité aux locataires comme à tous autres intéressés ;

» Qu'il est si peu dans la pensée de la loi de subordonner l'action du locataire à la dépossession effective et réelle que l'expropriant resterait libre d'ajourner indéfiniment, qu'elle l'autorise comme tous les autres ayants-droit, à prendre l'initiative et à poursuivre lui-même le règlement de son indemnité lorsque six mois se sont écoulés depuis le jugement de l'expropriation, sans que l'expropriant ait rien fait pour en provoquer la fixation et se soit mis en mesure d'user de son droit;

» Attendu que, s'il était vrai que l'expropriation n'atteint pas les baux en cours d'exécution et que les locataires ne sont évincés, et n'ont par conséquent droit à une indemnité que du jour où l'expropriation les expulse, celui-ci n'aurait aucun titre contraire et devrait subir les baux jusqu'à leur expiration, la loi de 1841 n'admettant dans aucune de ses dispositions qu'il puisse de nouveau se pourvoir en justice pour obtenir un jugement qui les dépossède ;

» Attendu qu'il est également inadmissible qu'ainsi que le prétend le pourvoi, les baux ne soient immédiatement résolus par l'effet du jugement d'expropriation qu'à l'égard et dans l'intérêt de l'expropriant, et qu'il continue d'obliger les locataires jusqu'au moment où celui-ci juge opportun de les expulser ;

» Que pour accepter une doctrine aussi contraire au droit commun il faudrait la trouver consacrée par une disposition expresse et spéciale qui n'existe pas dans la loi ;

» Qu'en l'absence de toute stipulation contraire, le bail, comme tous les actes synallagmatiques, ne peut cesser d'être obligatoire pour l'une des parties sans cesser de l'être en même temps pour l'autre ;

» Qu'à dater de l'expropriation, le locataire serait dans le système du pourvoi, à la merci de l'expropriant, ne conserverait plus qu'une possession précaire, désormais substituée à celle que son contrat lui assurait pour un temps déterminé.

» Qu'il serait ainsi évincé de droit avant de l'être de fait, et que la loi n'a pas pu vouloir lui imposer, sans indemnité, une situation qui altérerait trop profondément son droit pour ne pas équivaloir à une expropriation ;

» Attendu que dans la vérité des principes le bail résolu pour l'expropriant par l'effet du jugement qui lui a transmis la propriété, l'est également et de plein droit pour le locataire au profit duquel s'ouvre immédiatement une action en indemnité ; qu'il ne pourrait revivre qu'en vertu d'un contrat nouveau pour la formation duquel le consentement de toutes les parties serait nécessaire, et que l'expropriant ne saurait par sa seule volonté en imposer la continuation au locataire et paralyser ainsi pour lui l'exercice d'un droit qui lui est définitivement acquis ;

» Qu'il suit de là que, dans l'espèce, le demandeur opposait vainement à l'action des défendeurs éventuels tendant à obtenir le payement des indemnités hypothéquées fixées par le jury, sa déclaration à eux notifiée à deux reprises différentes qu'il entendait respecter leurs baux et les laisser jouir paisiblement des lieux loués jusqu'à l'expiration du temps convenu ;

» Que cette déclaration, d'ailleurs, dont l'effet restait toujours subordonné aux exigences de l'intérêt public, ne pouvait être obligatoire pour la Ville, et laissait les locataires dans une situation précaire qu'ils n'ont jamais acceptée, et contre laquelle ils n'ont cessé de protester ;

» Qu'ainsi c'est à bon droit que l'arrêt attaqué, sans avoir égard à cette déclaration, a condamné la Ville à payer aux sieurs Crest et Bernardin l'indemnité par eux réclamée ;

» Sur le second moyen, tiré de la violation des articles 1134, 1722, 1759 et 1828 du Code Napoléon, ledit moyen consistant à prétendre que l'arrêt attaqué aurait violé le contrat et les principes en matière de tacite reconduction en n'allouant à la ville de Paris, pour prix de la jouissance des lieux loués, que de fait les défen-

.deurs éventuels ont consenti depuis le jugement d'expropriation, qu'une somme inférieure aux loyers originairement convenus ;

» Attendu que les baux ayant été résolus de plein droit, leurs stipulations, quant à la fixation des loyers, avaient cessé d'être obligatoires et que l'arrêt attaqué a pu refuser de les appliquer à la jouissance postérieure des sieurs Crest et Bernardin, sans violer ni la loi du contrat ni l'art. 1134 du Code Napoléon ;

» Attendu que les principes de la tacite reconduction ne sont pas plus applicables à l'espèce ; que si les sieurs Crest et Bernardin sont restés dans les lieux à eux loués depuis le jugement d'expropriation, ils y sont restés comme contraints et forcés et parce que la Ville leur contestait le droit d'en sortir ; que l'on ne saurait donc induire de cette possession le commun accord des parties que la loi suppose lorsquelle attache à la jouissance continuée par la location depuis l'expiration du bail l'effet d'un renouvellement aux conditions originairement convenues ;

Attendu dès lors que la possession continuée par les sieurs Crest et Bernardin n'a été qu'un fait, ne se rattachant à aucune convention, et dont les juges du fond avaient tout pouvoir pour apprécier et régler les conséquences ; que l'arrêt attaqué n'a pu dès lors violer aucune loi en fixant ainsi qu'il l'a fait l'indemnité due par la Ville, et que cette fixation basée sur des circonstances de la cause, échappe à toute censure.

» Rejette, etc. »

Tel est le dernier document, le dernier mot de la question pour le moment. Un autre viendra bientôt s'y joindre, je veux parler de l'arrêt à intervenir dans l'affaire Ketterer, arrêt qui aura à se prononcer entre la jurisprudence du Tribunal et celle de la Cour suprême.

Si nous avons un peu abusé de la patience du lecteur en citant les jugements et arrêts ci-dessus, c'est que ce sont les éléments de la discussion et qu'ils représentent d'une manière très-nette, très-tranchée, les deux opinions en présence.

Nous allons maintenant examiner les deux systèmes en équité et en droit strict.

§ II

Avant de juger la question au point de vue purement juridique et d'examiner les raisons de droit qui peuvent militer pour ou contre les prétentions des locataires, jetons d'abord un coup d'œil d'ensemble sur les faits considérés *æquo* et *bono* en équité pure.

Incontestablement, les grands travaux d'édilité publique exécutés dans Paris depuis dix ans, ont un caractère de grandeur en même temps que d'utilité qui fera époque dans l'histoire de la France. Paris assaini en a déjà ressenti les bienfaits, puisqu'il est avéré que la mortalité a diminué, et que la moyenne de la vie humaine s'est sensiblement augmentée ; Paris agrandi et embelli, a vu affluer chez lui les étrangers, dont l'or est venu alimenter et accroître son commerce.

Pour arriver à ces résultats favorables, de grands sacrifices d'argent ont été nécessaires, le Parisien l'a bien compris, et sous quelque forme qu'on les lui ait demandés, centimes additionnels ou emprunts extraordinaires, il s'est exécuté de très-bonne grâce et avec empressement, sachant bien que c'était là de l'argent bien placé et qui dans l'avenir rapporterait de gros intérêts.

Peut-être eût-on pu arriver aux résultats produits à meilleur compte, si dès l'abord on eut dressé un plan général de tous les embellissements à exécuter, et qu'on les eut ensuite entrepris, les uns après les autres, quartier par quartier, voie par voie, opération par opération.

Malheureusement il n'en a pas été et il ne pouvait en être ainsi ; pressé d'abord par la nécessité, on a fait l'indispensable, qui a fait penser à l'utile, et a enfin donné l'idée de l'embellissement. Ce n'est que peu à peu que la transformation a eu lieu.

Mais ce qu'on pouvait parfaitement faire, c'était de ne prendre que quartier par quartier, de ne pas tout entreprendre à la fois, de tout commencer pour ne finir que parties par parties. Ce système a de graves inconvénients, car à partir du jour où une expropriation menace un quartier, il est par cela même frappé au cœur et en ressent de suite les effets désastreux. Toutes les industries, et surtout les plus sérieuses, sont dans l'incertitude, les achats se restreignent, le commerce s'affaiblit et cesse de progresser. Plus l'incertitude durera, plus les effets en seront sensibles. Si, au moins, les décrets devaient être exécutés dans un délai voulu, fatal, déterminé à l'avance, l'incertitude cesserait, le commerçant saurait que tel jour la maison doit être vidée, et combinerait ses opérations de telle façon que, fermant ici aujourd'hui, il rouvrirait là-bas demain ; son industrie souffrirait du déplacement, mais n'aurait pas à traverser les incertitudes antérieures très-souvent plus dommageables que le déplacement lui-même.

Quand un jugement d'expropriation est pris, l'incertitude cesse, parce qu'on sait, d'abord, au juste quelles sont les maisons enlevées par l'expropriation, et à peu près le terme du départ, puisqu'il y a un délai fixe de six mois dans lequel le jugement doit être exécuté ; mais si la Ville, une fois propriétaire des maisons, laisse les locataires épuiser leurs baux dans un quartier déjà affaibli sous la menace permanente d'une expropriation immédiate, le dommage devient un vrai désastre. Quel commerce serait possible dans de pareilles conditions ?

L'administration, qui représente la commune, a certainement le droit et le devoir de défendre les intérêts de la généralité contre des prétentions exagérées, elle doit agir comme le ferait un chef de famille dans sa sphère, mais elle ne doit pas non plus, pour économiser quelque argent, causer un préjudice aussi grave à ceux que leur mauvaise étoile aurait placés sur une voie projetée qui ne doit s'exécuter que peu à peu.

Je sais bien qu'on peut dire aux locataires : Mais de quoi vous plaignez-vous ? vous avez un bail qui vous permet de rester un certain nombre d'années dans une maison, rien ne vous garantissait que vous y resteriez plus longtemps ; à l'expiration du bail, le propriétaire dégagé envers vous avait le droit de vous renvoyer sans la moindre indemnité; si au lieu et place du propriétaire, la Ville de Paris vous laisse jouir tranquillement de votre location, vous n'avez rien à prétendre, vous n'aurez d'action contre elle que le jour où elle vous renverra, et ce jour-là elle vous indemnisera.

A quoi les locataires répondent : Non, la position n'est plus la même et ne peut pas être la même. Un propriétaire est toujours désireux de conserver sa maison louée ; quand un bail est fini, il en refait un autre. Il augmentera peut-être le loyer, mais le locataire, plutôt que de perdre son fonds, payera l'augmentation et restera. Si, par extraordinaire, et ce sera le cas le plus rare, il ne veut à aucun prix renouveler le bail, les locataires trouveront à se replacer dans le quartier et ne perdront pas leur clientèle.

Si, au contraire, le nouveau propriétaire est la Ville, on est sûr que le bail ne sera pas renouvelé, puisque elle n'achète que pour démolir, et l'on est également sûr que le replacement dans le quartier est impossible, puisqu'il est lui-même enlevé en totalité ou en partie, et que dans tous les cas la clientèle sera dispersée.

Il y a plus encore ; si on admettait que la Ville puisse exproprier les propriétaires et garder les locataires, il en arriverait, ou, pour mieux dire, il pourrait arriver qu'elle se créât un monopole des locations dans Paris, gardant les maisons qui donneraient un beau

revenu, et abandonnant les autres, ce qui serait inadmissible. Puis la Ville ne saurait garder indéfiniment,
il faudrait un jour qu'elle démolisse, et l'on prétendrait
renvoyer alors les locataires devant les tribunaux civils, en ne leur donnant que l'action résultant de
l'article 1719. Ce serait donner ainsi un moyen à la
Ville de supprimer le jury en ce qui touche les locataires. Elle n'aurait pour cela qu'à déclarer lors du jugement qu'elle a l'intention d'exécuter les baux, puis
le lendemain dire qu'elle ne le veut plus, et l'on aurait
ainsi distrait le justiciable de son juge naturel, ce qui
ne doit pas être possible en aucun cas.

Enfin, quand on a un bail pour une certaine durée,
on est assuré de rester tout le temps convenu, quel que
soit le propriétaire; au contraire, avec la Ville, rien
n'est garanti, puisqu'elle a le droit (du moins telle est
sa prétention), de renvoyer à toute heure. La position
est donc toute autre et ne saurait être assimilée.

En conséquence, *a priori* et à part tout argument
de droit, il est évident qu'en bonne justice, dans l'intérêt de ses administrés, la Ville de Paris, qui doit aide
et protection à ceux dont les contributions alimentent
ses caisses, ne devrait pas, en eût-elle même le droit,
user de procédés qui portent un si grand trouble dans
les affaires d'une notable partie du commerce parisien ; car tous les commerces sont solidaires, et quand
une branche d'industrie, pour une raison ou pour une
autre, subit un moment de stagnation ou de recul,
toutes les autres branches qui s'y rattachent souffrent
en même temps.

Il vaudrait donc bien mieux, dans ce cas, dût-on faire pour cela quelque sacrifice d'argent, s'exécuter de bonne grâce, plutôt que de porter un trouble, même momentané, dans tout le commerce parisien.

Enfin, s'il y a eu faute de ne pas exécuter les voies projetées les unes après les autres, comme cela aurait dû se faire, il vaut mieux la reconnaître de suite et tâcher de la réparer, que d'essayer de s'abriter derrière des subtilités de droit qui exposent celui qu'elles servent au reproche de dureté tout au moins. Si, au contraire, ce n'est pas une faute, mais une conséquence forcée de l'état des choses, il faut *a fortiori* la subir et la supporter d'autant plus facilement, qu'on n'a pas pu l'empêcher.

§ III

Nous venons de voir qu'en équité, en morale saine, il ne serait ni juste ni équitable d'admettre le système de la Ville, nous allons voir maintenant que si, d'un côté, elle ne doit pas agir ainsi, d'autre part la loi, selon nous du moins, ne lui en donne nulle part le droit.

Une première fin de non-recevoir, qui avait été proposée par la Ville lors du commencement de ces débats, et qu'elle semble abandonner un peu maintenant, est tirée de ce qu'il n'y aurait pas identité absolue entre un jugement de donner acte et le jugement d'expropriation rendu dans les termes ordinaires de la loi. — Cette prétention, qui, du reste, a été rejetée même par le jugement favorable à la Ville, ne saurait subsister longtemps.

Il est de toute évidence et non contesté, du reste, que le jugement d'expropriation dit de *donner acte*, a, quant à ses effets, la même force et la même valeur que le jugement d'expropriation rendu dans les conditions normales. Le consentement donné par le propriétaire ne saurait avoir pour effet de transformer le jugement en un contrat de vente amiable qui aurait pour résultat de mettre l'expropriant dans la même position qu'un acquéreur. à l'amiable, lequel, par conséquent, serait complétement aux lieu et place du précédent propriétaire, et pourrait, tout comme lui, réclamer l'exécution d'un contrat librement consenti.

Cette fin de non-recevoir, si elle eut été admise, coupait court à la plus grande partie des difficultés, presque tous les propriétaires donnant facilement leur consentement à l'expropriation dans les termes voulus.

Mais toute cette fin de non-recevoir ne repose que sur une confusion de mots. En effet, quand on dit que dans un jugement de donner acte, le propriétaire a consenti à l'expropriation, c'est là une expression impropre. Nous sommes en matière d'expropriation forcée pour cause d'utilité publique, le propriétaire n'a nul besoin de donner un consentement dont on n'a que faire, puisque l'expropriation doit avoir lieu contre lui, *volente nolente*, bon gré mal gré. S'il avait à présenter des objections au projet d'expropriation, c'était dans l'enquête qu'il fallait les proposer, mais au moment du jugement tout droit à cet égard lui est refusé, il ne peut donc ni s'opposer ni consentir.

Si à la vérité un recours lui est ouvert en cassation

contre le jugement, c'est en tant seulement qu'il viole-
rait la loi, mais non quant au principe même de l'expropriation.

Que veut-on dire alors quand on parle du consentement du propriétaire? Voici l'explication : Avant d'arriver à la période judiciaire, l'expropriation doit traverser une période administrative, dans laquelle on
doit remplir certaines formalités exigées par la loi dans
l'intérêt des expropriés, et le jugement d'expropriation
doit constater que ces formalités ont été accomplies ;
or, comme ces formalités sont toutes dans l'intérêt de
l'exproprié, si celui-ci se déclare suffisamment averti
et dispensé de les remplir, il est évident qu'il le peut
et que, d'un autre côté, l'expropriant y gagne ce qu'il
aurait dépensé dans ces opérations.

Le jugement alors *donne acte* à l'expropriant de cette
bienveillance de l'exproprié, mais cela n'implique nul-
lement une adhésion au principe de l'expropriation
qu'il ne saurait empêcher, même quand il le voudrait.

Ainsi donc, comme on le voit, le jugement de donner acte ne diffère en rien, quant au fond du droit, du
jugement pris dans les conditions ordinaires, la différence est toute dans la forme et ne saurait par conséquent exercer d'influence sur le débat actuel.

La première objection sérieuse que nous rencon-
trons, présentée au nom de la Ville de Paris, est celle-
ci : Les locataires ne sauraient tirer aucun avantage
du jugement d'expropriation ; il n'a pu leur créer un
droit, puisqu'ils n'étaient pas parties au jugement, aucun article de la loi du 3 mai 1841 ne mentionnant les

locataires dans le titre qui traite du jugement et de ses effets. La loi ne s'occupe des locataires qu'au moment où il s'agit de régler leur indemnité, et ne leur reconnait qu'un droit éventuel à cette indemnité, dans le cas d'éviction, postérieurement au jugement.

Or, à ceci il y a une répose qui nous paraît tout à fait péremptoire. En effet, lorsque l'expropriant a, en vertu du jugement, évincé le propriétaire, il n'a pas besoin de prendre un second jugement pour évincer les locataires, et c'est du même jugement qu'il tire ses droits à les renvoyer ; ceci est incontestable. Les locataires sont donc parties intéressées dans les termes des articles 21 et suivants de la loi du 3 mai 1841. De plus, aux termes de l'article 1184 du Code Napoléon, les contrats ne sont point résolus de plein droit, il faut que la résolution soit prononcée en justice : or, les baux sont résolus de plein droit par le jugement, puisqu'il confère à la partie expropriante le droit de renvoyer les locataires, d'où il faut encore tirer la conséquence que les locataires sont parties au jugement.

Le jugement d'expropriation donne à la Ville le droit de renvoyer les locataires, c'est donc à son profit la résolution des baux dont ceux-ci peuvent avoir la jouissance. C'est là un point qu'on ne saurait contester. Toute l'économie de la loi prouve qu'il a été dans la pensée du législateur de faire céder l'intérêt privé à l'intérêt général. C'est ainsi, notamment, que, par l'effet du jugement, se trouvent résolus les droits réels sur l'immeuble, tels que ceux d'hypothèque, d'usage et d'habitation, et les servitudes pouvant le grever. On comprendrait mal qu'après avoir ainsi résolu des droits réels, la loi eût permis à un droit personnel comme celui de bail de faire obstacle à l'exécution d'un travail d'utilité publique.

A partir du jugement d'expropriation, le bail du locataire est donc résolu au profit de l'expropriant, tout le monde s'accorde sur ce point. Mais où la difficulté commence, c'est quand on se demande si le bail résilié contre le locataire l'est également à son profit, si le locataire qui est obligé de partir sur l'ordre de la Ville, peut également partir alors qu'elle voudrait le garder, et se faire néanmoins allouer l'indemnité qui lui est due aux termes de la loi pour son éviction. Enfin, pour poser la question clairement, on peut l'énoncer ainsi :

« La résolution du bail prononcé par le jugement est-elle réciproque, et peut-elle être invoquée indifféremment par l'expropriant et l'exproprié ? »

En toute autre matière que celle qui nous occupe, la question ne s'élèverait même pas. Le contrat de louage est un contrat synallagmatique. Dans les contrats synallagmatiques, toutes les obligations sont corrélatives et réciproques, et l'on ne saurait comprendre une partie du contrat sans sa partie correspondante, une partie obligée sans que l'autre ne le soit à un autre titre pour une portion équivalente. — Ainsi, dans le contrat de louage notamment, le bailleur est obligé de faire jouir des lieux loués, et le locataire est obligé de payer ses loyers. Si vous détruisez l'équilibre des obligations. qui est l'essence du contrat synallagmatique, vous détruisez le contrat dans son entier, et on ne pourrait comprendre une résolution partielle.

D'où il suit qu'on doit dire, dans notre matière, que la Ville étant déchargée de l'obligation de faire jouir les locataires jusqu'à la fin de leurs baux, le contrat se trouve résolu dans tout son entier aussi bien pour l'expropriant que contre lui.

Il y a plus encore : aux termes de l'art. 1174 du Code Napoléon, toute condition potestative rend nulle l'obligation contractée sous cette condition (1), et un bail où il serait permis au propriétaire de renvoyer son locataire à sa fantaisie serait nul de plein droit. Or, si l'on vient soutenir que, par suite du jugement, la Ville de Paris, mise au lieu et place du propriétaire, peut à son gré conserver le locataire ou le renvoyer, sans que celui-ci puisse jouir de la faculté correspondante de rester ou de s'en aller, on viole toutes les règles qui régissent les contrats synallagmatiques et l'art. 1174, dont c'est la négation la plus absolue.

Pour se soustraire à ces conséquences on est obligé de faire le raisonnement suivant : Oui, en thèse générale, les contrats synallagmatiques ne peuvent être résolus au profit d'une partie sans l'être également aussitôt, et *ipso facto*, au profit de l'autre partie; c'est bien là leur essence quand il s'agit de contrats entre particuliers, d'intérêts privés, aussi respectables les uns que

____

(1) Art. 1170 : La condition potestative est celle qui fait dépendre l'exécution de la convention d'un événement, qu'il est au pouvoir de l'une ou l'autre des parties de faire arriver ou empêcher.

les autres et à qui la loi doit une égale protection. Mais en matière d'expropriation pour cause d'utilité publique, le droit commun n'est pas applicable ; il ne s'agit plus de deux intérêts privés l'un en face de l'autre, il s'agit de l'intérêt général en présence d'un droit individuel, et il est évident que le premier doit avoir le pas sur l'autre et être favorisé en conséquence. Aussi n'est-ce plus le droit commun qui est applicable, mais un droit tout spécial et particulier, renfermé dans une loi à part, la loi du 3 mai 1841, sur l'expropriation pour cause d'utilité publique. De l'ensemble de toute cette loi il résulte qu'il y a un droit nouveau, des priviléges créés au profit de l'expropriant ; il est donc hors de propos de vouloir appliquer les règles du droit commun en cette matière.

J'avoue qu'on peut bien admettre ce système, que la loi du 3 mai est une loi d'exception dont les dispositions ne sont pas assimilables à celles du droit commun, mais on conviendra que lorsqu'il s'agit de renverser un droit fondamental, comme celui de la réciprocité en matière de contrats synallagmatiques, il faut trouver un texte de loi parfaitement clair et net et ne pas se contenter de dire que cela résulte implicitement de l'ensemble de la loi.

Quant à l'argument tiré de ce que le contrat de louage ainsi transformé entre la ville, représentant le bailleur et l'exproprié, renfermerait une condition potestative, et que toute condition potestative est une clause radicale de nullité pour tout contrat où elle est insérée, on répond en disant :

« Cette argumentation ne saurait être acceptée en
» présence des art. 1743 et 1744 du Code Napoléon,
» ainsi conçus :

Art. 1743. *Si le bailleur vend la chose louée, l'acquéreur ne peut expulser le fermier ou le locataire qui
a un bail authentique ou dont la date est certaine, à
moins qu'il ne se soit réservé ce droit par le contrat de
bail.*

Art. 1744. *S'il a été convenu lors du bail qu'en cas
de vente l'acquéreur pourrait expulser le fermier ou
locataire, et qu'il n'ait été fait aucune stipulation sur
les dommages et intérêts, le bailleur est tenu d'indem-
niser le fermier ou le locataire de la manière suivante, etc.*

« La condition faite au locataire par ces dispositions
» de la loi est précisément celle du locataire au cas
» d'expropriation. L'acquéreur, comme l'expropriant,
» peut expulser le locataire ou le conserver à son choix,
» et il n'est dû d'indemnité qu'en cas d'expulsion. »

. . . .

«... D'ailleurs, la faculté accordée à l'expropriant,
» *dans tous les cas*, à l'acquéreur ordinaire, lorsque
» telle aura été la convention, ne constitue pas une
» condition potestative comme le dit l'arrêt du
» 7 mai 1861 (1).

» En effet, la condition potestative est celle qui af-
» fecte l'existence même de l'obligation et en fait dé-
» pendre l'exécution de la volonté de celui qui s'oblige.

» La faculté d'expulsion ne porte pas sur l'existence

(1) Arrêt Crest et Bernardin.

» du droit, elle ne porte que sur sa durée. Le bail aura
» existé, seulement il aura existé plus ou moins long-
» temps ; il n'y a pas là de condition potestative, et
» jamais ni la doctrine ni la jurisprudence n'ont
» songé à considérer comme entachés de condition de ce
» genre les baux qui se font dans la pratique avec fa-
» culté pour l'une des parties seulement de le résoudre
» à l'expiration d'une de ses périodes et même sim-
» plement *ad nutum.* D'ailleurs, l'exercice de la faculté
» de résiliation a pour conséquence le payement d'une
» indemnité, il ne détruit donc pas l'obligation, il la
» transforme.

» Ainsi, dans les termes du droit commun, le loca-
» taire peut être soumis à l'éventualité de l'éviction
» sans avoir lui-même le droit d'invoquer la résolu-
» tion, et l'acquéreur peut à son choix exécuter le bail
» ou expulser le locataire, et il n'est dû d'indemnité
» qu'en cas d'expulsion. »

Les considérations qui précèdent sont présentées
avec l'habileté et la logique qui caractérisent l'éminent
auteur (1) du mémoire dont nous les avons tirées,
mais elles partent d'un principe que nous ne saurions
admettre, à savoir que le jugement d'expropriation
confère à la Ville les mêmes droits qu'elle puiserait
dans une convention librement consentie entre le
bailleur et le preneur.

Il est hors de doute que si le preneur a consenti en
signant le bail à son expulsion en cas de vente de l'im-

(1) M⁰ Paillard de Villeneuve, membre de la Commission
Municipale de Paris et avocat de la Ville.

meuble, bien que cette convention soit une condition potestative réprouvée en faveur du propriétaire, elle devra cependant être respectée parce que, d'une part, cette faculté est permise exceptionnellement par la loi en matière de contrat de bail, par l'art. 1744, et que, d'autre part, elle est sous la protection de l'art. 1134, aux termes duquel les conventions légalement formées tiennent lieu de loi entre ceux qui les ont faites. Mais ici où voit-on cette clause? Elle n'est pas ordinaire dans les baux, et il faut des cas bien rares pour qu'un locataire consente à une clause aussi léonine, et toute à son désavantage.

On soutient alors que c'est par le fait du jugement d'expropriation que l'expropriant se trouve investi de ce droit, permis, il est vrai, quand le locataire y consent et qu'il tiendrait, lui, d'une autorité supérieure, la volonté de la loi. Et quand alors on cherche le texte qui autorise une dérogation aussi exorbitante au droit commun, on est alors forcé de convenir qu'il n'y a pas de texte explicite, mais que cela résulte de l'esprit de la loi dans tout son ensemble.

J'avoue que, pour moi, ce raisonnement n'est pas suffisant, et que je ne puis admettre une exception aussi importante aux principes de la loi sur les conventions et la foi qui leur est due, sans un texte clair et formel.

Remarquons encore avant d'en terminer avec cette partie de la discussion, que les commentateurs du Code Napoléon reconnaissent aux locataires le droit, dans l'hypothèse de l'art. 1744, de mettre en demeure le propriétaire et de lui faire déclarer s'il entend ou non user de la faculté qui lui est réservée par le bail; or la Ville, même quand elle le voudrait, ne pourrait user de cette permission de la loi, puisqu'elle n'est pas sûre de pouvoir exécuter l'engagement qu'elle prendrait, l'utilité publique pouvant d'un jour à l'autre lui forcer la main.

On oppose encore aux prétentions des locataires deux objections tirées des art. 21 et 60 de la loi du 3 mai 1841.

« Il est dit (lisons-nous dans le mémoire précité), dans l'art. 21, que, si le propriétaire ne dénonce pas ses locataires à la partie expropriante, il est seul responsable vis-à-vis d'eux de l'indemnité à laquelle ceux-ci peuvent avoir droit. Or, supposons qu'un propriétaire ayant négligé de faire la dénonciation prescrite par la loi, des locataires dont, comme dans l'espèce, les baux seraient respectés et exécutés, forment contre lui une demande en indemnité; leur demande pourrait-elle être accueillie? Quel serait donc le préjudice dont ils exigeraient la réparation? Et serait-il possible que l'ancien propriétaire fût recherché, alors que le nouveau propriétaire, c'est-à-dire l'expropriant, exécuterait toutes les obligations du bail. »

L'objection est spécieuse, mais ne nous convainc pas. La résolution des baux, en effet, a lieu *de plano* par le fait du jugement d'expropriation tout aussi bien que celle qui frappe les droits bien autrement graves d'hypothèques ou de servitudes.

Le but évident de la loi est de rendre l'immeuble vide

et libre aux mains de l'expropriant pour qu'il le puisse transformer et rendre propre au nouvel état de choses réclamé par l'intérêt général. La loi ne s'occupe donc pas des personnes, mais seulement des droits qu'elle brise de sa volonté toute-puissante.

Si par son inaction le propriétaire a mis l'expropriant dans l'impossibilité de faire fixer l'indemnité due aux locataires, il n'en est pas moins certain que la prise de possession pourrait cependant avoir lieu ; le locataire, dans ce cas, a un recours contre le propriétaire qui l'a mis dans une fausse position par son fait, tant en vertu de l'article 1182 du Code Napoléon qu'en vertu de l'art. 21 de la loi du 3 mai 1841. Quand bien même l'expropriant offrirait de renoncer à son droit et couvrirait la faute du propriétaire en offrant de laisser jouir les locataires, il ne pourrait effacer de sa seule volonté le fait acquis de la résiliation prononcée qui constitue un droit acquis au profit des locataires.

Enfin, est-ce qu'il n'y aurait pas quelque chose d'immoral à admettre que l'expropriant pourrait s'entendre avec le propriétaire pour que celui-ci ne dénonce pas ses locataires et frustre ainsi ses locataires du bénéfice de la juridiction du jury? Il serait injurieux pour l'expropriant et pour la loi elle-même de supposer qu'elle pourrait se prêter à un pareil expédient.

Une dernière objection est enfin tirée de l'art. 60 de la loi du 3 mai 1841.

L'art. 60 est ainsi conçu :

« Si les terrains acquis pour les travaux d'utilité publique ne reçoivent pas cette destination, les anciens

propriétaires ou leurs ayants droit peuvent en deman-
der la remise.

» Le prix des terrains rétrocédés est fixé à l'amiable,
et s'il n'y a pas accord, par le jury, dans les formes ci-
dessus prescrites. La fixation par le jury ne peut, en
aucun cas, excéder la somme moyennant laquelle les
terrains ont été acquis. »

« Ainsi donc (continue le mémoire que nous avons déjà cité plus haut), la loi admet qu'après avoir exproprié ou acquis un immeuble, la partie expropriante peut ne pas user de son droit, et, soit par suite d'ajourne-ment indéfini, soit par suite de modification des plans primitifs, conserver l'immeuble dans l'état où le lui a livré l'expropriation . N'en résulte-t-il pas comme con-séquence nécessaire que l'immeuble peut être conservé avec ses produits, tels qu'ils sont établis par les loca-tions existantes, puisque cet immeuble, s'il ne reçoit pas la destination que lui donnait d'abord l'utilité pu-blique, doit rentrer dans les mains des anciens proprié-taires , et remettre ainsi toutes les parties en jouissance de leurs droits?»

« S'il en était autrement, s'il était vrai que le fait seul de l'expropriation ou de l'acquisition a pour ré-sultat, même au cas de non exécution, de résoudre les baux de plein droit, il arriverait que par la rétro-cession, l'immeuble rentrerait aux mains des anciens propriétaires privés du bénéfice des baux qui en con-stituaient le produit. »

Je ne puis encore admettre une solution pareille, et loin de voir un argument contre les locataires dans l'art 60 de la loi du 3 mai 1841, il me semble, au contraire, qu'il est la meilleure consécration de leurs droits.

Remarquons tout d'abord qu'au lieu de se servir de l'expression du mot *immeuble*, l'article emploie le mot terrains, ce qui est bien différent et démontre clairement qu'en édictant l'art. 60, la loi a entendu surtout parler des terrains non bâtis, bien plutôt que des maisons, d'où la conséquence que le raisonnement ci-dessus relaté n'aurait plus d'application.

Mais allons plus loin, et appliquons l'art. 60 dans l'hypothèse d'un immeuble acquis par l'expropriant pour un projet plus tard abandonné ou rectifié, et le propriétaire réclamant sa maison en vertu de l'art. 60. Que prévoit l'article? Que la maison a perdu de valeur, et en conséquence que le propriétaire n'en offre pas le prix qui lui en a été payé, cas auquel le jury fixera le chiffre du rachat, et la différence entre l'indemnité et le prix du rachat formera le montant de la dépréciation subie par la maison. Or, s'il y a eu dépréciation ainsi que le prévoit la loi, c'est que les locataires ont été expulsés et ont quitté la maison, qui devra subir une non-valeur jusqu'à la relocation, d'où la dépréciation prévue.

Mais, peut-on répliquer, la loi prévoit le cas où, au contraire, la maison aurait augmenté de valeur, puisqu'elle règle l'hypothèse où l'on voudrait fixer à la maison une valeur plus grande que l'indemnité primitivement payée.

A quoi on répond que cette hypothèse nouvelle est celle où le projet, sans être abandonné, mais seulement rectifié, la maison aurait par suite des travaux exécutés à côté, pris une plus-value qu'on voudrait faire payer au propriétaire reprenant son immeuble. Or, dans ce cas, la loi ne voulant pas faire de l'expropriant un spéculateur, déclare que cette plus-value appartiendra à l'ancien propriétaire et non à l'expropriant, qui se contentera du bénéfice déjà considérable de ne rien perdre au changement, malgré la faute qu'il a pu commettre en se trompant dans le tracé de ses travaux.

Dans l'intérêt de la Ville, on ajoute :

Une autre conséquence ressort des termes de l'art. 60. Cet article n'admet la rétrocession qu'au profit du propriétaire, et ne fait nulle mention des locataires. Pourquoi, si ce n'est parce que les locataires peuvent, dans le cas cité par l'art. 60, être restés dans leurs locations ?

Pour nous, la raison est tout autre. Il nous paraît évident que le législateur n'a pu s'imaginer qu'un locataire ait jamais la fantaisie (sauf des cas si exceptionnels qu'ils ne feraient que confirmer la règle), après avoir perdu son établissement par suite de l'expropriation, et l'avoir réinstallé à grands frais dans un autre quartier, de venir le rétablir dans son ancienne place en abandonnant l'indemnité qu'il aurait reçue la première fois. Je ne pense pas, du reste, que jamais le cas se soit présenté, et je doute fort qu'il se présente jamais.

En résumé, si la résolution des baux, comme conséquence du jugement d'expropriation, n'est pas écrite dans la loi en termes formels, nous croyons avoir démontré suffisamment que cela résulte de la concordance entre eux de tous les articles de la loi du 3 mai 1841, qu'il serait difficile de comprendre sans cela, à moins de supposer qu'elle tend un piége à la bonne foi publique, ce qui est inadmissible à tous les chefs.

Notre opinion sur la question est donc bien arrêtée, nous croyons avoir développé les principes vrais, et si nous nous trompons, c'est certainement en bonne compagnie, puisque nous avons de notre côté l'ancienne jurisprudence du tribunal de Paris, celle de la Cour de Paris, et celle de la Cour de cassation.

Ajoutons, et ce sera notre dernier mot, que nous comprenons que la Ville de Paris, qui doit être une sage administratrice des deniers communaux, ait cru devoir s'éclairer sur son droit, et faire juger la question à fond. Mais maintenant que la Cour suprême a dit le dernier mot de la question, ne pas s'exécuter serait de l'inhumanité et contraindre les expropriés à des procès que peu d'entre eux ont le temps et les moyens de soutenir.

Cependant le jugement rendu dans l'affaire Ketterer montre que la Ville persiste dans ses opinions, que ce jugement contribue à encourager, mais la Cour impériale, nous l'espérons, forte de l'appui de la Cour suprême, persévérera dans sa jurisprudence, et consacrera définitivement le droit des locataires au point de vue de la loi du 3 mai 1841.

G. BOGELOT,
Avocat à la Cour Impériale de Paris.

TABLE DES MATIÈRES

PREMIER VOLUME

Paris. — Typ. Morris et Comp., rue Amelot, 64.

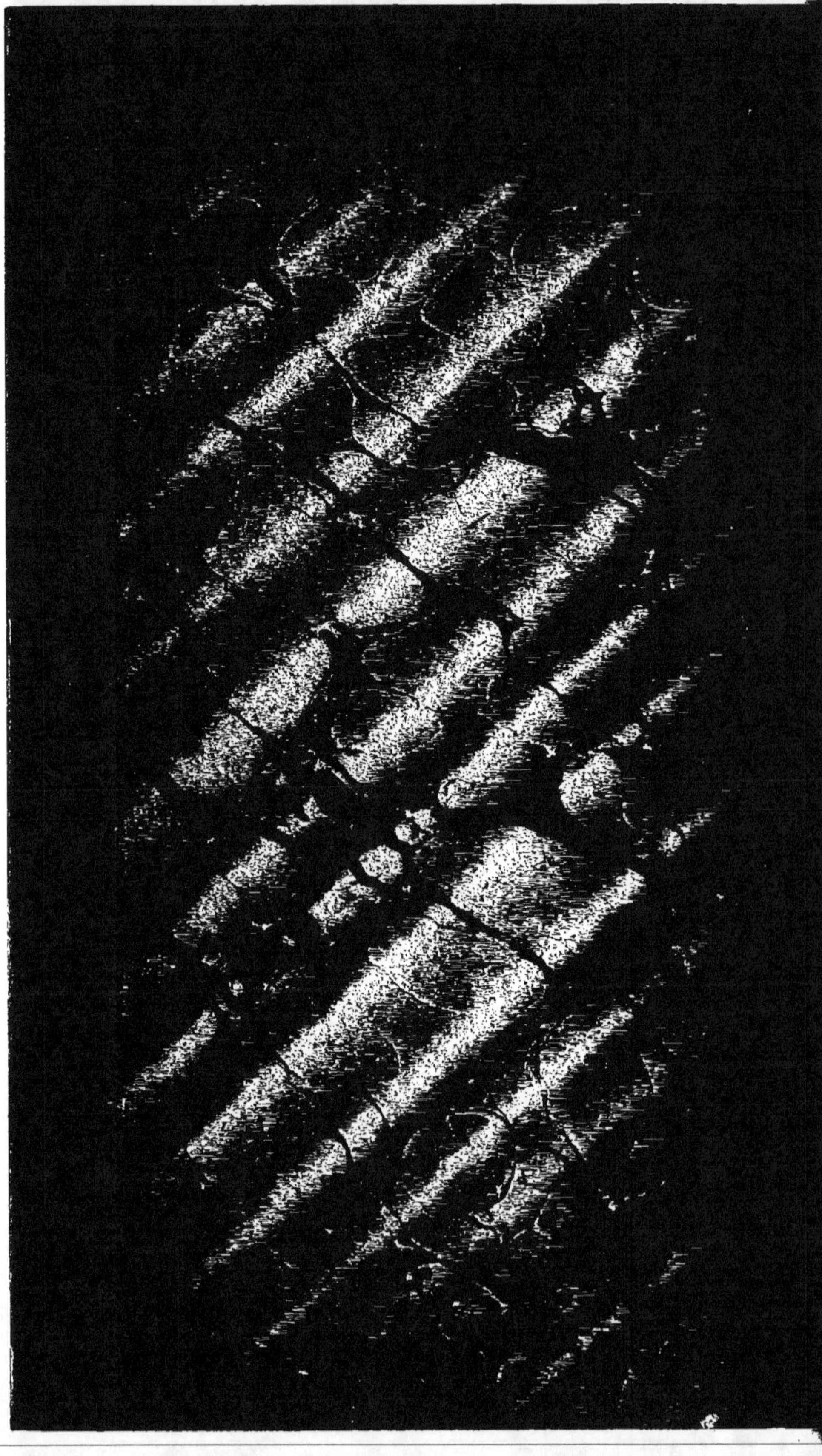

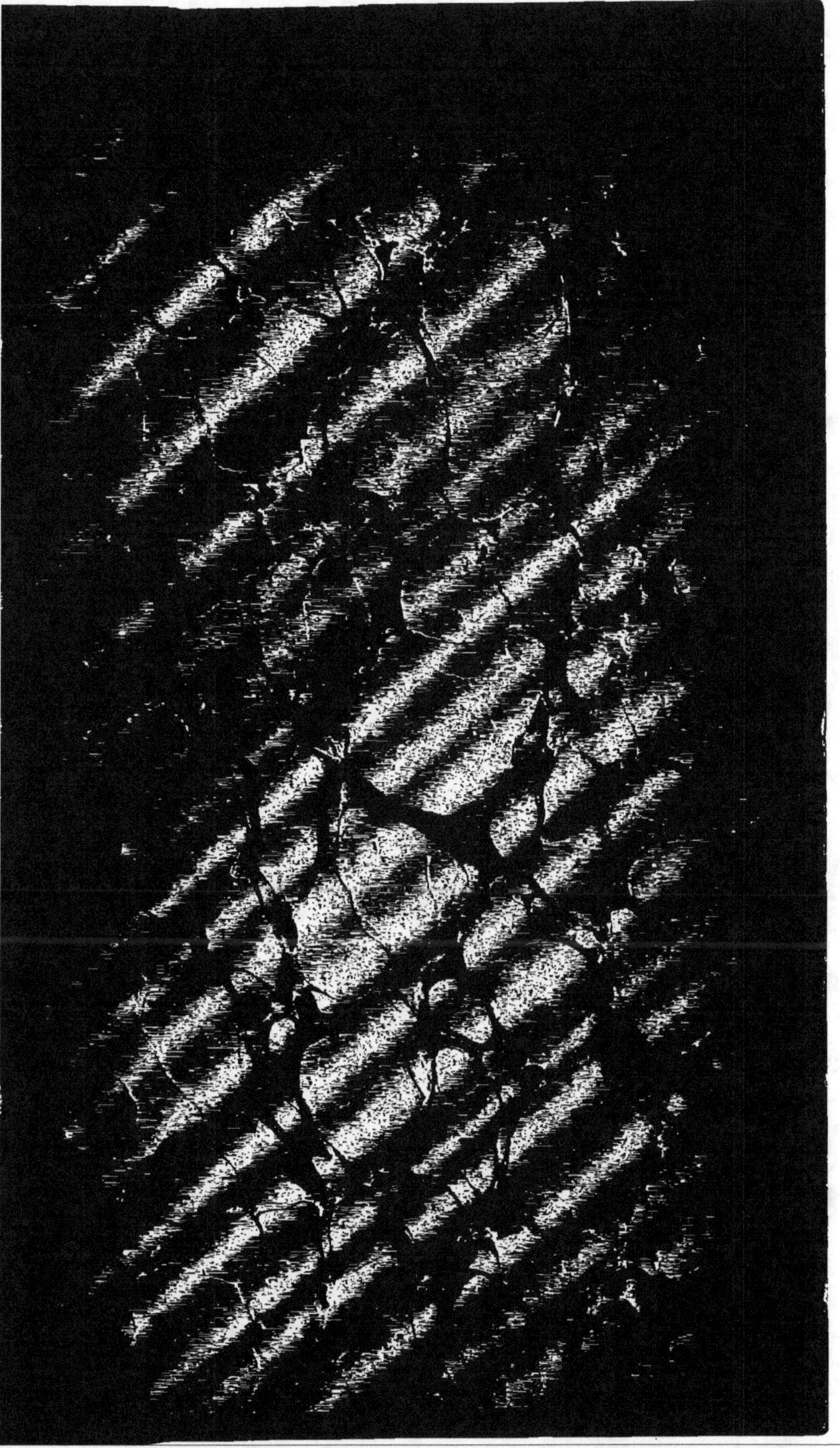

9 782014 435740